LA
GRANDE VILLE

NOUVEAU TABLEAU DE PARIS

COMIQUE, CRITIQUE ET PHILOSOPHIQUE

PAR

CH. PAUL DE KOCK.

ILLUSTRATIONS

DE GAVARNI, VICTOR ADAM, DAUMIER, D'AUBIGNY,
H. EMY, ETC.

1

PARIS

AU BUREAU CENTRAL DES PUBLICATIONS NOUVELLES,
RUE DES PRÊTRES SAINT-GERMAIN-L'AUXERROIS, 11

1842

LA GRANDE VILLE

PARIS,
IMPRIMERIE
DE MAULDE ET RENOU,
RUE BAILLEUL,
9 ET 11.

QUELQUES MOTS AVANT D'ENTRER EN MATIÈRE.

On a fait beaucoup d'ouvrages sur Paris; sans doute on en fera beaucoup encore! Il y a tant de choses à dire sur cette ville immense, devenue le centre des arts, des sciences, des modes, des plaisirs, et on pourrait presque dire de la civilisation.

Nous n'avons pas la prétention de clore la discussion; nous n'avons pas non plus celle d'écrire une *Histoire de Paris*, et si dans nos tableaux on trouve parfois quelques souvenirs des temps anciens, quelques mots sur les vieilles coutumes, les vieux usages, quelques chroniques ou détails sur le Paris d'autrefois, nous les avons mis là seulement pour en tirer une comparaison avec l'époque actuelle, et nullement dans le but de faire de l'érudition.

Sans doute aussi, tout en cherchant à dépeindre la grande ville et ce qu'elle renferme de curieux, d'amusant ou de remarquable, nous oublierons bien encore quelque chose... mais si nous devons encourir un reproche, nous préférons que l'on se plaigne de la brièveté de nos descriptions plutôt que de leur longueur.

Nous décrirons ce que nous avons vu, c'est le meilleur moyen d'être vrai; quant à de l'esprit, du comique, de l'observation ou de la finesse, à quoi bon en promettre? le lecteur pourrait nous répondre comme Alceste : « *Nous verrons bien!* »

Dans la quantité de livres qui ont pour but de nous faire connaître Paris, on distingue les *Essais historiques*, par *Saint-Foix*; le *Tableau de Paris*, par *Mercier*; et l'*Histoire de Paris*, par *Dulaure*.

Mais, dans ses *Essais historiques*, Saint-Foix n'a passé en revue qu'un petit nombre de sujets; l'*Histoire de Paris*, par Dulaure, n'a aucun rapport avec le tableau des mœurs, des usages, des costumes, des ridicules du Paris de nos jours; enfin, le *Tableau* de Mercier, qui est amusant, concis, rapide, et auquel on revient toujours avec plaisir, parce que la multiplicité, la variété des articles ne fatiguent jamais l'attention du lecteur, ce tableau, disons-nous, a aussi été écrit pour une autre époque. Depuis que *Mercier* a fait son ouvrage, que de changements dans Paris! que d'établissements nouveaux, de coutumes abolies, d'usages tombés en désuétude, de monuments, d'institutions, de théâtres élevés! combien de plaisirs que l'on n'y connaissait pas et qui s'y sont acclimatés! Enfin, au physique comme au moral, Paris n'est plus le même; et tout en suivant le plan de *Mercier* pour la variété, le mélange, la brièveté ou l'étendue des sujets, on peut faire un ouvrage entièrement nouveau, en donnant un tableau de la grande ville au milieu du dix-neuvième siècle.

Le défaut de la plupart des auteurs, c'est de parler d'eux, quand il ne faut que décrire ou relater des faits; c'est de venir toujours se poser entre le lecteur et le sujet qu'on traite, comme pour lui dire :

« A propos, n'oubliez pas que c'est moi qui écris cela;
« que c'est moi qui viens de vous faire cette réflexion spiri-
« tuelle et cette plaisanterie si fine qui doit vous faire sou-
« rire. »

Beaucoup de gens de talent tombent continuellement dans cette faute, dont le moindre inconvénient est d'ôter à votre lecteur toute l'illusion, tout l'intérêt que pourrait produire votre ouvrage.

L'un, en décrivant une tempête, vous dira qu'il nage parfaitement bien, et qu'il ne serait pas en peine de vous tirer d'affaire, s'il vous voyait tomber dans l'eau; un autre, en parlant de vin de Champagne, vous apprendra qu'il ne peut pas le souffrir; enfin, un troisième, en donnant à son héros une couleur politique, ne manquera pas de vous faire sa profession de foi. Écrivez vos mémoires, messieurs, et tout cela y sera parfaitement à sa place; mais ne venez jamais vous mettre en tiers entre votre livre et votre lecteur; car alors vous ressemblez à ces gens qui, pendant la représentation d'une pièce, laissent voir leur tête dépassant un châssis de jardin ou de palais, et auxquels on est obligé de crier : « *A bas la coulisse!* »

Mercier n'a point évité ce défaut. Dans un de ses chapitres, intitulé : *Messieurs Cupis père et fils*, il nous apprend « que M. Cupis était un maître à danser très petit, très ridi-
« cule avec sa perruque, sa veste et son habit de velours
« ciselé; qu'il ne pouvait jamais le voir et l'entendre lui
« donner une leçon de danse sans une dilatation de rate;
« qu'il était toujours tenté de lui sauter par dessus la tête;
« enfin, que le soir il faisait à ses camarades la description de
« M. Cupis de *pied en cap*; que, sans lui, il n'aurait pas été
« descripteur, et que c'est cela qui développa en lui le germe
« qui depuis a fait le *Tableau de Paris.* »

Et moi, je vous demande qu'est-ce que tout cela fait au lecteur, qui s'inquiète fort peu de savoir comment vous est venue l'idée de faire tel ou tel ouvrage, mais qui veut seulement que cet ouvrage l'amuse, l'instruise ou l'intéresse?

Mercier, dans son *Tableau de Paris*, a des chapitres sur *Versailles, Saint-Cloud, Meudon*, etc., etc. Nous trouvons que la grande ville offre assez de choses à voir, à observer, sans qu'il soit besoin de sortir de son enceinte. D'ailleurs, *Versailles* n'est plus *Paris*; la ville finit à la barrière; nous n'irons donc pas *extra-muros*.

Tout ceci ne nous empêche pas de souhaiter, pour notre *Grande Ville*, le succès qu'obtint le *Tableau de Paris* de Mercier.

Déjà, dans une esquisse intitulée *Paris avant et après dîner*, nous avons tracé quelques tableaux, quelques détails touchant les usages d'une partie des habitants de la capitale; ici nous prenons chacun de nos sujets à part; chacun d'eux nous fournit un article spécial, et qui ne tient en rien à celui qui l'a précédé. Nous ne suivrons aucun ordre dans l'arrangement de nos chapitres; nous laisserons notre plume courir alternativement d'un sujet comique à un monument sévère, d'une scène de mœurs à un souvenir du vieil âge. Nous pensons que cette manière est la plus simple et la meilleure pour connaître cette ville immense, où l'observateur voit passer tour à tour devant ses yeux le tableau du plaisir et celui de la souffrance; le riche dans son équipage, le pauvre honteux n'osant tendre la main; l'ouvrier bambocheur qui mange en un jour le produit de sa semaine, et le petit savoyard qui travaille et amasse pour sa mère.

Promenons-nous donc au hasard dans Paris; nous n'aurons pas besoin de chercher des sujets, ils se présenteront d'eux-mêmes à nous : nous visiterons tous les quartiers; nous entrerons dans beaucoup de maisons, non pas par le toit, comme dans le *Diable boiteux*, mais par la porte; c'est moins original, mais c'est plus naturel.

BUREAU DES NOURRICES.

Vous avez un nouveau-né; votre femme ne peut pas, ou ne veut pas nourrir son poupon; vous n'avez pas songé à demander une bonne nourrice à vos amis et connaissances, ou vous n'attendiez pas l'enfant si tôt; enfin, vous vous trouvez pris au dépourvu. Vous avez recours aux bureaux de nourrices. Il y en a plusieurs à Paris : l'un, passage de l'Industrie; l'autre, cour des Petites-Écuries, faubourg Saint-Denis. Le principal est celui de la rue Sainte-Appoline; c'est aussi un de ceux où l'on trouve une plus grande variété de nourrices. Vous courez donc rue Sainte-Appoline, une vieille maison, une grande cour, et presque toute la journée des nourrices en disponibilité qui flânent devant la porte, en mangeant des pommes, de la galette ou du fromage; la nourrice prend beaucoup de nourriture.

Vous entrez au bureau; vous faites votre demande à une dame, la meneuse, qui peut passer pour le premier commis. Vous ne manquez pas de dire : « Donnez-moi quelque chose de bon... de « sûr... que je puisse prendre de confiance. » On vous a fait un petit signe, qui signifie : « Vous pouvez être tranquille; » et on ajoute : « Tenez-vous au pays? »

— Non.... pourvu que ce ne soit pas une Lorraine.... il y a un

vilain proverbe sur les Lorraines..... Ah! je ne me soucierais pas d'une Normande; elle donnerait du cidre à mon enfant... c'est trop rafraîchissant. Je ne veux pas non plus d'une Picarde; elles ont mauvaise tête; elles se disputent pour un rien, et cela échauffe leur lait. On dit que les Bourguignonnes font trop les gentilles avec les hommes... cela n'est pas rassurant... Je ne désire pas une Bretonne... Je craindrais de prendre une Champenoise... Du reste, le pays m'est indifférent.

Pendant que vous dites tout cela, un homme, jeune encore, laid, mal bâti, gros, petit, et d'une tournure commune, entre dans le bureau, tout essoufflé, tout en nage, mais ayant l'air radieux; il s'écrie :

— Ça y est cette fois !.... ma femme vient d'accoucher de quelque chose d'un peu soigné !... Ah !... le bel enfant ! Je ne sais pas à qui il ressemble, par exemple... mais nous trouverons ça plus tard.

Je veux une nourrice très forte : mon enfant est énorme... Si j'avais pu lui donner une vache, je l'aurais fait... mais mes moyens ne me le permettent pas. Donnez-moi, s'il vous plaît, une grosse nourrice... avec toutes ses dépendances.

Et notre homme accompagne cette phrase d'un geste significatif, en arrondissant ses bras devant sa poitrine, et il pousse un nouvel éclat de rire ; puis tout d'un coup il s'arrête, se frappe le front, le ventre, les cuisses, et s'écrie :

— Ah! sapristi! suis-je bête... Ah! je ne m'en suis pas informé... Ah! en voilà une bonne! j'ai oublié de demander quel était le sexe de mon enfant... je ne sais pas si c'est un garçon ou une fille, s'il est mâle ou femelle... La garde m'a montré le poupon, en me disant : « Monsieur Troufaguet, voilà le résultat de votre amour con-« jugal... » Moi, j'ai admiré, embrassé mon résultat... Je l'ai trouvé magnifique, mon résultat... et on m'a dit : « Courez chercher une « nourrice... » Et je suis parti comme un pétard, sans penser à m'informer du plus intéressant... Je vas revenir.

On veut retenir M. Troufaguet; on lui dit qu'il peut toujours choisir une nourrice pour son enfant ; qu'il n'est pas nécessaire pour cela de savoir si c'est un garçon ou une fille, vu que l'un ou l'autre ont également besoin de téter.

M. Troufaguet n'entend pas cela ; il repousse tout le monde, et sort en disant : « Prendre une nourrice sans savoir ce que je lui « donne... pas si bête!... Vous comprenez bien que si c'est un gar-« çon, je lui choisirai une nourrice plus mâle... plus solide... une « gaillarde... Je vas revenir. »

A peine M. Troufaguet s'est-il éloigné, que vous voyez arriver un grand homme, fort bien couvert, fort mince, ayant des cheveux roux et coupés très ras : à son parler et à sa tournure, vous avez reconnu un de nos voisins d'outre-mer.

L'Anglais s'avance avec gravité près de la dame du bureau, et lui dit :

— Médéme le bureau, je volais tout de suite un bonne nourrice pour manger mon enfant, que mon épouse il povait pas.

On devine que l'Anglais demande une nourrice pour faire manger son enfant; avec les étrangers, il faut traduire leur pensée. La dame du bureau donne ses ordres pour que l'on fasse venir une collection de nourrices.

L'Anglais reprend :

— Médéme le bureau, je volais aussi dire à vous... il fallait que le nourrice mange mon enfant toujours sur les lieux.

— J'entends ; milord veut une nourrice sur place.

— Oh! no! no!... pas de place... toujours le nourrice suivait nous... Nous voulons emporter le nourrice partout, dans le voiture ou le campagne, c'est égal.

— C'est ce que je vous dis, milord, vous désirez une nourrice sur place.

— Mais no... J'avais assez de place... je prendrai pas celle de le nourrice.

On a beaucoup de peine à faire comprendre à l'Anglais qu'on entend parfaitement ce qu'il désire. Pendant qu'on y travaille, arrive un monsieur d'une cinquantaine d'années, mis avec une certaine prétention, le chapeau un peu de côté, le regard fripon, et cherchant à se donner encore l'air séducteur.

Il se pose sur-le-champ au milieu de la salle, en disant :

— C'est encore moi!... c'est toujours moi... En ai-je fait de ces

coquins d'enfants... Je suis une bonne pratique... Il est vrai que je me connais parfaitement en nourrices : dès que l'on a un enfant dans ma famille, ou parmi mes connaissances, on me le fait savoir, et l'on me charge de venir ici. Aujourd'hui, je viens pour ma cousine... femme délicieuse!... avec laquelle je suis... très intime; elle vient de mettre au monde une petite fille... qui ressemble comme deux gouttes d'eau à quelqu'un de ma connaissance.

En disant ces mots, le séducteur suranné sourit d'un air malicieux et jette sur lui-même un regard de complaisance; puis il reprend :

— Voyons, madame, faites-moi voir beaucoup de nourrices... de toutes les tailles, de toutes les grosseurs... je vous préviens que je serai très difficile... parce que la fille de ma cousine m'intéresse... personnellement.

Mais déjà une foule de paysannes remplit la salle. Il y en a pour tous les goûts; cependant, qui en voudrait une absolument jolie aurait quelque peine à la rencontrer. Il paraît qu'en général la beauté ne se fait pas nourrice.

Vous ne savez à laquelle entendre lorsque vous êtes au milieu de ces campagnardes qui, pour être choisies par vous, tâchent de prendre un petit air agréable qui ne va pas toujours à leur physionomie. Vous hasardez quelques questions :

— De quel pays êtes-vous?

— De Morvilliers, monsieur, à cinq lieues et demie de Beauvais... un joli petit endroit, monsieur... tout le monde s'y porte ben, monsieur... les enfants y viennent comme des champignons...

— Que fait votre mari?

— Il est vigneron, monsieur... nous avons aussi des vignes à nous!... Oh! nous ne sommes pas malheureux... si je prends un nourrisson, c'est que nous aimons beaucoup les enfants chez nous... et comme j'en avons que sept...

— Ah! vous avez sept enfants...

— Tiens, pardi, j'espère bien ne pas être au bout; ma mère en a eu quinze.

— Et combien voulez-vous pour nourrir mon enfant?

— Dix-huit francs par mois, non compris le sucre, le café et le savon... Après ça, vous êtes le maître d'ajouter d'autres petites douceurs... vous entendez ben que tout ce que vous m'enverrez, vous pouvez être sûr que c'est vot' enfant qui l'aura... et puis d'ailleurs il y a le médecin du pays qui est chargé de venir voir nos nourrissons...

Pendant que vous causez avec une nourrice, les autres jettent sur elle des regards jaloux, craignant déjà qu'elle ne leur soit préférée; de votre côté vous les passez toutes en revue. Quoique la santé et la propreté soient ce que l'on doive chercher d'abord chez la personne à laquelle on confie son enfant, nous ne pouvons nous empêcher de nous laisser séduire par les yeux, et la plus gentille aura presque toujours la préférence.

Cependant l'Anglais examine toutes les nourrices qui sont devant lui, mais il ne semble pas satisfait; de temps en temps il secoue la tête, en murmurant :

— C'était pas encore ça que je volais por le norrissement de mon grosse petite miss!

Le ci-devant jeune homme agit d'une autre manière. Sans s'amuser à examiner la figure d'une nourrice, il va lui tâter le sein; il demande à le voir, puis il passe à une autre avec laquelle il en fait autant.

La dame du bureau, impatientée de ce manége, dit enfin d'un ton sévère :

— Monsieur, vous avez une singulière façon de chercher une nourrice... ordinairement on se contente de regarder et on ne tâte pas toutes ces dames comme vous le faites.

— Eh bien, madame, on a tort! répond le monsieur en faisant le joli-cœur. Croyez-vous que j'aie envie de prendre chat en poche pour l'enfant de ma cousine... qui m'est si chère! Tâter est le plus important, madame. D'autant plus que la petite promet d'être fort jolie, et je n'ai pas envie de lui donner une nourrice qui la rende camarde!

— Camarde! et depuis quand, monsieur, une nourrice peut-elle rendre camard l'enfant qu'on lui confie.

— Il me paraît, madame, que vous n'avez pas lu *Rabelais*, car vous ne m'adresseriez pas cette question!

— *Rabelais*... Non, monsieur, je ne l'ai pas lu en effet, et que dit-il ce *Rabelais* concernant les nourrices?

— Il dit, madame, que lorsqu'une nourrice a les seins trop durs, l'enfant, qui a presque toujours le visage collé dessus, finit nécessairement par avoir le nez retroussé ou épaté, tandis que, lorsque les objets prêtent, le nez s'y enfonce facilement et sans prendre une mauvaise forme. Or donc, madame, je ne prendrai aucune de ces dames, parce qu'elles les ont trop durs.

— Vous êtes le premier que j'entende se plaindre de cela, monsieur. Au reste, je vous préviens que je ne vous laisserai pas chercher une nourrice de cette manière; j'ai remarqué que vous ne faisiez pas autre chose et que vous n'arrêtiez jamais personne. A l'avenir, monsieur, on vous reconnaîtra.

Le ci-devant jeune homme se pince les lèvres, fait une demi-pirouette et sort, en disant :

— Ma foi, je vais conseiller à ma belle cousine de nourrir elle-même... et je réponds que sa petite ne sera pas camarde.

A peine ce monsieur est-il parti, que l'Anglais pousse un cri de joie, en disant :

—Oh! voilà bien ce qu'il fallait à moa! O *beautiful* nourrice! quel beau laitage elle devait donner!.... c'était bien le couleur que je voulais offrir à mon gros petite *dear miss*.

En disant ces mots, ce monsieur s'élance à la rencontre d'une nourrice qui vient d'entrer dans la salle et qui a les cheveux parfaitement rouges. C'était là ce qu'il cherchait depuis long-temps; il s'en empare, l'arrête aussitôt et l'emmène en triomphe avec lui.

M. Troufaguet ne tarde pas à revenir aussi au bureau, en s'écriant :

Mon résultat est un garçon... j'en ai la douce certitude; vite une forte nourrice. Je veux que mon petit résultat pousse dru comme une asperge, et lorsqu'il sera de la garde nationale, il pourra prétendre aux grenadiers.

On présente à M. Troufaguet une paysanne de cinq pieds trois pouces et grosse en proportion de sa taille; il l'arrête sur-le-champ sans prendre aucun renseignement, et s'informer même du pays qu'elle habite; le principal pour lui est que son fils ait une nourrice qui ressemble à un colosse.

Il l'emmène, en la prenant sous le bras, enchanté de voir qu'elle a la tête de plus que lui, et s'écriant à chaque instant : « Avec une « nourrice de cette taille, mon fils sera nécessairement dans les « grenadiers. »

Et vous, qui cherchiez aussi une nourrice pour le nouveau-né que le ciel vous envoie, vous hésitez long-temps... vous prenez des informations, vous avez si peur d'être trompé et de confier votre enfant à ces mercenaires qui ne voient dans l'état de nourrice qu'un commerce, et dans l'enfant qu'on leur confie qu'une marchandise sur laquelle elles doivent gagner.

Mais les apparences sont si trompeuses!... et quelquefois l'objet de votre tendresse, de vos espérances, n'a-t-il pas péri par le manque de soins, la négligence ou la sottise d'une nourrice, que vous aurez payée bien cher et en qui vous aurez eu toute confiance. Souvent la meilleure est celle que rien ne recommande! En cela, comme en toute chose, il faut donc se fier à la Providence, et la prier de veiller sur ces petites créatures qui n'ont pas demandé à naître, et qui ne peuvent encore avoir mérité de mourir.

BAINS A DOMICILE.

Encore une invention moderne, quoiqu'on prétende qu'elle soit renouvelée des Grecs ; mais les Grecs étaient plus somptueux, plus sybarites que nous : ils avaient des maisons avec des portiques, des salles vastes et bien aérées, des cours avec des bassins et des fontaines ; ils possédaient nécessairement des salles de bains, et n'avaient pas besoin qu'on apportât une baignoire toute pleine à leur domicile.

A Paris, où l'on n'a point de place pour s'étendre, où on loge cent vingt personnes, et quelquefois beaucoup plus, dans une seule maison ; où ce que l'on appelle une chambre n'est souvent qu'un petit emplacement de douze pieds... et pas carrés, dans lequel vous êtes obligé d'ouvrir votre fenêtre quand vous voulez mettre votre habit ; où la même pièce sert quelquefois d'antichambre, de salle à manger, de salon et de cuisine ; où l'on a un seul palier pour quatre locataires, où il n'est pas rare de voir l'un y allumer du feu dans un fourneau, un autre y battre son habit, et une troisième personne y décrotter ses souliers... tout cela parce qu'on n'a point de place dans son appartement; vous pensez bien que les salles de bains sont rares, surtout dans la classe bourgeoise, dans la petite propriété, qui a bien trouvé le moyen de faire un lit dans un divan, mais qui n'a pas encore songé à en faire un dans une baignoire... cela viendra peut-être... nous inventons tous les jours.

Or donc, pour ceux qui n'ont point de baignoire chez eux, il fallait recourir aux établissements de bains lorsqu'on éprouvait le besoin ou le désir de se plonger dans l'eau; ces établissements ne sont

point rares à Paris; on en trouve à peu près dans chaque quartier; mais il y a des quartiers si grands, des rues si longues; il fait si mauvais temps quelquefois, et lorsque vous n'êtes pas bien portant, quand c'est pour votre santé que vous prenez des bains, vous n'êtes pas toujours disposé à sortir pour aller les chercher.

Maintenant tous ces ennuis ne vous atteindront pas : on vous apporte un bain à domicile; que vous demeuriez au quatrième, au cinquième, sur les toits même, on vous y apportera également votre bain; rien n'arrête les entrepreneurs; et d'ailleurs le bain à domicile est essentiellement philantropique. Vous n'avez qu'à vous rendre à l'établissement, donner votre adresse, dire l'heure à laquelle vous désirez vous baigner, répéter en partant : « Servez chaud! » et vous êtes servi.

A la vérité, comme les meilleures choses ont toujours leurs côtés imparfaits, le bain à domicile a bien aussi quelques petits désagréments. Par exemple, vous attendez votre bain; quelquefois à onze heures il n'est pas encore venu... cela vous contrarie d'autant plus que vous avez déjà faim, et il ne faut pas songer à manger avant d'être dans l'eau.

Enfin on carillonne à votre porte : c'est votre bain qui arrive; vous êtes dans le ravissement, et vous dites à votre domestique : Faites apporter la baignoire ici, dans ma chambre à coucher... Les porteurs dérangeront un peu la console... ces gens-là sont très adroits.

Le bruit des gros souliers ferrés vous annonce les porteurs; leurs pieds laissent des marques sur le parquet; mais vous ne pouvez pas exiger que des hommes de peine soient chaussés avec des bottes vernies.

Patatras!.... ce bruit part du salon qui précède votre chambre à coucher.

« Ah! mon Dieu! qu'est-ce que c'est que cela? » dites-vous en faisant un saut dans votre lit.

Une grosse voix enrouée vous répond :

« C'est rien!... c'est rien!... quèques petites tasses!... Bah! ça
« se recolle... et ça n'y paraît plus... On recolle ben des assiettes!
« et c'est ben plus grand que ça! »

Votre bonne, qui entre dans votre chambre, vous dit d'un air piteux :

« Ah! mon Dieu, madame!... ce sont les porteurs qui ont cogné la baignoire contre le guéridon sur lequel est votre cabaret; la secousse a fait tomber deux tasses qui se sont cassées... »

En ce moment, les porteurs entrent dans votre chambre à coucher : l'un d'eux écrase d'abord la patte de votre chat, qui se sauve en miaulant.

—C'est rien! c'est rien! dit le porteur. J'ai une fois applati un chat contre une porte, qu'on ne distinguait plus sa tête de sa queue... il a encore vécu six semaines comme ça! les chats ont la vie dure.

Et les porteurs se dirigent avec la baignoire vers l'encoignure d'une fenêtre.

En repoussant une causeuse un peu vigoureusement, et sans avoir regardé derrière, les porteurs la cognent contre une fort jolie étagère, que vous vous plaisez à orner de ces jolis petits objets à la mode qui coûtent fort cher à Paris.

Une statuette de *Dantan*, représentant une de ses charges les plus spirituelles, est renversée par le choc et se brise sur le tapis.

— C'est rien! c'est rien! disent les porteurs! des petits bons hommes en plâtre.... on en trouve tout le long des boulevards.... tenez, tout à l'heure, dans la rue, il y avait un homme qui en portait tout plein sur sa tête... et de plus grands que ça!... et avec de la couleur dessus! c'est plus beau!

Les hommes vont chercher l'eau; vous ne manquez pas de leur dire :

— Tâchez de ne point renverser d'eau dans l'appartement; faites attention, je vous en prie... allez doucement.

— Soyez tranquille, madame, gnia pas de danger.

Les porteurs n'ont pas fait trois fois avec leur seau le chemin du carré à votre chambre à coucher, que vous avez dans votre appartement une traînée d'eau bien limpide, un joli ruisseau dans lequel vous pourriez encore prendre le plaisir de la pêche.

—Mon Dieu!.... mais voyez donc que d'eau par terre!....

—C'est rien! c'est rien! disent les porteurs. Dam! on ne peut pas empêcher les seaux de goutter... mais ça s'essuie avec un torchon, et puis c'est pas sale, au contraire, ça fait du bien, ça lave l'appartement.

Vous regardez votre bonne en soupirant, et celle-ci vous dit pour vous consoler :

Ah! madame, si vous pouviez voir dans le salon!... c'est bien pis... on irait en bateau!

Enfin votre baignoire est pleine, et vous vous dites :

—Oublions tous ces accidents.... au moins je vais avoir le plaisir de me baigner chez moi... dans ma chambre... bien à mon aise...

Vous quittez votre lit, et vous entrez dans la baignoire. Mais à peine êtes-vous dans l'eau, que vous appelez votre bonne en vous écriant : Je cuis, je brûle... ce bain est trop chaud!... De l'eau froide... vite de l'eau froide!

Votre bonne court dans l'appartement. Pendant qu'elle va de côté et d'autre, ne pouvant rester assise dans votre baignoire où vous cuisez, vous vous tenez debout. Mais vos jambes brûlent et votre corps gèle.

Enfin votre domestique reparaît, apportant une carafe à moitié pleine, qu'elle vide dans votre baignoire, où cela fait absolument autant d'effet qu'un grain de sel dans une marmite.

Vous vous décidez à sortir entièrement du bain, parce que vous auriez parfaitement le temps de vous enrhumer avant qu'on ne l'eût mis au degré de chaleur qui vous convient.

Vous vous essuyez à demi, et vous refourez dans votre lit, où vous tâchez de vous sécher, en disant :

—Ce n'est pas avec une demi-carafe d'eau que mon bain deviendra prenable.... il faut d'abord ôter de l'eau. Prenez un seau...

une grande terrine... eh! mon Dieu! faites du gâchis à terre! cela m'est bien égal... un peu plus, un peu moins!.. maintenant j'ai pris mon parti!

La domestique exécute vos ordres, elle apporte des vases de toutes les dimensions ; je ne vous nommerai pas tous ceux qu'elle croit devoir prendre, dans son zèle à vouloir ôter de l'eau chaude ; tout cela déborde et fait des cascades ; votre appartement est devenu un bassin dans lequel on pourrait exécuter les jeux hydrauliques les plus variés.

Vous quittez de nouveau votre lit, vous marchez dans un lac pour arriver à votre baignoire ; vous y êtes, vous entrez dans votre bain, et vous n'avez pas du tout l'air satisfait.

— Est-ce que madame a encore trop chaud? demande la domestique.

— Trop chaud!... non certainement! au contraire, c'est qu'il me semble que j'ai froid... vous avez ôté trop d'eau chaude. — Je n'ai pas envie de m'enrhumer... il faut absolument réchauffer mon bain... vous voyez que je grelotte. Faites chauffer de l'eau, apportez-m'en... qu'elle soit bouillante... — Vous avez du feu dans votre cuisine, j'espère...

— Ah! mon Dieu, non, madame... il s'est éteint pendant que je vidais votre baignoire.

— Alors mettez un chaudron... une bouillotte dans cette cheminée... Hâtez-vous, je vous en prie!

Et la bonne, pour ranimer le feu, se met d'abord à le souffler, et recommence ses évolutions dans l'appartement, en y promenant des chaudières et des bouillottes, tout en murmurant :

— Quoique ça, madame... vous étiez si contente de prendre un bain dans votre domicile... Dites donc, madame... pour rafraîchir ou réchauffer l'eau, il me semble que ce n'est pas si commode que quand on lâche un robinet?...

Vous ne répondez rien, vous êtes extrêmement vexée, et vous

voudriez pouvoir laver la tête à votre domestique comme vous vous lavez le corps, c'est-à-dire d'une façon désagréable.

Après avoir soufflé son feu pendant cinq minutes, la bonne revient de la cuisine avec une marmite pleine d'eau bouillante; elle court à la baignoire en vous criant :

— Attendez, madame... en voilà de la chaude... ça va joliment vous faire plaisir !

Et avant que vous ayez eu le temps de vous mettre de côté et de lui dire de prendre garde, la bonne a renversé toute la marmite d'eau bouillante derrière vos épaules.

La douleur vous a fait jeter un cri.

— C'est pas encore assez chaud? dit votre domestique.

— Eh si, mon Dieu! au contraire, c'est trop chaud... c'est-à-dire que vous m'avez brûlé le dos...

— Je fais cependant tout ce que madame me dit... Je vas en remettre sur le feu...

— Non, c'est inutile... j'en ai bien assez... donnez-moi mon linge pour m'essuyer... Je vais sortir de ce bain...

Vous sortez de votre bain, vous vous essuyez avec du linge froid, et vous vous remettez dans votre lit en jurant, comme ce corbeau de la fable, qu'on ne vous y prendra plus.

Tous ces petits désagréments n'empêchent pas les bains à domicile d'être souvent utiles et commodes, et d'obtenir un grand succès à Paris. Tous les porteurs ne sont point maladroits comme ceux que nous venons de voir ; et avant de vous mettre dans votre bain, vous devez avoir la précaution de vous assurer s'il est bien au degré de chaleur que vous désirez.

Après avoir montré les inconvénients d'une chose, il est juste d'en faire voir aussi les agréments.

Ainsi, en faisant venir un bain chez vous, rien ne vous empêche de transformer en salle de bain la pièce de votre appartement où il vous est le plus commode de vous tenir.

Les dames se baignent quelquefois dans leur boudoir, et tout en faisant verser dans leur bain des essences, des parfums, des cosmétiques qui adoucissent la peau, elles lisent un roman de leur auteur favori.

Il faut avoir grand soin de ne lire qu'un ouvrage qui plaise, sans quoi on pourrait s'endormir dans le bain, comme ce monsieur qui semble goûter la plus douce béatitude; mais c'est fort dangereux.

L'homme de lettres fait placer la baignoire dans son cabinet, tout près de son bureau; il écrit ou il lit, tout en se baignant, et l'eau, en rafraîchissant ses idées, rend son style plus coulant et plus doux.

A Paris, où tout prête à rire, où l'on tire parti du sujet le plus grave comme du plus léger pour s'amuser, se moquer ou tourner quelqu'un en ridicule, les bains à domicile ne pouvaient manquer d'être exploités, et voici ce qui arriva dans la grande ville :

Une jeune grisette, gentille, espiègle, mais vindicative, venait de louer une jolie chambre dans une assez belle maison de la rue Saint-Jacques.

Le propriétaire de cette maison était un vieux monsieur tatillon, méfiant, méticuleux et tant soit peu ridicule (il y a dans Paris des propriétaires comme cela). Celui-ci ne manquait jamais d'aller prendre des informations sur les personnes qui avaient loué chez lui.

Notre propriétaire ne manque donc point à ses habitudes. Il se rend à l'adresse laissée par la grisette. Pas de portier dans la maison ; il s'informe, chez une fruitière, de mademoiselle Anastasie.

Les réponses de la fruitière sont rassurantes : Mademoiselle Anastasie est une brodeuse, qui a du talent; elle aime à rire, à chanter ; elle reçoit bien par-ci par-là un jeune étudiant, ou un avocat stagiaire, mais ces messieurs se retirent régulièrement avant minuit, et mademoiselle Anastasie paie toujours comptant le demi-quarteron de beurre ou la part de fromage de Brie dont elle fait emplette.

Le propriétaire est assez satisfait; cependant pour être plus tranquille et connaître le mobilier de la jeune fille, il juge plus sage de monter chez elle.

— Au quatrième au dessus de deux entre-sol, lui dit la fruitière. Une patte de biche au cordon de la sonnette... L'escalier est propre comme vous et moi.

Notre homme monte jusqu'au cinquième ; l'escalier était assez propre, et le propriétaire se disait :

— Pour une petite maison qui semble habitée par des ouvriers, celle-ci n'est point trop mal tenue...

En gravissant le dernier étage, le propriétaire n'est plus aussi satisfait : il commence à trouver de l'eau de distance en distance ; bientôt il y en a sur toutes les marches. Parvenu au palier du dernier étage, il faut traverser presqu'un torrent pour arriver à la porte de mademoiselle Anastasie, car c'est de là que semble partir le fleuve qui déborde ensuite sur l'escalier.

Cette porte n'était fermée qu'à demi. La grisette, qui a entendu monter, paraît en petit jupon et en camisole à taille sur le seuil de son appartement : elle fait un salut gracieux au propriétaire, mais celui-ci, qui a déjà pris sa résolution, y répond par une fort vilaine grimace.

— Donnez-vous donc la peine d'entrer, monsieur, dit Anastasie, vous allez vous reposer un instant.

— Ce n'est pas la peine, mademoiselle, répond le vieux monsieur d'un ton fort sec, car je n'ai que deux mots à vous dire... je vous rapporte votre denier à Dieu ; vous ne devez pas espérer loger dans ma maison.

— Eh pourquoi donc cela, monsieur? s'écrie la jeune fille ; j'espère bien que les informations que vous avez prises ne peuvent pas m'être défavorables... mes mœurs sont irréprochables... je ne vais au spectacle que chez *Bobino* ; je ne danse qu'au *Prado* ; je ne dîne que chez *Flicotot*... et quant à mon mobilier, entrez, monsieur, et vous verrez qu'il y a de quoi payer dix termes comme votre chambre.

— Mademoiselle, les renseignements que j'ai obtenus sur vous ne sont nullement capables de vous nuire... je vois bien d'ici que vous êtes suffisamment meublée... mais je vous répète que vous ne pouvez pas loger dans ma maison.

— Mais alors pourquoi cela, monsieur? je veux, je demande, j'exige une explication... Rendre un denier à Dieu est un affront, monsieur, et je n'endure point patiemment la moindre insulte.

— Puisque vous tenez absolument à savoir pour quelle raison je vous rends le vôtre, eh bien je vais vous le dire, mademoiselle : c'est que votre carré est une marre d'eau, que l'on ne sait où poser le pied ; que toute cette eau vient de chez vous... et je n'ai pas envie que vous fassiez de pareils gâchis dans ma maison. L'eau s'infiltre dans les carreaux, mademoiselle, et puis dans les plafonds... et ensuite cela détériore, pourrit une maison, et à chaque instant ce sont des réparations à faire, et tout cela parce qu'on a des locataires qui font de petites rivières chez eux... Merci... j'aimerais mieux perdre deux termes.

— Mon Dieu, monsieur! pour un peu d'eau à terre, voilà bien des paroles... j'ai fait venir un bain chez moi... J'adore me baigner, je vivrais dans l'eau... J'y lis, j'y mange, j'y dors... Je ne sais pas ce que je n'y ferais point!... Il n'est pas défendu de se baigner chez soi. Par exemple, les porteurs, en vidant mon bain, ont répandu un peu d'eau sur le carré, mais vous voyez bien que ce n'est pas ma faute.

— J'en suis fâché, mademoiselle, mais puisque vous aimez tant l'eau, j'aurais peur que vous ne prissiez trop souvent des bains dans votre chambre; je ne puis pas avoir le plaisir de vous louer.

— Ha ça, monsieur, mais vous ne prenez donc jamais de bains chez vous... vos locataires s'en privent donc aussi?

— Non, mademoiselle; mais quand on fait venir un bain chez moi, ou dans ma maison, on prend des précautions... beaucoup de précautions... On n'inonde pas l'escalier. Voilà votre denier à Dieu.

— C'est donc bien décidé, monsieur?

— Comme je m'appelle Triffouillard, mademoiselle. J'ai bien l'honneur de vous saluer.

Et le propriétaire redescend l'escalier, tandis que la jeune fille se penche sur la rampe, en lui criant :

— Monsieur Triffouillard, vous êtes une vieille pomme cuite, mais vous aurez de mes nouvelles!

Mademoiselle Anastasie n'était pas fille à ne point tenir parole; elle se promène dans sa chambre en cherchant son moyen de vengeance; ne trouvant rien en se promenant, elle s'assied, se frotte le front, se gratte le nez, l'oreille, et bientôt elle fait un bond sur sa chaise; sa figure s'épanouit, et elle s'écrie :

— C'est cela... c'est bien cela... je tiens mon affaire! Oh! ce sera ravissant, mirobolant!... » (Mirobolant est un nouveau mot employé à Paris, dans le style excentrique, et qui veut dire plus que magnifique.)

La jeune fille sort, va dans une rue voisine, s'adresse au premier commissionnaire qu'elle aperçoit, lui dit de la suivre, et se dirige vers le plus prochain établissement de bains à domicile. Elle s'arrête à quelques pas de la porte, donne à son commissionnaire l'adresse bien exacte de M. Triffouillard, propriétaire, rue Saint-Jacques, et lui dit :

— Va commander, pour ce monsieur, un bain pour demain sept heures du matin.

Le commissionnaire entre dans l'établissement, et revient bientôt dire à la jeune fille que le bain est commandé.

Anastasie se remet en course, et arrive devant un autre établissement de bains à domicile. Elle y envoie de nouveau son commissionnaire, en lui disant :

— Va commander pour M. Triffouillard un bain pour demain à sept heures du matin, et donne bien l'adresse.

Le commissionnaire se met à rire, et s'empresse d'aller faire ce qu'on lui dit.

Mademoiselle Anastasie se remet encore en route avec son commissionnaire ; elle l'envoie faire la même commande dans six établissements de bains à domicile, après quoi elle lui donne deux francs, le renvoie, et s'en retourne chez elle, aussi contente que si son amant lui avait promis de la mener dîner chez le traiteur.

Le lendemain, à sept heures du matin, on carillonne à la porte de M. Triffouillard, qui n'a point l'habitude de se lever de si bonne heure. Sa vieille gouvernante revient bientôt lui dire :

— C'est le bain que vous avez commandé, que l'on vous apporte... si vous m'aviez prévenue que vous preniez un bain ici ce matin, je me serais levée depuis long-temps, et j'aurais tout disposé!... mais vous ne me dites jamais rien.

M. Triffouillard se frotte les yeux, en s'écriant :

— Je n'ai pas demandé de bain... ces gens-là se trompent... qu'on me laisse dormir.

La gouvernante revient bientôt en disant :

— Monsieur, ils ont bien votre nom, votre adresse... c'est bien pour vous qu'ils viennent... ils ne veulent pas s'en aller.

— Allons, dit M. Triffouillard avec humeur, puisque ce bain est là, je vais le prendre, quoique ce soit assurément un quiproquo ; faites-le apporter ici... avec les précautions d'usage.

On apporte le bain. Pendant qu'on place la baignoire dans la chambre à coucher, on carillonne de nouveau à la porte. La gouvernante va voir, et revient tout effarée, en disant :

— Pardi! il paraît que monsieur avait bien peur de manquer de bain ; c'en est un autre qu'on lui apporte.

— Par exemple, c'est trop fort! s'écrie le vieux propriétaire, en sautant hors de son lit. Deux bains, quand je n'ai rien commandé du tout... qu'on le renvoie ; à coup sûr je ne prendrai pas celui-là !

Avant que M. Triffouillard ait fini de parler, sa sonnette est encore agitée avec violence ; la gouvernante court, et revient bientôt dire, presque en pleurant :

— Monsieur!... monsieur!... c'est un troisième bain qu'on vous apporte!... tous ces gens-là encombrent le carré.

— Trois bains! s'écrie M. Triffouillard, en arrachant avec colère le bonnet de coton qui couvrait sa tête : ceci devient une très mauvaise plaisanterie... et que diable voulez-vous que je fasse de trois bains ! renvoyez-les.

— Ça vous est bien facile à dire, monsieur ; mais ces porteurs ne veulent pas entendre raison ; chacun d'eux veut que vous preniez son bain...

— Qu'ils aillent au diable et qu'on me laisse tranquille... Mais qu'est-ce que j'entends encore... il y a du bruit dans la cour.

La gouvernante va voir; elle revient bientôt d'un air désespéré, et se laisse aller sur une chaise, en s'écriant :

— Monsieur!... monsieur! encore trois bains qui vous arrivent en même temps... La cour est remplie de charrettes, de tonneaux... les voisins jacassent déjà, en demandant si c'est que le feu est dans notre maison, et cet imbécile de portier s'écrie à chaque instant :

« Monsieur a donc sur la peau *queuque* chose qui ne veut pas s'en aller, qu'il veut prendre ce matin six bains coup sur coup! »

M. Triffouillard est furieux, exaspéré; il veut que l'on chasse tous les porteurs de bains; mais ceux-ci commencent à remplir leurs seaux et se mettent à monter les escaliers les uns après les autres; c'est à qui arrivera le plus vite chez le propriétaire, et dans cette lutte d'un nouveau genre, on doit penser si la maison est arrosée.

M. Triffouillard se décide à payer les six bains qu'il n'a pas commandés, et tout en examinant avec douleur les torrents d'eau qui inondent son escalier et sa cour, il se rappelle sa visite de la veille chez mademoiselle Anastasie; il devine alors que c'est la grisette qui lui a joué ce tour, et se dit :

« J'aurais aussi bien fait de ne point lui rendre son denier à Dieu! »

BOUQUETIÈRES EN BOUTIQUE.

Jadis les bouquetières se promenaient par la ville avec un éventaire devant elles ; leurs bouquets étaient amoncelés dessus ; elles en tenaient quelques uns à la main, et allaient ainsi offrir leur marchandise aux passants.

Quand la bouquetière était jolie, on se laissait tenter par ses yeux autant que par ses fleurs ; tout s'enchaîne dans la vie, et une chose fait souvent passer l'autre.

Plus tard les bouquetières, mieux fournies, étalaient aux coins des rues et des boulevarts ; nous en avons encore comme cela. Mais ce que nous avons de plus, ce sont des boutiques fort jolies, fort élégantes, où l'on vend des fleurs naturelles.

Nous avions déjà, il est vrai, au Palais-Royal, derrière le Théâtre-Français, l'établissement de la célèbre *mademoiselle Prévot*, qui forme aujourd'hui une espèce de boutique ; nous disons espèce, parce que l'espace est si petit que trois personnes peuvent à peine

leur faut un bouquet bien gros, bien serré, qui tienne beaucoup de place et que l'on voie de loin.

Chez la bouquetière en boutique vous rencontrerez des jeunes gens fort élégants, des membres du Jockey-Club, des gants jaunes enfin, puis de ces dames toutes mignonnes, toutes parfumées, toutes vaporeuses, dont le teint est pâli par le fréquent usage des fleurs.

Mais, en général, les hommes achètent plus de bouquets que les dames, et la chose est toute simple : les dames savent bien que ces messieurs n'achèteront des fleurs que pour les leur donner.

Nous ne connaissons pas le langage des fleurs, comme dans l'Orient; mais sans savoir faire un *selam*, nous savons fort bien ce que signifie l'envoi d'un bouquet.

C'est presque toujours par là qu'un homme fait connaître à une femme qu'il est épris de ses charmes. Lorsqu'on n'est pas encore bien avancé dans les bonnes grâces d'une dame, et que l'on craint d'être imprudent, on envoie un bouquet sous le voile de l'anonyme. Les dames ne refusent presque jamais ces sortes de présents ; elles prétendent qu'un bouquet est *sans conséquence*... et il est très rare que la conséquence ne vienne pas à la suite du bouquet.

C'est avec des bouquets que l'on témoigne à une actrice, à une danseuse, tout le plaisir que fait éprouver son talent. Souvent les fleurs volent de toutes les parties de la salle, pour venir tomber aux pieds de celle que l'on encense... Une pluie de fleurs est bien douce à recevoir ; les artistes adorent ces orages.

Mais à Paris, où l'on tire parti de tout, il s'est formé aussi des entreprises de jeteurs de bouquets.

Ainsi une actrice veut obtenir un triomphe comme une de ses camarades, qu'elle croit bien au dessous d'elle pour le talent. Si elle n'a pas un protecteur, un bienfaiteur assez riche pour lui décerner les honneurs des bouquets, elle se décide à en faire elle-même les frais. C'est une petite dépense que l'on peut bien se permettre une fois par hasard.

L'actrice envoie sa mère chez l'entrepreneur de bouquets : une actrice doit toujours avoir une mère... Quand elle n'en a pas, elle en loue une, c'est-à-dire qu'elle donne ce titre à une vieille femme qui se chargera d'en remplir l'emploi, moyennant le logement, la nourriture à discrétion, et tous les petits bénéfices qu'elle pourra se procurer.

La mère de l'actrice va donc chez l'entrepreneur de bouquets, et lui dit :

—Ma fille est superbe dans le dernier rôle qu'elle vient de créer. Elle efface tout ce qu'on a vu de plus beau au théâtre... C'est ravissant, c'est étourdissant... mais le public est si jobard! Quand on ne lui crie pas aux oreilles que l'on a du talent, quand on ne se fait pas *mousser*, enfin, il est quelquefois des années sans s'apercevoir que l'on joue bien... Il serait même assez bête pour vous siffler, si on le laissait faire! Mademoiselle X...., qui joue comme une seringue, vient d'être assommée de bouquets! On sait bien d'où cela vient!... un petit avoué qui mange son étude pour elle!... Enfin c'est égal, ma fille ne peut pas rester en arrière. Je veux lui faire la galanterie d'une pluie de fleurs... ce soir, après son troisième acte... qu'est-ce que cela me coûtera?

— En voulez-vous beaucoup?

— Dam! je veux que ce soit bien nourri.... que cela parte de tous les points de la salle... des avant-scènes surtout... c'est bon genre, et ça fait enrager les autres.

— Alors il vous faut bien trente bouquets?

— Va pour trente bouquets! ma fille en mériterait bien trois mille, mais trente ce sera assez. Combien cela coûtera-t-il?

— Cinquante francs.

— Fichtre! voilà une pluie un peu chère : c'est à plus de trente sous le bouquet.

— Les fleurs sont chères. D'ailleurs est-ce qu'il ne faut pas payer le monde que j'emploie... mais les bouquets seront beaux.

— Pas de trognons de choux dedans, surtout, comme on a fait pour notre seconde amoureuse, qui en a reçu un dans l'œil, qu'elle a manqué d'être borgne... C'était une galanterie d'un Titi des troisièmes.

— Soyez tranquille, les bouquets seront beaux et bien garnis.

— A la bonne heure... Va donc pour cinquante francs. Je ferai des économies sur autre chose... je retrancherai un sou de mou à notre chat. Ce polisson-là nous ruine avec son mou. Trente bouquets, c'est entendu, et que ce soit bien jeté. D'ailleurs votre monde doit en avoir l'habitude.

— Vous serez contente.

— Je l'espère! Si je n'étais pas contente pour cinquante francs, justes dieux! j'aurais pu acheter deux pâtés de foie gras avec ça. Enfin, si ça pousse ma fille, ces cinquante francs-là feront des petits.

L'entrepreneur de pluie de fleurs se fait payer d'avance ; c'est une précaution qui n'est jamais inutile. La mère de l'actrice s'en retourne annoncer à sa fille qu'elle aura le soir un triomphe magnifique, et on attend avec impatience ce moment.

Il arrive enfin : la pièce est jouée ; l'actrice a été fort mauvaise, mais cela est fort indifférent à l'entrepreneur de pluie : il fait lancer la sienne par ses gens ; les bouquets partent de divers points de la salle, mais surtout du paradis, et viennent tomber aux pieds ou sur le nez de l'actrice ; celle-ci s'incline d'un air confus ; le public rit, la toile tombe, et les autres actrices sont vexées.

Malheureusement, la mère de celle qui vient d'obtenir ce triomphe en détruit bientôt tout l'effet : elle arrive sur le théâtre avec un énorme cabas, comme pour ramasser les bouquets que l'on vient de jeter à sa fille, mais en effet dans le but de les compter, et pour s'assurer si elle en a bien eu pour ses cinquante francs.

Après avoir ramassé tout ce qui était sur le théâtre, cette dame va fureter dans tous les coins, dans les coulisses... et jusque dans le trou du souffleur; elle frappe du pied avec colère; enfin ne pouvant plus se contenir, elle s'écrie :

— Je suis volée!... le gredin!... J'avais commandé trente bouquets, je n'en trouve que vingt-quatre... Il m'en manque six!... mais ça ne se passera pas comme ça!

On doit juger si cette sortie fait rire les autres actrices, et si l'on plaisante alors sur la pluie de fleurs que la camarade vient de recevoir!...

Mais celles qui font le plus de plaisanteries sur cette aventure ne se gêneront pas pour se faire ainsi arroser de fleurs, seulement elles recommanderont à leur mère de ne pas aller faire le compte des bouquets après leur triomphe.

Les pluies de fleurs, au théâtre, ne sont pas toujours de commande; celles qui s'exécutent spontanément, et par le vrai public, forment un coup d'œil ravissant. Alors vous voyez toutes les dames détacher le bouquet qui pare leur ceinture, et le lancer avec enthousiasme sur la scène.

C'est vous dire que pour aller dans nos premiers théâtres, il faut à nos dames un bouquet ; il leur en faut un aussi pour aller en soirée, au concert, et il est indispensable pour le bal.

Les dames font, à Paris, une énorme consommation de bouquets, et, ce qu'il y a de singulier, c'est que ces dames en achètent fort peu, et que leurs maris n'en achètent jamais.

CHANTIER DE BOIS A BRULER.

Vous qui vous chauffez agréablement les pieds devant un bon feu, étendus mollement dans un grand fauteuil à la Voltaire; bons bourgeois, commis, hommes d'affaires, employés, rentiers; vous tous enfin qui, sans avoir une assez grande fortune pour charger votre intendant ou vos domestiques des détails intérieurs de votre maison, posssédez... ce qui vaut mieux encore, une épouse rangée, économe, qui s'occupe par elle-même de tous ces détails de ménage dont vos affaires, votre place, votre besogne journalière ne vous permettent point de vous occuper vous-même, vous ne vous doutez pas de toutes les tribulations qu'il a fallu supporter en achetant ce bois que vous éprouvez tant de plaisir à tisonner.

Il y a des chantiers de bois à brûler dans presque tous les faubourgs de Paris; il y en a aussi dans l'intérieur de la ville.

Il n'y a pas long-temps encore que l'île Louvier ne renfermait à peu près que des bûches; les chantiers de cette île étaient les plus achalandés de la capitale; une grande partie des habitants de Paris faisaient le voyage de l'île Louvier, croyant y avoir du bois meilleur et à un prix moins élevé que dans les autres chantiers de Paris.

Mais l'île Louvier subit la loi du temps : elle change de locataire, de physionomie, d'aspect. On comble la petite rivière du Mail, afin de réunir l'île Louvier au continent; on y bâtit force maisons; c'est un nouveau quartier qui s'élève là où étaient tous ces chantiers fameux!... Je n'ai pas besoin de vous dire que les bûches ont déménagé... Il en viendra d'autres peut-être... C'est ce que nous ne savons pas.

Mais entrons dans un chantier de belle apparence... le premier venu... Nous n'aurons que l'embarras du choix.

Voilà une petite dame assez mignonne qui veut faire sa provision de bois, et qui croit qu'il n'y a rien de si simple, après avoir choisi, et être convenu de prix, que de se faire mesurer les trois ou quatre voies de bois qu'elle vient acheter. Un moment : l'action va commencer.

La mesure de la voie est placée; le cordeur s'avance, la dame ne manque pas de lui dire :

— Cordez-moi bien, je vous donnerai pour boire.

On lui répond : « Soyez tranquille, ma petite dame! je vas vous « soigner. »

Voilà notre homme qui se met à la besogne. Il prend les bûches, les place dans la voie avec une telle vivacité, que la pratique n'y voit que du feu. Cependant le cordeur qui doit soigner cette dame glisse dans son bois des tortillards, qui font ce qu'on appelle des chambres à louer.

La petite dame, qui aperçoit beaucoup de creux dans sa voie, veut s'approcher de son cordeur pour se plaindre... Mais patatras!... un bruit effrayant retentit à ses oreilles... Ce sont des bûches que l'on fait rouler du haut en bas d'une énorme pile... La petite dame est toute troublée par le bruit, ces bûches ont l'air de vouloir rouler sur elle... il y a des hommes qui semblent faire exprès de les envoyer de son côté. Pendant qu'elle se range et s'éloigne de la pile et des bûches qui roulent, le cordeur continue lestement sa besogne, et il glisse dans la voie qu'il mesure les bûches les plus informes.

La dame, s'apercevant de la manière dont elle est soignée par le cordeur, veut de nouveau s'approcher pour se plaindre, et commence à dire : « Retirez-moi cette bûche-là... je n'en veux pas. »

Mais voilà maintenant le charretier qui s'approche avec sa voi-

ture; il la fait avancer du côté de cette dame... Elle n'a que le temps de se ranger pour ne pas être écrasée; elle s'esquive, elle cherche, par un autre côté, à se rapprocher de son bois et de son cordeur, mais la maudite charrette ne reste pas un moment tranquille : le charretier prend à tâche de faire avancer, reculer, retourner son cheval, de façon qu'étant à chaque instant occupée du soin de sa sûreté, il n'est guère possible à la personne qui achète d'avoir l'œil sur le cordeur.

Cette misérable tactique se renouvelle trop souvent pour qu'on ne la connaisse pas. On avait autrefois placé dans les chantiers de bois à brûler des *jurés-piqueurs*. Leur fonction était de s'assurer que justice était rendue à l'acheteur, et de faire cesser les abus que nous venons de signaler. Mais les *jurés-piqueurs* ont disparu... Probablement ils ne signalaient rien.

Maintenant que vous connaissez la marche, quand vous irez au chantier, armez-vous de courage, bravez les bûches qui roulent, les charrettes qui remuent, les chevaux qui piétinent, et si l'on vous corde mal, refusez votre bois.

Dans tous les magasins vous avez le droit de laisser la marchandise, si vous trouvez qu'on ne vous pèse pas bien. Pourquoi ne ferait-on pas pour du bois ce qu'on fait pour du sucre... du café ou du riz? Le bois a voulu se mettre au niveau de ces marchandises, puisque maintenant il se fait aussi *peser*. Dans beaucoup de chantiers on vend du bois au poids ; mais cette nouvelle invention ne fera jamais tomber le cordage.

LES RÉVERBÈRES.

Les réverbères voient chaque jour le gaz envahir la place, la rue, le boulevart qu'ils éclairaient jadis, ou qu'ils étaient censés éclairer; car, en vérité, les réverbères n'ont jamais répandu autour d'eux une lumière vive et franche; leur flamme vacillante était souvent tourmentée par le vent, qui trouvait le moyen de pénétrer par des fentes entre les carreaux mal joints de la lanterne; au dessous du réverbère, une lumière rougeâtre attristait les objets sans permettre de bien les distinguer; puis, à quelques pas, l'ombre était plus épaisse, plus ténébreuse encore.

Mais l'huile est petit à petit chassée de tous les postes qu'elle occupait. Le réverbère ne servira plus de rendez-vous à des duellistes comme cela se voyait autrefois, et ce temps n'est pas fort loin de nous; car, sous Louis XVI encore, lorsque deux gentilshommes se disputaient à la comédie, ils allaient sur-le-champ vider leur querelle dans la rue voisine, à la clerté d'un réverbère.

En remontant plus haut, nous ne trouverions plus de réverbères que dans les principales rues de la ville, dans les quartiers qui avoisinaient le séjour habité par la cour ; tout le reste de Paris était dans l'obscurité, et alors il n'était pas prudent de sortir de chez soi sans s'être muni d'une lanterne.

Vers le commencement du seizième siècle, pour tâcher de mettre fin aux nombreux brigandages qui avaient lieu dans Paris, la police avait ordonné aux habitants de cette ville de placer des lanternes allumées devant leur maison.

C'est à M. de la Reynie, lieutenant du prévôt de Paris, que l'on est redevable de l'établissement des lanternes. D'abord elles n'étaient garnies que de chandelles ; la chandelle était alors dans tout son éclat, dans toute sa puissance !... L'huile vint ensuite.

Les véritables réverbères furent inventés par l'abbé Matherot de Preguey et Bourgeois de Châteaublanc. Ce fut vers l'année 1774 que l'on commença à employer dans Paris ce mode d'éclairage.

L'allumeur de réverbères est un être à part, et d'autant plus à part, qu'étant presque toujours imprégné d'huile de la tête aux pieds, il trouve peu de personnes disposées à lui faire compagnie. C'est presque toujours un petit homme, dont on ne saurait deviner l'âge sous l'huile qui couvre sa figure : il doit avoir de trente-cinq à soixante ans ; son costume n'a point de couleur ; l'étoffe de son pantalon et de sa veste semble être une grosse toile d'emballage ; il a aussi un petit tablier attaché derrière lui ; tout cela est tellement gras, qu'on en fuit le contact encore plus vite qu'on ne se gare d'un charbonnier ou d'un maçon.

Du reste, l'allumeur de réverbères fait sa besogne fort tranquillement et sans jamais s'occuper de ce qui se passe autour de lui ; il ne fait pas même attention aux voitures ; mais ce sont les voitures qui doivent se garer de lui quand il est au beau milieu de la rue dans l'exercice de ses fonctions.

Pauvre homme! que deviendra-t-il quand le gaz aura tué tous les réverbères?

Vous le voyez, tout ce qui brille dans ce monde n'y jouit que d'un règne passager.

La chandelle a été détrônée par l'huile; l'huile est détrônée par le gaz...

Sic transit gloria mundi!

LES TROTTOIRS.

Les temps du trottoir sont enfin arrivés ; les rues de Paris finiront sans doute par en avoir toutes ; en attendant, beaucoup en sont déjà pourvues. Dans les rues neuves et larges, les trottoirs sont larges et beaux ; dans les rues étroites, les trottoirs sont bien obligés de l'être aussi, car enfin il faut laisser au moins de la place pour deux voitures, qui à chaque instant peuvent se croiser.

Dans quelques rues, le trottoir n'apparaît encore que de distance en distance... on fait dix pas dessus, puis on se retrouve sur le pavé, puis on aperçoit encore un petit bout de trottoir, et ainsi de suite : cela donne toujours l'espérance que cette amélioration finira par s'établir tout-à-fait et partout.

On a blâmé les trottoirs, parce que souvent ils sont trop étroits ; mais l'excuse est dans la rue elle-même ; et, ainsi que nous venons de le dire plus haut, il faut bien laisser de la place pour les voitures.

Ce que l'on peut souvent blâmer en eux, c'est qu'ils ne sont pas assez élevés de terre ; et cela est si vrai, que plus d'une fois nous avons vu la roue d'une voiture, dont le cocher voulait sans doute dépasser un confrère, sortir de la voie qui lui est tracée, et rouler quelques secondes sur le trottoir. Alors les malheureux piétons, qui se croient à l'abri de tout danger parce qu'ils sont sur le trottoir, y sont beaucoup plus exposés que partout ailleurs, par la raison qu'ils y marchent de confiance et sans se méfier des voitures.

A Paris, les trottoirs occasionent souvent des scènes fort amusantes pour l'observateur qui n'est pas pressé... Mais celui qui est pressé quitte le trottoir et n'a pas le temps d'observer.

Chacun veut avoir le côté des maisons. Quand deux personnes se croisent, vous remarquerez d'abord un moment d'hésitation : c'est à qui ne cédera pas. Il faut cependant que l'une des deux se résigne à s'écarter un instant de son côté favori, sans quoi il n'y a pas de raison pour que l'on ne reste pas des heures entières à la même place, vis-à-vis l'un de l'autre.

Quelquefois, après avoir voulu tenir bon, les deux personnes se décident en même temps à céder le passage. Alors vous savez ce qui en advient : vous vous choquez le nez l'un sur l'autre ; pour échapper à ce vis-à-vis qui vous bouche le passage, vous vous hâtez de vous jeter de l'autre côté ; malheureusement le vis-à-vis, qui éprouve la même contrariété que vous, en fait tout autant, et vous vous recognez le visage tous les deux. Cela dure quelquefois fort longtemps, et il n'y aurait pas de raison pour que cela se terminât, si l'une des deux personnes ne se tenait tranquille, en disant à l'autre : Allons, passez donc ; et que cela finisse.

Il y a des gens qui, sur un trottoir assez étroit, s'amusent à causer avec quelqu'un qu'ils viennent de rencontrer, de façon que l'on ne peut plus passer ni à droite ni à gauche, et qu'il faut descendre sur le pavé, au risque de se faire éclabousser ou écraser par les voitures, parce qu'il plaira à ces gens-là de causer en plein trottoir..

Quand vous vous trouvez derrière de telles personnes, vous avez parfaitement le droit de leur marcher sur les talons et de leur donner des coups de coude dans le dos, jusqu'à ce qu'ils aient rendu le passage libre.

Vous voyez encore des hommes qui ont la malheureuse habitude de porter leur canne ou leur parapluie sous leur bras, et de les tenir verticalement. Quand vous allez pour avancer, vous rencontrez alors le bout de la canne ou du parapluie disposé à vous crever un œil, ou tout au moins à vous crotter votre habit. Ce désagrément est encore pis sur les trottoirs qu'en pleine rue, où l'on a plus de place pour passer. Rabattez alors ce bout de canne ou de parapluie, ou plutôt jetez-vous en travers, de manière que la tête ira cogner le menton de celui qui le porte.

Quand il pleut, le passage du trottoir est très difficile dans les rues de Paris. Une forêt de parapluies se heurtent, se choquent, se rencontrent, s'accrochent quelquefois... l'un élève le sien, mais en baissant le vôtre vous rencontrez le chapeau d'une dame. Les plus heureux sont alors ceux qui n'ont pas de parapluie. Ils se faufilent, à couvert par ceux qui en ont.

Il y a encore des êtres privilégiés, pour qui le trottoir a toujours de la place, et auxquels hommes et femmes, élégants et petites-maîtresses s'empressent de céder même le côté des maisons.

Ce sont les charbonniers et les maçons.

LA GALETTE.

Nous avons trouvé à Paris un nouveau moyen pour faire fortune. Oh! que vous êtes arriéré, vous qui, pour vous enrichir, croyez qu'il est nécessaire d'aventurer de nombreux capitaux, de faire quelque découverte utile à votre pays; de vous embarquer pour les Grandes-Indes, l'Amérique ou le Congo, d'aller fouiller les mines de Golconde ou chercher des fourrures dans les déserts de la Sibérie. Pour faire fortune à Paris, il ne faut que de la farine, du beurre... toutes choses que l'on peut assez facilement se procurer, et qui n'exigent pas de grandes avances de fonds; enfin il ne faut que savoir faire de la galette.

Oui, ceci n'est point une plaisanterie, à Paris on fait une fortune brillante, rapide, en vendant de la galette; il ne s'agit que d'avoir la vogue, et une fois que vous avez la vogue, il n'est plus absolument nécessaire de donner d'aussi bonne marchandise.

Il y a quelques années, un très modeste pâtissier vint s'établir sur le boulevart Saint-Denis; la boutique n'aurait pas pu contenir trois personnes, aussi n'entrait-on pas : on se tenait dehors, et quelquefois on faisait queue pour acheter de la galette, car c'est presque là l'unique pâtisserie dont il faisait le débit; mais il en vendait toujours et sans cesse; il en vendait depuis le matin jusqu'à minuit, et quelquefois plus tard encore. Une galette n'avait pas le temps de paraître, et le pâtissier n'avait qu'à couper. Cric... crac... de tous côtés on tendait la main, pour recevoir une part de deux sous ou

d'un sou... et la galette qui venait d'être détaillée était aussitôt remplacée par une autre, car, dès qu'il n'y en avait plus, il y en avait encore, et le pâtissier recommençait à couper... Il ne faisait pas autre chose depuis que la boutique était ouverte jusqu'au moment où il la fermait, aussi lui avait-on donné le sobriquet de *Coupe-Toujours*.

Ce monsieur Coupe-Toujours fit une fortune rapide. On aurait pu croire que cette mode de galette disparaîtrait avec le débitant : non vraiment, elle n'a fait que changer de favori.

Maintenant c'est sur le boulevart Bonne-Nouvelle, chez un pâtissier placé tout à côté du théâtre du Gymnase, que la foule se porte pour avoir de la galette. La vogue de *Coupe-Toujours* est surpassée ; ce qui était une préférence, une prédilection, est devenu un engouement, on pourrait presque dire une fureur.

De tous les quartiers, on vient acheter de la galette chez le pâtissier du Gymnase ; c'est le nom que l'on a donné à ce nouveau favori de la fortune, et, du reste, cela ne saurait en rien blesser le théâtre dont il est le voisin, car on sait que celui-ci n'a pas l'habitude de donner des galettes au public.

La société qui vient chez ce pâtissier est plus choisie ou plutôt plus mêlée que celle qui faisait queue devant Coupe-Toujours ; chez celui-ci les blouses et les casquettes étaient en majorité ; devant le pâtissier du Gymnase, vous voyez assez souvent des chapeaux, quelques dames bien mises, des grisettes assez coquettes, qui se font en riant servir une part de pâte-ferme : on prétend que l'un dans l'autre le pâtissier en débite trois ou quatre cents par jour de la semaine ; les dimanches on en vend de neuf cents à mille ; une galette entière coûte trente sous ; un fabricant doit bien gagner moitié sur sa marchandise, calculez, d'après cela, le bénéfice quotidien du pâtissier.

O mon siècle ! vous avez fait de bien belles choses !... Vous avez fait voyager par la vapeur ; vous nous éclairez par le gaz ; vous avez proclamé la liberté de la presse ; vous avez aboli de Paris la roulette, la loterie, la mendicité ; vous avez banni de la plupart de vos promenades les filles publiques, qui empêchaient les femmes honnêtes de s'y montrer : vous êtes le siècle des lumières, des découvertes, des arts, du romantisme, des barbes, des moustaches et des cigares ; mais il faut bien en convenir également, vous êtes aussi le siècle de la galette!

CABRIOLETS - MILORDS.

Voici une invention tout-à-fait confortable, agréable, et qui doit être durable.

Le cabriolet va plus vite qu'une voiture, c'est connu ; est-ce parce qu'il n'a qu'un cheval?... probablement. On dit que l'union fait la force ; comme sans doute il n'y a point d'union entre deux chevaux de fiacres, ces pauvres bêtes montrent plus de force quand on ne leur donne point de compagnon d'infortune.

Ainsi donc, quand vous alliez à un rendez-vous et que vous aviez peur d'être en retard, vous preniez un cabriolet ; vous en preniez un quand vous vous rendiez chez une jolie dame ; quand vous alliez en solliciteur près d'un homme puissant, quand vous couriez après un débiteur, quand vous aviez une bonne nouvelle à dire à un ami ; enfin toutes les fois que vous désiriez arriver vite.

Mais ce qui ne vous était pas agréable, c'était de vous trouver assis près d'un cocher qui n'est pas toujours propre ; qui souvent sent le vin, l'eau-de-vie ou l'ail, quelquefois tous les trois à la fois, et la pipe par dessus le marché ; qui à chaque instant se remue, se retourne pour regarder au carreau derrière ; qui prend et remet son fouet, jure après son cheval, après les autres voitures, après les passants, et frotte son pantalon contre le vôtre.

Quand vous êtes seul, vous pouvez à la rigueur supporter tous ces petits désagréments en vous retranchant à l'autre extrémité du cabriolet, en laissant un petit espace entre vous et le cocher. Mais si vous aviez une dame avec vous, naturellement vous lui donniez le coin ; vous étiez au milieu, et vous aviez le cocher à peu près sur vos genoux. Et puis causez donc avec intimité, avec abandon, quand vous avez presque sur vous un homme qui vous entend, qui est témoin de vos moindres mouvements et qui quelquefois se permet de lâcher un mot dans votre conversation.

Le cabriolet-milord est une nouvelle invention qui vous débarrasse de tous ces inconvénients. Le cocher n'est plus assis avec vous dans l'intérieur ; il a un siége isolé, assez élevé et assez éloigné du cabriolet pour ne plus entendre ce qui se dit derrière lui. Ce nouveau cabriolet a aussi deux petites roues de plus que les anciens, ce qui lui donne nécessairement plus de solidité et expose moins les personnes qui sont dedans à verser.

Montez, couple fortuné, qui voulez aller vite.... je ne vous dirai pas que le *milord* va comme le vent (ce n'est pas l'habitude des voitures de louage à Paris, et de ce côté nous ne l'emportons pas sur les étrangers), mais du moins vous jouirez de tous les agréments du cabriolet ; vous aurez de l'air, vous verrez les passants, les boutiques, la verdure, si vous allez à la campagne ; vous pourrez rire, vous faire des confidences, vous prendre la taille, vous serrer les mains, vous regarder bien tendrement, et tout cela sans avoir un cocher sur vos genoux.

Et puis, encore un autre agrément : si vous ne voulez pas être vu par les passants, ce qui arrive quelquefois, rien de plus facile dans un cabriolet-milord; vous y serez même mieux caché que dans toute autre voiture dont les stores ne ferment pas toujours bien. Ces nouveaux cabriolets ont sur le devant de la capotte une espèce de volet en bois à plusieurs brisures et attaché par une lanière en cuir. Vous défaites la lanière... prenez garde à votre tête, car le volet se développe avec une rapidité effrayante; il ferme toute l'ouverture du cabriolet, et vous vous trouvez alors comme dans une boîte, éclairée quelquefois par un petit carreau, mais le plus souvent par de petites rosaces pratiquées dans le volet.

Alors je défie bien à l'œil le plus exercé de vous apercevoir, et vous pouvez impunément parcourir les quarties peuplés de vos plus intimes ennemis.

Le cabriolet-milord a obtenu beaucoup de succès, et cela devait être. Maintenant sur les places on se les dispute; il n'y en a jamais assez; ils sont enlevés comme un coupon de loge des Bouffes, comme une belle danseuse dans un bal, comme une glace dans une soirée, comme un morceau de veau rôti dans une noce de village, comme la jarretière d'une jolie mariée, comme le premier soupir d'un jeune cœur, comme toutes les primeurs en général.

Le cabriolet-milord est la voiture du père de famille qui mène son épouse et sa fille à la fête du village voisin; du mari et de la femme qui n'ont aucune raison pour vouloir s'enfermer dans un fiacre; de ces bonnes gens qui n'allant pas souvent en voiture, sont bien aise de se faire voir quand cela leur arrive; du jeune homme qui a une jolie maîtresse et qui se pavane auprès d'elle; des enfants qui sont contents de voir le monde tout en roulant, et des parents qui sont heureux de faire plaisir à leurs enfants; de l'observateur qui regarde toujours par où il passe; puis enfin de toutes les personnes qui ont peur dans une voiture qui n'a que deux roues et qui n'ont pas cette crainte dans un milord.

Vous voyez que le milord réunit l'utile à l'agréable et qu'on peut lui appliquer le fameux vers d'Horace :

Omne tulit punctum qui miscuit utile dulci.

LES FAUX-TOUPETS.

Comme malgré les pommades du Lion, de l'Ours, du Chameau, les huiles régénératrices et toutes les inventions sublimes destinées à faire revivre notre système capillaire, on n'est pas encore parvenu à faire pousser les cheveux quand ils n'en ont pas envie, le faux-toupet a acquis un grand degré de perfectionnement.

C'est au point qu'à Paris les dames n'osent plus se fier à rien.

Un monsieur dont la figure a du charme, dont la tournure est élégante, se présentera en société; il y brillera par ses manières, son esprit et ses beaux cheveux noirs, rejetés hardiment sur le côté.

Les dames aiment toutes ces petites choses-là... elles ont assez de bonté pour s'y laisser prendre. C'est bien menteur quelquefois.

Écoutez plutôt la conversation de deux jolies dames, dans une de ces réunions où les petits-maîtres se donnent rendez-vous :

— Monsieur de G... viendra-t-il ce soir? c'est un homme charmant, n'êtes-vous pas de mon avis?

— Mais, je le pensais comme vous il y a quelques jours, je trouvais M. de G.... fort beau garçon... Il me semblait un cavalier accompli. Aujourd'hui, il a terriblement perdu dans mon opinion!

— Et pourquoi cela, ma chère? qu'a-t-il fait, qu'avez-vous appris sur son compte?... oh! de grâce, comptez-moi cela.

— Vous ne connaissez donc pas son aventure avec la comtesse italienne?

— Comment, cette superbe dame aux yeux noirs, qui, dit-on, porte toujours un petit stylet dans sa ceinture, pour punir un amant qui la trahirait.

— Précisément... A propos de stylet, savez-vous qu'à Paris les dames excentriques, romantiques, les *lionnes*, enfin, ont voulu faire venir cette mode; quelques unes ont porté à leur ceinture de ces jolis petits stylets à manche d'or guilloché, ciselé ou enrichi de pierres précieuses ; par exemple elles avaient grand soin de faire arrondir et émousser la pointe de la lame, afin qu'elle ne les piquât point.

— Et que voulaient faire avec cela les *lionnes* de Paris?

— Punir aussi un amant infidèle... enfin jouer un peu à l'Italienne ou à l'Espagnole. Mais cela n'a pas pris... le stylet n'est pas dans nos mœurs, fort heureusement.

— Revenons à monsieur de G.... Je vous écoute.

— Il était, dit-on, l'amant de la belle Italienne, et celle-là n'a pas un stylet pour rire. Dernièrement, ayant appris que monsieur de G... avait été au bois de Boulogne avec une dame, elle lui écrivit de venir chez elle ; et là, après une scène fort sérieuse, tira son stylet et menaça son infidèle de le poignarder. De G.... eut peur et voulut fuir. La comtesse courut après lui, le saisit par ses beaux cheveux noirs... leva son poignard... Mais de G.... continua de se sauver et disparut enfin, laissant dans les mains de la superbe Italienne un toupet de cheveux si admirablement bien fait, que jusqu'alors on avait cru que c'était vraiment les siens. On assure que cette découverte calma sur-le-champ la fureur de la comtesse; elle partit d'un éclat de rire, et écrivit à M. de G.... qu'il pouvait sans crainte venir rechercher ses cheveux; qu'elle n'était pas jalouse d'un homme qui portait un faux-toupet.

— Eh quoi! il serait possible!... ces beaux cheveux noirs que j'ai si souvent admirés sur le front de monsieur de G.... c'était faux!

— Oui, ma bonne amie!

— Oh! alors, les hommes sont des monstres! nous abuser ainsi!

— Il y en a beaucoup qui ont de faux mollets!

— Cela devient indigne! si cela continue, on ne pourra plus se fier à rien. Ah! je me rappelle que mon cousin, dont j'ai souvent admiré les jolis cheveux blonds, ne veut jamais me laisser passer mes doigts dans ses boucles... avec un cousin, vous savez que cela se fait.... c'est sans conséquence!...

—Oh! tout-à-fait! moi, j'ai conservé l'habitude de coiffer mon mari.

— Moi, dès demain, lorsqu'il ne s'y attendra pas, je tirerai les cheveux blonds à mon cousin, et s'ils sont faux... ah! je vous jure bien que je ne chanterai plus avec lui le moindre petit duo.

Le faux-toupet enfonce la perruque; on le trouve plus léger, plus jeune, et surtout plus trompeur.

A Paris, presque tous les coiffeurs en renom excellent dans la confection et la pose du faux-toupet, et quoi qu'en puissent dire les dames, bien des hommes les abuseront encore avec des cheveux postiches. Et quel mal, après tout, de se couvrir la tête, si l'on a peur de s'enrhumer du cerveau?

C'est innombrable, la quantité d'hommes qui portent des faux-toupets, et combien il y en a que l'on n'a jamais devinés, quoiqu'ils se montrent surtout dans les endroits les plus fréquentés de la grande ville.

Cela prouve qu'à Paris les hommes sont généralement fort bien coiffés.

UNE SOIRÉE DANS LA PETITE PROPRIÉTÉ.

Une vérité qui blessera sans doute beaucoup de personnes, car il y en a peu qui aiment la vérité, c'est qu'ici-bas nous sommes tous des singes... oui, des singes.... cela vous fait faire la grimace, ce n'est pas cela qui réfutera ce que j'avance.

Ce que l'on fait à la cour donne le ton parmi les grands personnages, la noblesse, les hauts emplois. Ceux-ci sont imités ou singés (c'est absolument la même chose) par les banquiers, les notaires, les capitalistes, ce que l'on appelle la grande propriété. Puis vient la bourgeoisie, la petite propriété qui veut singer la grande, et qui à son tour est singée par les artisans aisés, qui sont singés par les ouvriers, lesquels le sont encore par le bas peuple : vous voyez bien que c'est à n'en plus finir, et comme a dit La Fontaine :

> Tout petit prince a des ambassadeurs,
> Tout marquis veut avoir des pages.

On donne des soirées dans le grand monde, dans la haute propriété; la petite en donne à son tour; c'est très naturel : les artisans en donnent aussi; il y a des portières qui ont aussi des *raout* dans leur loge. Tout se perfectionne.

Dans la grande ville, on est plus libre que partout ailleurs de faire ce qui plaît, de satisfaire ses penchants, sa vanité; au milieu de tant de monde, où chacun ne songe qu'à soi, on redoute bien moins les cancans que dans une petite ville.

Assistons à une soirée de la petite propriété. Elle se donne rue Quincampoix, chez un ancien employé des postes, qui a sa retraite, embellie par une femme qui n'a jamais été jolie, mais qui en vieillissant est devenue grognon, maussade et malade imaginaire. Ajoutons à cela une jeune fille de seize ans, que l'on vient de retirer de sa pension où elle obtenait tous les premiers prix, et qui n'est pas capable de raccommoder un accroc à sa robe; puis une autre petite fille de huit ans, qui promet de marcher sur les traces de sa sœur, et que l'on trouve pleine d'esprit, parce qu'elle dit tout ce qui lui passe par la tête : voici pour la famille.

Un revenu de trois mille francs, sur lequel il est difficile de faire des économies; un logement au troisième étage, composé de quatre pièces; des meubles qui datent de 1812; une vieille bonne raisonneuse, mais à laquelle on tient, peut-être parce qu'elle boit le vin en cachette et remet de l'eau dans les bouteilles : voilà pour l'intérieur.

M. Ducroquet, c'est le nom du chef de cette famille, chérit ses enfants, c'est le devoir d'un bon père; mais il a un faible pour sa fille aînée Ophélia, et depuis qu'on l'a retirée de son pensionnat où elle était élevée avec des filles de marquis, de duc et pair et d'agents de change, mademoiselle Ophélia bâille toute la journée au nez de ses parents en disant qu'elle s'ennuie et qu'elle regrette sa pension.

Touchante naïveté! et bien faite pour charmer le cœur de ces bons parents, qui se saignent pour donner ce qu'ils appellent une brillante éducation à leurs enfants.

En voyant bâiller sa fille aînée, M. Ducroquet s'est dit : « Il est certain que notre intérieur est assez maussade.... ma femme se plaint sans cesse, elle se croit continuellement malade... je m'ennuie beaucoup aussi, moi. Ophélia a parfaitement raison de bâiller. Une fille qui a remporté tous les premiers prix à son pensionnat... et qui revient chargée de couronnes... aurait besoin de voir du monde pour y faire briller ses talents. C'est très juste; car à quoi sert d'avoir des talents, si vous vivez comme un ours... les ours n'apprennent ni le dessin ni la musique, parce qu'ils ne vont pas en soirée.

Le résultat de ces réflexions fut la résolution bien arrêtée de donner pendant l'hiver plusieurs soirées. Mademoiselle Ophélia applaudit au projet de monsieur son père. La petite sœur sauta de joie en disant que ce serait bien *farce*; la maman soupira en assurant que cela lui donnerait mal à la tête; la bonne bougonna en prétendant que l'on salirait l'appartement et que le lendemain elle en aurait pour la journée à nettoyer. Mais M. Ducroquet avait rapporté de son administration des postes une grande exactitude dans ses projets et ses actions. On donna des soirées.

Or, quand ce grand jour, ou plutôt ce grand soir arrive, dès le matin, M. Ducroquet fait le budget de la dépense. On donnera de l'eau sucrée, ou de l'eau pure à la volonté des personnes qui auront soif, et puis on fera circuler une grosse brioche que l'on aura soin de couper en petits morceaux. On allumera les deux lampes (la petite propriété ne peut pas encore aborder la Carcel); enfin il y aura des flambeaux avec de la bougie de l'Étoile pour les tables à jeux et le piano, mais on aura grand soin de ne les allumer que lorsqu'ils seront indispensables, et on ne manquera pas de les souffler aussitôt qu'ils ne seront plus en activité de service.

La vieille bonne secoue la tête en murmurant, ce qui signifie qu'elle a entendu et qu'elle obéira si cela lui convient; madame Ducroquet ne s'occupe de rien, elle se fait de la tisane; elle boit de la mauve, parce qu'elle croit qu'elle va avoir une affection de poitrine, ou une affection nerveuse. M. Ducroquet s'en alarme fort peu; il assure que son épouse n'a jamais eu que ces affections-là.

Mademoiselle Ophélia s'occupe dès le matin du genre de coiffure qu'elle adoptera; après le dîner, elle ne s'est pas encore décidée; elle est de fort mauvaise humeur, parce qu'on n'a pas voulu qu'elle fît venir un coiffeur; le revenu de M. Ducroquet ne lui permet pas de donner un coiffeur à sa fille; c'est ce qu'il lui fait entendre, en ajoutant :

—Mais lorsqu'on a autant de talent que toi.. lorsqu'on a remporté tous les prix... enfin quand on a reçu une si belle éducation, on doit savoir se coiffer soi-même.

—Par exemple !... cette bêtise !... reprend mademoiselle Ophélia en haussant les épaules, est-ce que nous avons des perruquiers pour professeurs?

Le papa pourrait trouver la réponse impertinente, il préfère la trouver fort spirituelle; c'est d'un bien bon père.

L'heure de la réunion est arrivée, et mademoiselle Ophélia n'a pas encore achevé sa toilette. Cependant tout est disposé dans le salon. Mademoiselle Héloïse (c'est la petite fille) court d'une chambre à l'autre, en s'écriant :

—Oh! que c'est joli chez nous... on ne dirait plus que c'est chez nous!...

Les lampes sont allumées, le piano ouvert, car il y a un piano; c'est maintenant un meuble indispensable, même chez les personnes qui n'en touchent pas et qui n'aiment point la musique.

On a préparé deux tables de jeu. L'une pour la bouillotte, qui est revenue à la mode, mais que maintenant on joue à quatre au lieu de la jouer à cinq comme autrefois. Une autre table sera pour le boston, ou l'impériale, ou le piquet, selon qu'il y aura des amateurs; quant à l'écarté, il est à peu près banni de toutes les soirées; on a trouvé que cela allait trop vite, et que, dans les réunions les plus honnêtes, on pouvait y tricher.

M. Ducroquet examine ses jeux de cartes, il y en a qui n'ont servi que quatre fois, ceux-là lui paraissent encore très propres; il les laisse sur la table, en les enveloppant dans du papier sur lequel il replace quelquefois une bande, afin que l'on soit libre de supposer que ce sont des jeux neufs. Personne ne se fera illusion.

La société n'arrive que vers les huit heures et demie; c'est trop tard pour des personnes qui veulent se retirer à onze heures. Mais on se figure que c'est bon genre; et c'est à qui n'arrivera pas le premier. Celui qui se présente dans un salon où il n'y a encore personne que les maîtres de la maison, est désolé d'être venu si tôt et jure tout bas que cela ne lui arrivera plus. Cependant, si tout le monde en disait autant, la réunion ne se réunirait jamais. Un ancien commerçant et sa femme inaugurent la soirée. M. Ducroquet va au-devant d'eux, en s'écriant :

Ah! que vous êtes aimables de venir de bonne heure!... quand je dis de bonne heure, il est déjà tard..... C'est égal, vous arrivez, au moins.... et votre santé, madame Boulignot.... Toujours bonne?...

—Excellente, monsieur, je vous remercie.

—Oh! ma femme se porte comme la porte Saint-Denis! s'écrie M. Boulignot, en se frottant les mains et regardant autour de lui d'un air malin.

—Je n'en dirai pas autant de ma santé, murmure madame Ducroquet...

—Vous souffrez, madame?

—Eh mon Dieu oui! J'ai une douleur sourde... dans l'estomac... et puis parfois ça me tient dans le dos... Avez-vous éprouvé cela?

Ma femme n'a jamais de douleurs sourdes, dit M. Boulignot; quand par hasard elle se fait la plus légère égratignure, elle crie comme un aveugle qui a perdu son rotin.

Madame Boulignot donne une petite tape sur le bras de son mari.

en disant : « Taisez-vous donc, mauvais cœur! » d'un air qui signifie : « Ah cher ami! que tu es aimable! »

— Mais où donc est mademoiselle Ophélia?... je ne l'aperçois pas, reprend Boulignot en examinant tous les petits coins du salon, comme s'il cherchait la demoiselle de la maison sous les meubles.

— Elle va venir.... je crois que sa toilette... n'est pas encore achevée, dit la maman.

En ce moment, la petite Héloïse entre dans le salon en cabriolant, et s'écrie :

— Ma sœur n'a pas assez d'épingles noires; elle dit que notre maison est une baraque auprès de son pensionnat!...

M. Ducroquet fait taire sa petite fille et lui glisse une pièce de dix sous dans la main, afin qu'elle envoie sa bonne acheter des épingles noires pour Ophélia. Héloïse va trouver sa bonne et lui transmet

la commission; la bonne entre en fureur, parce qu'on l'envoie acheter des épingles noires, lorsqu'elle a déjà tant à faire, lorsqu'il faut qu'elle prépare des verres et coupe la brioche; elle sort en envoyant tout le monde au diable.

La petite Héloïse laisse crier sa bonne, mais lorsqu'elle est partie, elle coupe elle-même de la brioche, et en met une grosse part dans sa poche.

Cependant la société arrive ; c'est un employé aux Messageries, avec son épouse et son chien, une levrette qui monte sur tous les meubles et met ses pattes sur tous les pantalons. C'est un vieux garçon qui affecte de parler très haut et de tousser très fort, pour faire voir qu'il a une excellente poitrine. C'est un monsieur qui a un gilet piqué, du linge assez sale, un habit qui n'est pas brossé et une figure qui a l'air de n'être jamais débarbouillée. Celui-là est soi-disant un artiste ; il salue d'un air à moitié endormi, puis il va s'asseoir sur un fauteuil, où bientôt il a l'air de dormir tout-à-fait.

C'est une petite grosse femme qui a passé la quarantaine et que l'on appelle mademoiselle, et qui fait la folichonne, l'enfant, la mignarde en parlant. Elle se croit toujours une jeune personne, parce qu'elle est toujours demoiselle ; c'est un moyen d'être jeune toute sa vie.

Puis c'est une grande dame, mince, longue, jaune, avec ses deux filles, qui n'ont que quinze et seize ans, et sont à peu près de sa taille ; et son fils, qui n'a que treize ans, et dépasse déjà ses deux sœurs. Cette famille réunie donne l'idée d'une botte d'asperges.

Puis ce sont des jeunes gens à moustaches et sans moustaches, des fashionables du quartier ; quelques dames gentilles ; enfin, quelques hommes entre deux âges ; de ces personnages sans conséquence, qui, dans une réunion, servent à remplir les vides, à boucher les trous.

Mademoiselle Ophélia est venue au salon, mais d'un air de mauvaise humeur, parce qu'elle n'est pas parvenue à se coiffer à son goût. Sa mère lui reproche d'avoir été si long-temps à s'habiller, et elle lui répond avec aigreur :

— Ah ! c'est commode avec cela ! On manque de tout ici.

Les dames s'asseyent en demi-cercle devant la cheminée, vieille habitude, qui jette sur-le-champ du froid et de l'ennui dans un salon, et que l'on a avec juste raison bannie de ceux où l'on sait vraiment amuser sa société.

Pendant un assez long espace de temps les dames causent entre elles à demi voix; les hommes causent entre eux tout bas. On n'entend qu'un léger murmure sourd : on se croirait dans le salon d'un malade. C'est extrèmement gai.

Madame Ducroquet s'est assise près d'une vieille dame, à laquelle elle conte tous les maux qu'elle ressent, toutes les douleurs qu'elle a éprouvées, et tous les remèdes qu'elle a faits et qu'elle compte faire. La vieille dame, que cette conversation ne doit pas amuser du tout, écoute cela en rêvant à ce qu'elle mangera le lendemain pour son dîner.

M. Ducroquet fait le tour du cercle en dehors, faisant de son mieux pour dire un petit mot aimable à chaque dame. Cela se borne souvent à des phrases comme :

— Et... vous allez toujours bien? — Il a fait très froid ce matin; mais le temps s'adoucit. — Et tout le monde se porte comme vous voulez dans votre famille? — Vous êtes bien aimable d'être venue. — Et... qu'est-ce que vous nous direz de neuf? — Vous avez un bonnet qui vous va comme un ange... Je ne vous reconnaissais pas quand vous êtes entrée.

Quand il a épuisé ce catalogue de jolies choses, le maître de la maison regarde son monde d'un air qui veut dire :

— Il faut pourtant que j'amuse tous ces gens-là... C'est très fatiguant... On ne peut pas toujours avoir de l'esprit. Occupons-les.

Il propose de faire un peu de musique. Tout le monde applaudit, chacun paraît enchanté; mais quand il s'agit d'aller au piano, personne ne veut en approcher.

M. Ducroquet s'adresse à chaque personne qu'il sait être musicienne.

— Madame, vous allez nous chanter quelque chose.

— Non pas ce soir, cela me serait impossible.

— Vous, mademoiselle?

— Oh! monsieur, vous n'entendez donc pas comme je suis enrhumée.

— Alors madame votre sœur.

— Moi, je chanterais volontiers; mais je ne sais rien du tout...

— Mais, mademoiselle Ophélia, disent quelques jeunes gens, est-ce que nous ne l'entendrons pas?

— Moi! je ne chante jamais! répond Ophélia.

— Mais vous touchez du piano, mademoiselle; si vous vouliez nous jouer un morceau?

— Ah! oui, dit madame Ducroquet. Ophélia, joue-nous donc ce grand morceau... que tu étudies depuis long-temps... et qui t'oblige à casser des cordes de ton piano... dans certains passages...

— Pour le jouer, il faudrait que je l'eusse parfaitement dans les doigts... Mais certainement je ne le jouerai pas.

Le petit air insolent avec lequel la jeune personne vient de répondre à sa mère frappe désagréablement la plupart des personnes qui composent la société, et un monsieur fait observer à un de ses voisins que, dans la plupart de ces pensionnats où l'on donne aux demoiselles une brillante éducation, on oublie toujours de leur enseigner le plus nécessaire, c'est-à-dire la politesse et le respect envers leurs parents. Quant à la tendresse, à l'amour filial, cela ne s'enseigne pas, et cela devrait toujours se trouver dans le cœur des enfants : malheureusement il n'en est pas ainsi.

Toutes ces jeunes personnes qui ont remporté des prix, qui savent soi-disant plusieurs langues étrangères, qui savent la musique, le dessin, l'histoire, qui savent une foule de choses enfin, ne se doutent pas combien un ton maussade, impertinent avec leur père ou leur mère fane vite les couronnes qu'elles ont reçues; elles croient montrer de l'esprit, elles font preuve du contraire; elles se figurent en faisant les raisonneuses avoir l'air de petites femmes... et elles ont l'air de petites sottes. Elles ne savent pas combien on repose avec plaisir ses yeux sur les jeunes filles qui se font gloire de chérir et de respecter leur mère!

Mademoiselle Ophélia persistant à ne point jouer du piano, M. Boulignot dit tout bas que probablement elle n'a pas encore cassé assez de cordes pour savoir jouer son morceau.

Et M. Ducroquet voyant que personne n'est disposé pour faire de la musique, se décide à faire commencer le jeu. Il forme une bouillotte; la fiche est à un sou et la cave de dix. Le vieux garçon, auquel on a fait prendre une carte, trouve que c'est jouer un peu cher, mais enfin il consent à risquer une cave.

M. Ducroquet essaie ensuite de former une autre table; mais l'un est pour le wisk, l'autre pour le boston; on se décide à ne rien faire. La demoiselle de quarante ans à qui le maître de la maison offre de jouer, répond qu'elle aime mieux causer. En effet, elle ne cesse point de bavarder dans l'oreille d'une dame assise à côté d'elle; puis elle se lève, emmène une autre personne chuchoter dans un coin, et bientôt on entend des éclats de rire qui ne semblent poussés que pour faire de l'effet.

La demoiselle surannée ignore apparemment que dans une réunion il n'est pas honnête d'aller chuchoter dans les petits coins, et d'affecter près d'une personne d'avoir à dire à quelqu'un des choses qu'on ne veut pas qu'elle entende. Mais quand on n'a pas pu parvenir à se marier, il y a tant de choses que l'on ignore.

Sur les dix heures du soir, la bonne entre dans le salon avec un plateau et des verres d'eau... qui ne sont pas sucrés du tout.

Un moment après elle paraît avec une assiette sur laquelle la brioche est coupée en morceaux tellement petits qu'il en faudrait deux pour faire une bouchée raisonnable. Elle passe très vite avec son assiette et sans s'arrêter devant personne, de façon que pour saisir au passage un échantillon de brioche, il faut le viser d'avance, absolument comme on vise l'anneau lorsque l'on joue une partie de bagues.

M. Ducroquet est obligé de rappeler sa bonne, qui va s'en retourner avec son assiette presque intacte, et de lui dire :

— Eh bien!... qu'est-ce que vous faites donc, Marianne; attendez donc... venez donc ici... ces dames veulent de la brioche...

— Dame, murmure la bonne, vous m'avez dit de faire circuler... c'est ce que je fais...

— Et puis, dit tout bas M. Boulignot, c'est un procédé assez ingénieux pour présenter plusieurs fois de la brioche dans la soirée.

Sur les dix heures du soir, une dame que l'on avait priée de chanter, et qui avait refusé sous prétexte d'un grand mal de gorge, va nonchalemment se placer devant le piano, joue quelques préludes, fredonne quelques passages, et commence enfin un air en disant à mademoiselle Ophélia :

— Savez-vous cette romance d'*Amédée de Beauplan?*...

Et sans attendre qu'on lui réponde, elle chante la romance tout entière; à peine a-t-elle fini qu'elle s'écrie :

— Et celle-ci de *Bérat*... vous allez voir comme c'est joli.

UNE SOIRÉE DANS LA PETITE PROPRIÉTÉ. 77

La romance de *Bérat* est exécutée. Alors cette dame se souvient d'une chansonnette ravissante de *Loïsa Puget*, qui n'a pas moins de quatre couplets; elle n'en oublie pas un. Ensuite vient une autre romance; il n'y a plus de raison pour que cette dame s'arrête depuis qu'on ne la prie plus de chanter.

Et M. Boulignot, qui est le loustic de la société, dit en souriant à un jeune homme :

— Comme c'est heureux que cette dame ait oublié qu'elle a mal à la gorge.

Une altercation à la bouillotte met fin à la musique. Le vieux garçon réclame à la grande dame mince une fiche pour un brelan que celle-ci dit lui avoir payé. Chacun prétend être sûr de son fait. Le vieux garçon cède, tout en murmurant :

— Je cède parce que je suis un homme... d'ailleurs ce n'est pas

pour le sou... assurément... mais je suis sûr que madame ne m'a pas payé mon brelan.

Sur les onze heures le jeu se termine. Déjà plusieurs personnes sont parties, et depuis long-temps la petite Héloïse est endormie sur une chaise. On se souhaite le bonsoir, on prend ses chapeaux, pelisses, manteaux, paletots, et on laisse la famille Ducroquet se livrer au repos qu'elle a si bien gagné, après s'être donné tant de mal pour recevoir dignement la société.

Mais tout le long de l'escalier on entend le vieux garçon dire à la grande dame mince avec laquelle il a joué à la bouillotte :

— Je vous assure que vous ne m'avez pas payé mon brelan ; ce n'est pas pour un sou... tout le monde sait bien que je ne suis pas à cela près d'un sou... mais c'est une fiche que j'ai reçue de moins.

LES BORNES DÉCENTES.

On a élevé sur les boulevarts, à des distances peu éloignées, des espèces de colónnes de dix à douze pieds de hauteur, qui se terminent par une boule et une pointe menaçant le ciel : ce genre d'architecture rappelle les minarets de l'Orient, et je ne vois pas en quoi nos nouvelles colonnes peuvent avoir l'intention de nous rappeler des Turcs.

Ces bornes, puisqu'on nomme ainsi ces petites colonnes, sont creuses par le bas jusqu'à hauteur d'homme; elles ont une ouverture assez grande pour qu'une personne puisse pénétrer dedans. De loin, elles pourraient passer pour des guérites, mais en approchant on s'aperçoit qu'elles sont destinées à l'usage du civil comme du militaire, et que les hommes peuvent s'y introduire pour y satisfaire une de ces infirmités naturelles dont ils sont trop souvent atteints à la promenade ou dans les rues.

Nous ne pouvons qu'applaudir à cette nouvelle invention : tout ce qui tient à faire respecter la décence, tout ce qui peut empêcher que l'on ne fasse rougir le front de nos femmes et de nos filles, mérite notre approbation, et, dans la grande ville, les hommes oublient beaucoup trop souvent cette décence d'action qui devrait être la première règle de leur conduite. Voyez ces beaux messieurs qui, par leur toilette et leurs manières, veulent affecter le ton de la bonne société; dans leur langage ils se servent des termes les plus recherchés, les plus pudiques, et bondissent de colère lorsqu'un écrivain a l'audace d'employer certains mots, certains termes dont se servait *Molière*. Ces messieurs là, si sévères en paroles, montrent parfois dans les rues, dans les promenades, un oubli de toute bienséance que l'on concevrait à peine chez un homme de la plus basse extraction.

Les bornes-décentes doivent donc être louées; mais pourquoi n'en a-t-on placé que sur les boulevarts? Pourquoi n'en pas mettre aussi dans les rues, dans les carrefours. A quoi me servira-t-il de pouvoir me promener tranquillement avec ma femme ou ma fille dans une promenade de Paris, si en détournant une rue nos yeux rencontrent ce que jusque là les colonnes nous ont caché?

LES FLOUEURS.

C'est encore un nouveau mot, mais il est adopté : maintenant les jeunes gens de la haute société, les petits-maîtres, les lions, disent :

Je suis floué ! comme ils auraient dit autrefois : Je suis pris pour dupe ! et dans le style plus familier : Je suis enfoncé !

Le floueur d'aujourd'hui est l'aigrefin d'autrefois ; ce n'est pas tout-à-fait l'escroc, mais cela y ressemble beaucoup.

Le danger qu'il y a surtout dans la société des floueurs, c'est que très souvent ces messieurs sont amusants, ils procèdent à leur petite entreprise d'une manière tout aimable : ils sont forts gais en compagnie ; ils plaisantent fort drôlement la personne qu'ils veulent duper, et quelquefois ils la plaisantent encore lorsqu'elle s'est aperçue qu'elle était leur victime ; il n'y a pas moyen de se fâcher avec ces messieurs ; aussi n'est-il pas rare que vous vous laissiez flouer plusieurs fois par le même individu.

Quelquefois vous voyez arriver chez vous un monsieur que vous ne connaissez pas, que vous n'avez jamais aperçu; mais il se présente avec un ton d'assurance, d'aisance qui vous impose ; il est bien vêtu, il vous aborde en souriant ; il vous salue comme on fe-

rait à un intime ami, il désire avoir avec vous un entretien particulier. Vous êtes en train de déjeûner ou de travailler, mais ce monsieur est si pressant, si persistant que vous n'osez refuser : à la manière dont ce monsieur s'annonce, vous pensez que ce doit être un grand personnage, qui vient dans votre intérêt vous donner un avis important; enfin, comme tout en vous saluant l'inconnu vous pousse presque dans votre cabinet, vous y entrez avec lui, vous lui présentez une chaise sur laquelle il s'étend avec abandon, et vous attendez avec impatience qu'il s'explique.

Alors on vous débite une histoire bien romanesque, bien lamentable, on y mêle de la politique.... mais, tout en touchant cette corde, on vous regarde du coin de l'œil pour tâcher de deviner votre opinion; si l'on s'aperçoit que vous ne mordez pas à celle que l'on vient d'émettre, on en change très habilement et l'on en caresse une autre.

Ensuite on tire de sa poche un volumineux paquet de papiers, que l'on a dû montrer souvent, car ils sont fort sales et très vieux; on défait le paquet d'un air grave, on fouille au milieu d'un tas de paperasses, on y touche avec précaution et comme si c'était des reliques. Enfin on prend une lettre tout ouverte, et on vous la présente en vous disant : Lisez!

Vous essayez de lire cette missive qui est écrite ordinairement dans une langue qui ressemble à tout, excepté à du français; vous voyez cependant qu'il s'agit d'un illustre infortuné, qui a été obligé de s'expatrier pour une foule de raisons qu'il serait trop long de vous apprendre, et pour lequel on a fait des souscriptions dans toutes les villes où il a bien voulu séjourner.

Et pendant que vous lisez, le monsieur a encore parmi ses papiers une espèce de grande pancarte bien jaune, bien enfumée, couverte de taches d'encre et d'une foule d'autres taches de toutes les couleurs; il vous la présente en vous disant :

« Voici la liste des personnes qui ont souscrit pour moi ; veuillez l'examiner ; elle est revêtue des noms les plus honorables dans les sciences, les arts et le commerce.

Vous jetez un coup d'œil sur des signatures illisibles; vous ne connaissez aucun de ces noms qui sont là; si par hasard vous en trouvez un de connu, il n'est pas probable que vous puissiez vous assurer si c'est bien véritablement la signature de la personne. Vous commencez à vous apercevoir que ce monsieur, qui s'est présenté chez vous avec tant d'assurance et des façons si dégagées, vient tout bonnement vous demander l'aumône; et tandis que vous repliez la lettre, en cherchant ce que vous allez lui répondre, il vous dit :

— Mon cher monsieur, vous êtes connu dans Paris pour votre belle âme, votre générosité... Votre nom est dans toutes les bouches. Aussi, lorsque je me suis présenté dans cette ville, chacun m'a dit : Mais allez voir M. *** Vous avez besoin d'argent pour retourner dans votre patrie, il vous en prêtera... sa bourse est toujours ouverte pour ceux qui réclament ses services... Demandez-lui sans crainte trois, quatre, cinq cents francs... vous les aurez sur-le-champ!

Pendant qu'on vous débite cela tout d'une haleine, votre figure s'est allongée, et vous répondez alors :

— Monsieur, si ma bourse était toujours ouverte pour ceux qui demandent de l'argent, certainement elle ne tarderait pas à être vide... car on me demanderait sans cesse; il y a des gens qui trouvent beaucoup plus commode de vivre des secours des autres que de leur travail ou de leur industrie.

— Vous avez raison! oh! je suis parfaitement de votre avis, mais je suis incapable d'abuser de votre penchant à obliger. Je vous prierai seulement de me prêter deux cents francs, que je vous renverrai dès que je serai de retour dans ma terre de Cracovinsky... et je vous engage à mettre votre nom sur cette liste, qui passera à la postérité; car je compte faire élever, dans ma terre de Cracovinsky, une colonne de marbre de Paros, sur laquelle je ferai graver tous les noms qui sont sur cette liste... avec quelques vers que j'ajouterai et dans lesquels je célébrerai le mérite de mes bienfaiteurs... en alexandrins... douze pieds, pas un de moins!

Quoique tout cela soit bien séduisant, vous murmurez :

Je voudrais vous obliger, monsieur, mais il m'est impossible...

— C'est juste!... je suis peut-être indiscret... on n'a pas toujours deux cents francs de disponible... Je sais cela par moi-même. Remettez-moi seulement cent francs pour mon voyage... j'en ferai assez... je ne prendrai pas la poste... Je ne voyageais jamais autrement jadis! mais comme dit... je ne sais plus quel auteur... dans... je ne sais plus quel ouvrage, il faut être philosophe... quand on ne peut pas faire autrement.

Vous présentez à ce monsieur ses vieux papiers, en répondant :
— Monsieur, j'ai aussi des charges, de la famille... et je ne puis...
— Ah! parbleu! c'est vrai... je n'y avais pas songé... Eh! qui est-ce qui n'a pas ses charges, monsieur!... Je soutiens trois ménages, moi... quand je suis dans ma terre à Cracovinsky... Allons, n'en parlons plus... Prêtez-moi cinquante francs... cela ne me formalisera pas... Je suis au dessus de tout cela!... Si vous n'en avez que vingt-cinq, je les prendrai également... Eh mon Dieu, je n'ai point une fierté déplacée. Tous les hommes sont égaux. Je dis cela tous les jours à mon tailleur, qui prétend que je suis trop grand!...

Vous n'osez pas renvoyer sans lui rien donner ce monsieur, qui a de si bonnes manières et s'exprime si facilement : vous tirez de votre poche une pièce de vingt francs, et vous la lui présentez d'un air presque honteux, en balbutiant :
— Je suis fâché de ne point pouvoir vous offrir davantage, mais je... en ce moment...

On ne vous laisse pas achever : déjà ce monsieur s'est emparé de la pièce de vingt francs, et l'a fait passer avec une extrême dextérité, de votre main dans sa poche. Puis il se lève précipitamment, en vous disant :

C'est bien.... c'est très bien... je vous renverrai cela.... Mais vous êtes en affaire, et je vous ai dérangé.... Adieu.... je vous salue mille fois.... restez... ne me reconduisez pas.

Et ce monsieur qui semble alors très pressé de partir, comme s'il craignait que par réflexion vous ne lui reprissiez l'argent que vous lui avez donné, s'élance vers la porte, traverse rapidement votre appartement, et disparaît sans même se retourner pour vous saluer.

Vous comprenez que vous êtes floué de vingt francs.

Une autre fois, on se présentera chez vous avec un immense portefeuille sous le bras; on réclamera aussi la faveur de vous parler en particulier; remarquez bien que les *floueurs* tiennent essentiellement à ne s'expliquer qu'*en particulier;* ils redoutent la présence d'une femme, d'une mère, d'une sœur, d'une fille, parce qu'ils savent qu'en général les femmes étant plus difficiles à tromper que les hommes, leur présence peut empêcher la réussite du piége qu'ils viennent vous tendre.

L'homme au portefeuille se dit homme de lettres (et il fait des cuirs en parlant); il a composé un ouvrage pour le progrès des bonnes mœurs, pour l'anéantissement des vices qui affligent surtout les classes populaires (et ce monsieur infecte l'eau-de-vie et le vin); il ne se présente pas chez vous pour réclamer le moindre secours; sa position est fort heureuse, il a même l'espérance d'entrer à l'Académie ; mais comme son ouvrage est sous presse et paraîtra volume par volume, il vient vous inviter à souscrire, en vous faisant remarquer que, pour la qualité, la quantité de matières que renferme son livre, c'est un cadeau qu'il fait à l'humanité ; il ne désire seulement que se trouver remboursé des frais d'impression.

Et on vous montre une liste de souscripteurs... Tous ces gens-là ont des listes plus ou moins longues. Vous vous laissez aller, vous mettez votre nom, en vous disant :

— Ce n'est que douze francs pour quatre volumes... et au total j'aurai toujours les volumes.

Mais pas du tout, quand vous avez signé, le monsieur vous présente une quittance de douze francs toute préparée et sur laquelle il se hâte de mettre votre nom, en vous disant que ses nombreux souscripteurs ont pris l'habitude de le payer d'avance.

Vous ne vous attendiez pas à cela, mais vous payez. Le monsieur vous salue, en vous annonçant que vous recevrez le premier volume à la fin de la semaine.

Il est inutile de vous dire que vous n'entendez plus parler de ce monsieur et de ses volumes.

Vous êtes floué de douze francs.

Une autre fois, on viendra vous proposer de prendre tous vos vieux habits, et de vous en donner de neufs à la place, et puis de vous donner encore de l'argent en retour.

Vous ouvrez vos oreilles autant que des oreilles peuvent s'ouvrir ; il vous semble extrêmement agréable d'avoir des vêtements neufs à la place de vos vieux, que justement vous pensiez à remplacer. Vous apportez habits, redingotes, manteaux, pantalons ! On ne trouve jamais qu'il y en ait de trop : on vous dit :

— Apportez ! apportez toujours !

On vous prend mesure, on vous promet que vous serez satisfait ; on emporte toute votre défroque, qui valait bien encore cent francs pour un marchand d'habits, et au bout de deux jours on vous envoie

C'est un immense terrain dans lequel on vient de s'apercevoir qu'il vient des truffes; il n'y a qu'à fouiller et en prendre; quand il n'y en a plus, il y en a encore. Tous les cochons du pays s'y donnent rendez-vous.

Puis suivent les détails de tous les avantages réservés aux actionnaires; il y en a tant, on vous offre une si grande quantité de bénéfices, que véritablement il faudrait ne point posséder un sou dans sa poche pour se refuser à de tels avantages; en un an, six mois, vous avez quadruplé vos capitaux, vous avez toutes les garanties possibles, garantie morale, garantie matérielle, garantie spirituelle!... c'est vraiment comme si l'on vous disait:

— Donnez-moi cinq francs, je vais vous en rendre vingt.

Vous pourriez répondre:

— Je ne vous donnerai rien du tout, et vous ne me donnerez que quinze francs... ce serait plus simple. Mais cela ne peut pas se faire comme cela; l'opération manquerait.

Les actions sont de mille francs; mais on a bien voulu en fractionner, on en a émis quelques unes à cent francs, pour la commodité du public. Hâtez-vous, par exemple, car il n'en reste plus que fort peu à placer!... Vous n'avez plus que dix jours pour obtenir des actions... Cependant, si vous ne vous présentez qu'après l'époque indiquée, on vous en donnera encore, mais par faveur. Véritablement, on fait tout ce que l'on peut pour vous être agréable en vous enrichissant, et si vous n'étiez pas content, vous seriez bien difficile.

Vous prenez des actions.

Il y a un proverbe qui dit: Semez de la graine de niais, et il poussera des actionnaires!...

Au bout de quelque temps, lorsque vous vous attendez à toucher un dividende, vous recevez une circulaire qui vous invite à passer à la caisse de la société, pour y verser de nouveaux fonds, indispensables au succès de l'entreprise.

Quelques mois après, nouvel appel de fonds.... toujours pour assurer le succès de l'entreprise.

C'est absolument comme ces bateleurs du boulevart, qui reçoivent dans leur chapeau l'argent des curieux, et crient continuellement :

« Encore quelque chose, messieurs!... encore quelques petits sous pour faire le tour... Allons, messieurs, du courage... le tour va se faire, mais il manque encore quelques sous. »

Le tour que l'on joue aux actionnaires est fait depuis long-temps, et souvent ils ne s'en doutent pas encore.

Cependant quelques uns, voulant enfin connaître cette superbe découverte, dans laquelle ils ont placé des fonds, prennent la poste un beau matin, pour aller sur les lieux mêmes admirer le terrain, la carrière ou la mine...

Ils auraient dû commencer par là! mais on ne pense pas à tout, surtout lorsqu'on est actionnaire.

Il se trouve alors que l'argile propre à la porcelaine du Japon ne peut pas même servir à de la poterie.

La carrière de marbre s'est convertie en une fondrière, de laquelle on ne peut pas tirer le plus petit moellon.

La mine d'or, d'argent ou de cuivre, n'est plus même une mine de charbon; les mineurs ont perdu le fameux filon qui leur avait promis une fortune; ils ne peuvent plus parvenir à le retrouver.

Quant au terrain où venaient des truffes, vous y trouvez une fort grande quantité de pommes de terre. Vous vous promenez en vain, accompagné de cet animal, fidèle compagnon de saint Antoine, en lui faisant signe de chercher dans la terre. Votre animal cherche en effet, il trouve une foule de choses, excepté des truffes. Et vous vous apercevez que vous êtes floué du montant de vos actions.

Défiez-vous donc de ces gens qui vous proposent de vous enrichir, comme si c'était la chose du monde la plus simple, la plus facile. Engagez-les à s'enrichir d'abord eux-mêmes, ce qu'ils n'ont jamais pu faire, tout en faisant soi-disant la fortune des autres.

Mais dans une ville immense comme Paris, vous ne devez pas être étonné de rencontrer à chaque instant des floueurs : elle renferme tant de gens qui vivent au jour le jour ; qui se lèvent sans savoir où ils coucheront, où ils dîneront, et dans quels souliers ils marcheront.

Ces gens-là cherchent, inventent sans cesse de nouvelles ruses, pour faire passer l'argent de votre poche dans la leur, n'osant point encore vous le voler ouvertement ; ils se creusent l'imagination pour vivre à vos dépens, et emploient souvent à cela de l'esprit, de l'adresse, de l'invention, qui, bien dirigés et avec la volonté de rester honnête et de travailler, auraient pu faire des hommes distingués dans les sciences, le commerce et les arts.

Il y a encore les floueurs de société. Les uns ont, à l'écarté, le talent de toujours retourner le roi ; les autres sont de la première force au billard ; ils cachent leur talent, perdent quelques parties à un écu, et vous gagnent ensuite cinq ou six cents francs, sans que vous ayez trouvé le moyen de faire un carambolage.

Il y a des floueurs dans toutes les classes, dans toutes les hiérarchies de la société ; c'est donc à vous d'être sans cesse sur vos gardes.

On a prétendu qu'il y avait aussi des *floueuses*, mais ce mot-là n'est pas encore admis, et nous refusons d'y croire.

LA PETITE POSTE.

Qui aurait jamais cru que le métier de facteur de la petite poste de Paris deviendrait un état dans lequel on roulerait voiture?

Autrefois, pour obtenir une place de facteur, il fallait être fort, vigoureux, s'annoncer enfin comme un homme bien constitué, et surtout un bon marcheur; car la besogne d'un facteur n'était pas autre chose; il fallait marcher... toujours marcher; c'était un véritable métier de *juif errant!*

Dans les campagnes encore, l'homme chargé de porter les lettres d'une commune à une autre a conservé le nom de *piéton*.

Maintenant postulez sans crainte l'emploi de facteur, hommes délicats, faibles, valétudinaires, boiteux même; vous irez en voiture; au lieu de vous fatiguer, cela vous fera du bien, et tout en faisant votre besogne, vous sentirez renaître votre santé.

N'allez pas croire que nous blâmions l'invention nouvelle!... Bien au contraire: tout ce qui tend à améliorer la position des hommes, à les rendre plus heureux, à les soulager dans leur travail, nous semble un véritable bienfait dont on doit rendre grâce à l'inventeur.

Dans notre amour pour l'humanité, nous voudrions voir les ramoneurs en carrosse, les allumeurs en cabriolet, les balayeurs en omnibus, les paveurs à cheval et les chiffonniers sur des ânes ; cela viendra peut-être, la voiture de la petite poste est bien venue.

L'administration des Postes est établie rue Jean-Jacques-Rousseau ; c'est de là que partent, à différentes heures de la journée, les voitures qui sont chargées de distribuer les facteurs dans les quartiers

où ils ont affaire ; car on distribue maintenant les facteurs comme les lettres. La voiture se compose de deux banquettes, elle est longue, et ceux qui sont dedans sont assis en vis-à-vis. De cette façon, le facteur peut descendre fort lestement, quand il est arrivé au quartier qu'il dessert. Alors il faut qu'il marche un peu, qu'il fasse encore usage de ses jambes; mais il ne doit pas être fatigué, puisqu'il descend de voiture.

C'est toujours le facteur qui vous apporte un almanach pour le nouvel an; il en a pour la grande et la petite propriété, ou plutôt pour le premier et le dernier étage d'une maison.

L'époque des étrennes est pour le facteur l'époque de la moisson.

Cependant il y a de ces gens que rien ne peut toucher, qui sont également insensibles à l'almanach de ville et à celui de cabinet, bien que l'un ou l'autre soit orné d'images avec une foule d'allégories.

Une vieille dame, riche, refusait constamment le facteur lorsqu'il venait lui demander ses étrennes, et un jour, comme celui-ci les lui demandait encore, la vieille dame lui répondit :

— Pourquoi voulez-vous que je vous donne des étrennes, je ne reçois jamais de lettres?

Le facteur n'insista pas et se retira. Mais dans le courant de l'année, la vieille dame reçut une très grande quantité de lettres; c'étaient des circulaires de marchands, de ces imprimés que l'on vous envoie pour vous engager à vous fournir dans tel ou tel magasin; missives fort intéressantes, et que la plupart du temps on ne se donne pas la peine de lire. La vieille dame trouva fort singulière cette abondance de lettres, mais, à la fin de l'année, elle donna les étrennes au facteur.

Il y a peu d'hommes dont l'arrivée soit aussi souvent attendue, désirée, souhaitée avec impatience que celle du facteur.

Quand on attend une lettre de son amant, un rendez-vous de sa maîtresse, des nouvelles d'un enfant chéri, d'une mère tendrement aimée, d'un mari qui voyage, et auquel on est fidèle; d'un vieux parent riche et fort malade dont l'héritage nous revient; d'un ami sincère, d'une compagne d'enfance, d'un vieux père infirme, d'un nouveau-né... ah! combien on soupire après l'arrivée du facteur!

Ce doit être, à Paris, le personnage après lequel on soupire le plus; et cependant il n'a pas la réputation d'un homme à bonnes fortunes.

L'HOMME DE LETTRES MARRON.

Mais quel est donc ce monsieur nonchalamment assis dans un café sur une banquette du fond, le dos appuyé contre une glace et se retournant souvent pour sourire à son individu? Devant lui est un verre d'eau sucrée dont il avale de temps à autre quelques gorgées; plusieurs journaux sont sur la table qu'il occupe; il en tient un qu'il lit en s'interrompant à chaque instant pour faire entendre très haut des exclamations comme celles-ci :

« Ah! mon Dieu! — Quel galimathias. — Ah! mauvais, mauvais! — Pitoyable! — C'est absurde!... — Des éloges de la pièce... ah! oui parlons-en! elle est jolie la pièce!.. une rapsodie infâme!... si je l'avais faite, j'irais me jeter à l'eau!... »

A l'importance que se donne ce monsieur, si vous n'avez pas encore l'expérience des hommes et du monde, vous croirez peut-être que c'est un grand personnage, une de nos célébrités artistiques ou littéraires!

Détrompez-vous : les célébrités ne se posent point ainsi, ou du moins c'est fort rare; ensuite les hommes de talent sont ordinairement plus indulgents que les autres, et vous ne les entendrez presque jamais déchirer leurs confrères, déprécier leurs rivaux et tourner en ridicule les jeunes gens qui commencent.

Ce monsieur qui fait tant de bruit, d'embarras, de frou-frou! est l'auteur du tiers d'un vaudeville, joué avec assez de désagrément sur l'un de nos plus petits théâtres. Depuis ce temps il a pris le titre d'auteur dramatique : à force d'intrigues, de courses, de courbettes, il est parvenu à faire imprimer son nom sur le prospectus d'un petit journal, comme devant concourir à la rédaction; alors le voilà devenu homme de lettres; mais parmi la véritable littérature on appelle ces messieurs des hommes de lettres *marrons*.

Est-ce que cela ne vous rappelle pas ce Gascon, qui allait manger son pain sec dans le jardin du Palais-Royal, et qui le soir se promenait avec un cure-dents à la bouche et disait d'un air satisfait à ceux de ses amis qu'il rencontrait : Ma foi je me promène pour faire ma digestion, car je viens de dîner au Palais-Royal?

Mais les hommes se sont toujours laissé prendre aux apparences. Il y aura toujours de ces esprits simples ou de bonne foi qui seront dupes de ces jongleurs littéraires; comme il y a encore des personnes qui achètent les baumes des charlatans et la pommade pour faire pousser les cheveux.

Un jeune homme de talent, mais qui n'est pas encore connu, aura fait une pièce; il cherche un collaborateur, un homme qui ait quelque influence, pour lui offrir de revoir, de retoucher son ouvrage. On lui a dit que ce monsieur qui fait tant d'embarras était homme de lettres; il s'est adressé à lui, lui a présenté humblement son ouvrage, que celui-ci a daigné prendre avec un air protecteur, en disant :

— C'est bien, je lirai cela... revenez me voir dans huit ou quinze jours... je tâcherai d'avoir lu.

Le jeune homme est retourné dix fois chez son *Mécène,* qu'il n'a jamais rencontré chez lui; enfin il vient de l'apercevoir au café, et il court à lui.

— Ah! monsieur, je suis charmé de vous rencontrer...

— Hé! bonjour, mon cher, bonjour!...

— Je me suis présenté plusieurs fois chez vous sans pouvoir vous trouver.

— Que diable voulez-vous! est-ce qu'on est chez soi!... on a tant d'aventures... de bonnes fortunes... il est bien rare que je rentre coucher! J'ai un appartement de douze cents francs; c'est une grande folie, car je n'y suis jamais.

— Monsieur, avez-vous eu la complaisance de lire ma pièce?

Ici, le monsieur au verre d'eau sucrée prend un air encore plus important, pince ses lèvres, gonfle ses joues, secoue la tête et cligne des yeux, en répondant :

— Oui, mon cher... oui, je l'ai lue.

— Hé bien!... qu'en pensez-vous?

L'homme de lettres se caresse le menton et laisse échapper plusieurs : *hum! hum!* assez inquiétants pour le jeune homme, qui reprend :

— Enfin, monsieur... votre opinion?

— Mon cher... d'abord... voyez-vous... il n'y a pas assez d'amour dans votre pièce... ça manque, il faudrait tâcher d'en remettre...

— Pas assez d'amour... mais, monsieur, il n'y a que de cela.

— Ah!... alors... il faudrait en ôter... parce que vous comprenez, toujours la même situation... c'est monotone... cependant nous arrangerons cela... Oh! j'ai fait des choses plus difficiles.

Le jeune homme, qui comprend enfin à qui il a affaire, dit d'un ton plus sec :

— Monsieur, avez-vous mon manuscrit sur vous?

— Oui... tenez, le voilà... je m'amusais à en lire quelques fragments... Il y a deux pages de perdues... mais c'est un petit malheur... on met à la place tout ce qui vient à la tête...

Le jeune homme reprend son pauvre manuscrit, le remet dans sa poche, et salue en disant :

— Je vous demande pardon de vous avoir importuné, monsieur, mais je crois que je ne suis pas digne de travailler avec vous.

— Ah! c'est comme ça! s'écrie l'homme de lettres! Hé bien, avise-toi de faire quelque chose, toi! et je te pulvérise avec mon journal... quand j'y travaillerai.

Il y a des hommes de lettres marrons qui travaillent ou du moins qui s'imaginent travailler, ce qui pour eux est absolument la même chose. Quand ils sont parvenus par leur jactance, leurs gasconnades, leur aplomb à trouver un nouvel auteur, qui dans l'espoir d'avoir un collaborateur habitué à travailler pour la scène, leur confie son manuscrit, ils vont s'enfermer chez eux, et là, après avoir lu, relu, médité la pièce à laquelle ils doivent appuyer le cachet de leur génie, se creusent la tête pour chercher de nouvelles situations, quelque péripétie bien inattendue, quelques effets bien sûrs, enfin pour y faire des changements avantageux.

Malheureusement, ou plutôt heureusement, pour être véritablement auteur il faut avoir reçu du ciel l'influence secrète, et lorsque vous n'êtes pas né avec le talent qui doit produire des pièces de théâtre, vous avez beau vous frotter le front et vous gratter l'oreille, vous ne trouverez rien ni dans l'un ni dans l'autre.

Boileau a dit :

Soyez plutôt maçon, si c'est votre talent !

Mais la plupart de ces hommes de lettres de contrebande n'ont pas lu *Boileau*. On ne veut pas se reconnaître, se juger et se rendre à l'évidence.

Après avoir gardé pendant un mois, quelquefois plus, le manuscrit qu'on lui a confié, notre marron écrit enfin à son collaborateur :

« Mon cher maître... » Maître est le mot adopté depuis quelque temps à Paris par les auteurs dramatiques et les hommes de lettres lorsqu'ils s'écrivent entre eux. Autrefois les avocats seulement et les gens du palais employaient ce terme. Mais il est très bien reçu maintenant dans la littérature ; il flatte celui qui le reçoit, et coûte d'autant moins à celui qui le donne qu'à la première occasion il est bien certain qu'on le lui rendra.

Du reste, vous comprenez parfaitement que ce mot ne signifie plus rien. Il en est de lui comme de toutes les faveurs que l'on prodigue à tort et à travers : elles perdent de leur valeur à mesure qu'elles se multiplient.

L'homme de lettres marron écrit donc à l'aspirant dramatique :

« Mon cher maître, j'ai terminé notre pièce... j'ai eu du mal ! il
« a fallu beaucoup changer, beaucoup refaire... trouver bien des
« situations, couper tout ce qui était dangereux ; enfin je crois être
« parvenu à conduire l'ouvrage à bonne fin. Venez me voir demain
« matin ; nous lirons notre pièce ensemble, et puis nous irons trou-
« ver un directeur, et j'espère que cela ira tout seul. »

En recevant ce billet, l'auteur du manuscrit est d'abord agréablement flatté de se voir appelé *mon cher maître*. D'autant plus que n'ayant rien fait encore, il ne s'attendait pas à être déjà traité de maître. A la rigueur, il y a des personnes qui prendraient cela pour une épigramme, mais il faut toujours voir les choses du bon côté, et le jeune néophyte est enchanté. Il fait une espèce de toilette, se met à peu près en noir ; le noir est la couleur favorite de ceux qui aspirent à se faire un nom dans les lettres, et ceux dont le nom est fait ne s'inquiètent guère de la couleur de leur habit. Sa toilette terminée, le jeune homme se hâte de se rendre chez son illustre collègue.

Après les compliments d'usage, mais beaucoup plus prolongés cette fois, parce que le nouvel auteur ne veut pas être en reste avec son collaborateur, on arrive au point important, à la lecture de la pièce. Le jeune homme est bien impatient de connaître tous les changements avantageux qu'elle a subis.

L'homme de lettres marron prend le manuscrit, s'étend dans une bergère, et va commencer la lecture de l'ouvrage, après avoir toussé plusieurs fois pour que sa voix ait toute sa plénitude... mais au moment de lire, il s'arrête en disant :

— D'abord, mon cher ami, je dois vous dire que j'ai changé le titre de notre drame.

— Ah ! vous le trouviez donc mauvais ?

— Pas mauvais précisément, mais lorsqu'on peut en trouver un plus heureux, il faut le saisir... Savez-vous, mon cher ami, qu'un bon titre est déjà la moitié... les trois quarts d'un succès...

— Je ne doute pas que ce ne soit avantageux, surtout quand la pièce tient ce que le titre promet...

— Il n'est pas question de tenir... on tient si on peut ! le principal c'est de promettre. Mais un titre original est une bonne fortune... ainsi je connais des hommes de lettres... des auteurs de beaucoup de talent et qui ne font pas autre chose que de chercher des titres de pièces ; quand ils en ont un, ils vont le porter à un autre auteur qui a l'habitude d'écrire, qui fait ce qu'on appelle le gros de l'ouvrage. Un troisième revoit le scénario, et trouve de fortes situations ; un quatrième jette de l'esprit dans tout cela... Si on a besoin de gaîté, on cherche un cinquième collaborateur, mais ordinairement cela n'a pas besoin d'être amusant, et voilà une pièce faite, et un auteur qui touche son quart parce qu'il a trouvé un titre.

— C'est beaucoup de se mettre quatre pour faire une pièce !

— On en a fait à cinq, à six... Je ne serais pas étonné que l'on formât une société par actions pour la confection d'une pièce de théâtre.

— Mais venons à notre affaire. Ma pièce s'appelait : *la Bergère de la Forêt*, je croyais ce titre assez joli.

— Il pouvait aller ; mais celui que j'ai trouvé est bien plus original ! bien plus piquant. J'appelle notre pièce : *la Forêt de la Bergère*. Hein ? qu'est-ce que vous dites de cela...

— C'est le titre retourné.

— Oui, retourné ! mais quelle différence !... quel changement énorme dans ce renversement de mots... *la Forêt de la Bergère !*... cela promet une foule de choses que tout le monde sera curieux de voir.

— Effectivement cela promet tant que... enfin... veuillez lire, je vous écoute.

Le jeune auteur n'est pas enchanté du changement de titre de sa pièce. L'homme de lettres marron reprend le manuscrit et commence :

— Personnages : *le comte Arnold de Montournal*... Vous aviez mis simplement : le comte de Montournal ; j'ai ajouté *Arnold*, c'est bien mieux... cela donne plus de noblesse à ce personnage... Je poursuis : *le baron d'Apremont...* Vous aviez mis *d'Apreville...* j'ai trouvé qu'un nom finissant par *ville* c'était bien doux pour un traître, au lieu que *mont !* c'est ronflant, c'est plein... cela résonne bien à l'oreille... Je suis très content d'avoir trouvé Apremont... cela m'est venu un soir tout en jouant au wisk... Je poursuis : *Adèle Dorgeville...* Vous aviez mis *Adèle Dorgemont* ; j'ai trouvé que ce *mont* était bien dur pour une femme... et surtout une amoureuse... les amoureuses au théâtre sont rarement dures:.. Dorgeville c'est plus coulant, plus doux. Je poursuis : *Bernard,* intendant du château. Vous aviez mis *Dubois...* Dubois est beaucoup plus commun... on trouve Dubois dans toutes les anciennes comédies... c'est un nom usé ; au lieu que Bernard n'a été que très peu employé. Je poursuis : *Allain,* jardinier... C'est le nom que vous aviez mis... je n'y ai rien changé... *Allain* n'est pas mal... nous laisserons *Allain.* Je poursuis : *Fanchonnette,* bergère... Ah ! vous devez remarquer ici un grand changement : ce n'était que *Fanchette,* aujourd'hui c'est *Fanchonnette !...* c'était bien important, pour notre principal personnage... une syllabe de plus c'est essentiel... Voilà tous nos personnages... Ah ! vous aviez mis aussi deux domestiques du château ; j'en ai mis quatre... Ma foi, je me suis dit : Quatre domestiques feront nécessairement plus d'effet que deux, et cela ajoutera à la mise en scène.

Le jeune auteur a fait une légère grimace en écoutant les changements faits aux noms de ses personnages. Le marron s'essuie le front et entame enfin la lecture de la pièce.

Les trois premières scènes sont absolument telles que le premier auteur les avait écrites ; mais arrivé à la quatrième, celui qui lit s'arrête en disant :

— Ici j'ai fait un changement. Vous aviez mis : *Le baron sort par la droite* ; moi, j'ai mis : *Le baron sort par la gauche !* Cela fera beaucoup mieux, parce que à droite nous avons un arbre, et en partant très précipitamment, le baron aurait pu se cogner contre l'arbre!... au lieu qu'en sortant par la gauche, il n'aura pas cela à craindre. Je poursuis. Remarquez bien la tirade de Fanchonnette ; vous finissiez par : *Ah! qu'il est cruel d'aimer sans espérance de retour!* Voici ce que j'y ai substitué : *Oh! sans espoir de retour, aimer est une chose bien tourmentante !...* C'est la même idée ;... mais la pensée se rend mieux.

Ah! plus loin vous faisiez dire à Allain, notre personnage comique :

Les femmes sont comme les noisettes ; pour en avoir une bonne, il faut en prendre plusieurs.

D'abord, mon cher collègue, la censure aurait coupé cela. Comparer des femmes à des noisettes ! c'était trop risquer !... Moi, j'ai mis ceci à la place :

Il y a de bonnes femmes, mais il y a aussi de bonnes noisettes...

Hein?... c'est gentil, et je défie que la censure morde là-dedans.

— Mais il me semble que cela ne rend plus mon idée.

— Cela en fait deux... C'est bien mieux. Je continue.

Le jeune auteur se tait, se soumet et écoute. Vers la fin de l'acte il s'aperçoit que toute une scène est coupée, et s'écrie :

— Qu'est donc devenue la scène où ma bergère recevait une déclaration d'amour?... Vous l'avez donc passée?

— Non, mon cher ami ; mais je l'ai coupée.

— Coupée! et pourquoi?... C'est le nœud de la pièce.

— Justement ; en coupant le nœud, l'action se dénoue bien plus facilement. D'ailleurs, les déclarations d'amour c'est fort commun ; il y en a dans toutes les pièces de théâtre.

— Mais enfin qu'avez-vous mis à la place?

— Oh! soyez tranquille! Quand la bergère sort pour aller dans la forêt, je la fais suivre par le comte, qui dit alors à part, mais de façon pourtant à être entendu du public :

Fanchonnette va dans la forêt ; je vais l'y joindre, et je lui dirai deux mots.

Hein?... j'espère que cet *à parte* dit tout... et en même temps ne dit rien, ce qui a le grand avantage de laisser l'intérêt en suspens.

Le pauvre débutant continue de garder le silence. Il ne s'attendait pas à tout ce qu'il entend. Le marron achève la lecture du drame; les changements qu'il a faits dans la dernière partie de l'ouvrage sont de la même force que les précédents. Ainsi, dans un endroit il a mis : *Je vous hais à la mort!* au lieu de : *Je vous déteste.* — *Périssons tous les deux*, à la place de : *Mourons ensemble*. Enfin, il a biffé plusieurs *ah!* pour y substituer des *oh!* et des *grand Dieu!* pour des *juste ciel!*

Voilà cette besogne qui lui a coûté un mois de travail et dont il est si fier. Lorsqu'il a fini de lire, il s'attend à des éloges, à des remerciements de la part de son jeune collègue; mais celui-ci garde un morne silence : il est stupéfait. Cependant il prend son parti en se disant : Enfin, pourvu qu'il nous fasse jouer... c'est le point principal; et il a dit que cela irait tout seul!

L'homme de lettres marron se fait fort d'avoir bientôt une lecture. Il est lié avec tous les directeurs, avec tous les acteurs en renom, avec toutes les sommités littéraires.

Trois mois s'écoulent pendant lesquels le jeune auteur a été toutes les semaines chez son collègue, en lui disant :

— Eh bien! notre lecture?

— Ce sera pour ces jours-ci..... la semaine prochaine..... ça ne peut pas manquer... Ils m'ont dit : Nous sommes accablés de lectures;... mais nous vous ferons passer avant les autres. Un peu de patience; je vous écrirai.

Le pauvre débutant s'en retourne en se disant :

— Voilà bien long-temps que nous devons passer avant les autres!... Les autres devraient cependant nous pousser.

Enfin la lecture est obtenue. Le grand jour est venu; le jeune homme va trouver son marron, pour lequel il sent renaître toute sa confiance, parce que celui-ci en a prodigieusement en lui-même, et ne cesse de répéter :

— C'est une affaire arrangée.... C'est reçu d'avance.... Cela ira tout seul. C'est moi qui lirai.

Le jeune homme, qui n'a pas été satisfait de la manière dont son collaborateur lui a lu leur ouvrage, dit timidement :

— Mais si vous aviez voulu... j'aurai pu lire... J'ai assez de chaleur!...

— Vous!... Oh! ce serait du joli... vous qui n'avez pas l'habitude de lire devant des directeurs! Gardez-vous-en bien. Ce n'est pas de la chaleur qu'il faut pour lire une pièce : c'est du calme, du sang-froid; en un mot, il faut ménager ses moyens. Fiez-vous à moi.

On se rend chez le directeur. Le marron présente son jeune collègue comme un débutant dans la carrière dont il veut bien encourager les essais. Le débutant se borne à saluer gauchement; il se sent tellement ému, son cœur bat avec tant de force, qu'il n'a pas la force de parler. Enfin la lecture commence : le marron lit la pièce parfaitement mal; il ménage tellement ses moyens qu'il n'en montre nulle part; mais le jeune auteur espère avoir mal entendu, mal jugé son collègue.

La lecture terminée, le résultat va tout seul en effet : la pièce est refusée à l'unanimité.

Le jeune auteur est consterné; il fait de tristes réflexions sur son association dramatique. Quant à l'homme de lettres marron, il est furieux; il se répand en invectives contre le directeur et son théâtre; il s'écrie :

— Refuser une pièce comme celle-là!.... où j'avais semé l'esprit à pleines mains! Ce sont des ânes! Ce théâtre-là ne peut pas aller; il n'ira jamais bien. Je sais parfaitement que nous serons reçus et joués ailleurs; mais enfin c'est toujours désagréable de s'être donné la peine de lire pour rien.

— Vous croyez que nous serons reçus ailleurs? dit le jeune homme en soupirant.

— Parbleu! est-ce que vous en doutez?

Et, dans l'espace de deux années, le marron a obtenu six lectures. La pièce a été refusée partout, et le jeune homme se décide à prendre son parti, à ne plus songer à son ouvrage, qu'il abandonne au marron, lequel, au bout de plusieurs mois, change le titre de la pièce, et parvient enfin à la faire jouer, comme étant de lui seul, à un des plus modestes théâtres de la grande ville.

Il y a ensuite des hommes de lettres marrons qui travaillent véritablement, qui travaillent même beaucoup, et qui, quoique ne faisant jamais rien de bien, ont la funeste habitude de trouver mauvais tout ce qu'aura fait leur collègue, et croient devoir tout changer dans une pièce qu'on leur apporte.

Quand vous avez affaire à ces marrons-là, si vous leur portez pour sujet de pièce *Héro et Léandre*, ils en feront *les Aventures de Télémaque*; si vous avez composé un ouvrage sur *la Bataille de*

Fontenoy, dans leurs mains cela deviendra la fondation de Rome. Vous aurez beau lire la pièce depuis le commencement jusqu'à la fin, vous n'y trouverez plus une seule de vos idées, de vos phrases, ni de vos pensées ; et malheureusement tout ce que l'on vous donne à la place ne vaut pas ce que vous aviez fait.

Enfin, dans la quatrième catégorie d'hommes de lettres marrons vous trouverez celui qui fait les courses. Celui-là est sans cesse en mouvement ; dans la même journée, il va dans quatre, cinq, six théâtres ; le soir, il est dans tous ; il assiste aux répétitions, aux représentations, aux discussions ; vous le trouvez toujours dans le cabinet du directeur, dans la loge du premier sujet, puis dans les coulisses, puis dans la salle ; si vous alliez vous promener sous le théâtre, certainement vous l'y trouveriez encore. Cet homme-là est partout.

Et partout il crie à l'injustice ; il demande des lectures, il demande des tours ; il va de l'un à l'autre, il s'agite sans cesse ; dès qu'un directeur passe, il court à lui, l'*empoigne*, lui prend le bras, l'entraîne dans un petit coin, où il tâche de le garder le plus long-temps possible, affectant de parler à voix basse et de se donner un air mystérieux pour que l'on croie qu'il a une grande affaire dramatique en train.

Parmi les nombreux hommes de lettres marrons qui doivent nécessairement pulluler dans la grande ville, où le théâtre est devenu presque un commerce, c'est à celui qui fait les courses que nous conseillons aux débutants littéraires de donner la préférence ; avec celui-là, ils auront du moins quelques chances d'être joués.

Nous nous sommes étendus sur ce chapitre, parce que Paris est la grande fabrique de toutes les pièces de théâtre, qui sont ensuite jouées dans les autres villes de France, et parce que maintenant dans la grande ville tout le monde veut et croit pouvoir être auteur.

NOTRE-DAME DE LORETTE.

Dans le sein de la Chaussée d'Antin, au bout de la rue Laffitte, une charmante petite église, tendue en étoffe bleue, des vitraux gothiques, des peintures de bon goût, des tableaux de nos premiers peintres, des tapis sur les dalles, des chaises qui semblent frottées et vernies, une chapelle simple mais bien décorée ; enfin tout autour de vous un air de bonne compagnie, de confortable, d'aisance, qui fait éprouver à l'âme un secret contentement.

On a dit que les dévotes de Sainte-Lorette étaient plus élégantes, plus jolies que partout ailleurs... Ceci n'est point un mal.

On a dit qu'elles étaient coquettes... Si c'est un péché, elles vont sans doute à l'église pour le confesser.

On a dit que les jeunes fashionables du quartier allaient à cette église, parce qu'ils savaient y trouver de jolies femmes.

Mais en admirant la créature, n'adore-t-on pas aussi le Créateur?

On a dit une foule de choses !.... car, à Paris, dès qu'un monu-

Denis. Aujourd'hui, son nom est infiniment moins prolongé. Si nous avions conservé à nos rues toutes les dénominations qu'elles portaient autrefois, les étrangers et même les Parisiens ne s'y reconnaîtraient pas.

« C'étoit, nous dit *Saint-Foix*, par la porte et la rue Saint-Denis
« que les rois et les reines faisoient leurs entrées dans Paris. Alors

« la rue Saint-Denis étoit tapissée avec des étoffes de soie et des
« draps *camelotés*. Des jets d'eau de senteur parfumoient l'air. Le
« vin, le lait et l'hypocras couloient de différentes fontaines. Il y
« avoit de distance en distance des théâtres et acteurs *pantomimes*,
« mêlés avec des chœurs de musique, représentant des histoires
« de l'ancien et du nouveau Testament. »

S'il faut en croire *Froissard*, à l'entrée d'Isabeau de Bavière, il y avait à la porte aux Peintres (qui était située vis-à-vis de la rue du Petit-Lion) : « Un ciel nud et très richement estoilé, et dans
« ce ciel, petits enfants de chœur chantoient moult doucement en
« forme d'anges. Lorsque la reine passa en sa litière découverte,
« sous la porte de ce paradis, deux anges descendirent d'en haut,
« tenant en leurs mains une riche couronne d'or garnie de pierres
« précieuses, et la mirent sur le chef de la reine, en chantant des
« vers à sa louange. »

Un autre chroniqueur, *Jean Jurénal des Ursins*, raconte le fait

suivant, à l'occasion de cette entrée à Paris d'*Isabeau de Bavière* :
« Charles VI voulut la voir, et dit à *Savoisi*, son favori : *Savoisi,*
« *je te prie que tu montes sur mon bon cheval et je monterai der-*
« *rière toi ; et nous nous habillerons de façon qu'on ne nous connoisse*

« point, et irons voir l'entrée de ma femme. Ils allèrent donc par la
« ville en divers lieux et s'avancèrent pour venir au Châtelet à l'heure
« que la reine passoit, où il y avoit moult de peuple et grand'presse,
« et foison de sergens à grosses boulaies, lesquels, pour empêcher la
« presse, frappoient de côté et d'autre de leurs boulaies bien et fort,
« et le roi et Savoisi tâchoient toujours d'approcher; et les sergens, qui
« ne cognoissoient point le roi ni Savoisi, frappèrent de leurs boulaies
« dessus, et en eut le roi plusieurs horions sur les épaules; et le soir,
« en présence des dames et demoiselles, fut la chose récitée, et on
« commença d'en bien farcer, et le roi même se farçoit des horions
« qu'il avoit reçus. »

A l'entrée de Louis XI, en 1461, on imagina, rue Saint-Denis, un spectacle très agréable : « Devant la fontaine du Ponceau
« étoient plusieurs belles filles en sirènes, toutes nues, lesquelles, en
« faisant voir leur beau sein, chantoient de petits motets et berge-
« rettes. »

Enfin, à l'entrée de la reine Anne de Bretagne, on poussa l'attention jusqu'à placer de distance en distance, « De petites troupes
« de dix ou douze personnes, avec des pots-de-chambre pour les
« dames et demoiselles du cortége qui se trouveroient pressées de
« quelques besoins. »

Il faut avouer que nous sommes bien en arrière de nos pères; nous ne poussons pas les petites attentions et la prévoyance aussi loin.

Revenons à la rue Saint-Denis de notre époque : si l'on n'y voit plus de petites troupes de dix à douze personnes avec ce que nous vous disions tout à l'heure, et de jolies filles déguisées en sirènes et faisant voir leur beau sein, en revanche on y voit force boutiques, force magasins très bien fournis et parfaitement achalandés. La rue Saint-Denis est la plus marchande de Paris; on y trouve de tout, mais elle est surtout renommée pour les rubans, les plumes, la passementerie. Dans cette rue, les boutiques sont moins élégantes, moins dorées que dans maint autre quartier de la capitale ; il en est plusieurs encore qui, depuis un demi-siècle, n'ont rien changé à leur intérieur et à leur devanture. Ces maisons-là sont les meilleures, les plus solides de Paris. *Bonne renommée vaut mieux que ceinture dorée,* dit un vieux proverbe, et dans la rue Saint-Denis vous aurez souvent occasion d'en reconnaître la justesse. Un simple billet souscrit par un marchand de la rue Saint-Denis vaut mieux qu'une lettre de change acceptée par certains banquiers de la capitale, quoique ceux-ci aient hôtel, voitures, laquais et loge aux Bouffes... toutes choses que l'on ne se donne pas encore dans la rue Saint-Denis.

Considérée sous le point de vue moral, cette rue a encore un aspect tout particulier : en voyant l'activité qui semble naturelle à ses habitants, ce grand nombre de gens qui vont et viennent, ces voitures, ces charrettes, ces camions qui se croisent, se suivent, se succèdent presque sans interruption depuis le matin jusqu'à la chute du jour, le commerce continuel qui se fait dans ces boutiques, il semble qu'une personne qui demeure rue Saint-Denis ne saurait être paresseuse. Le bruit qu'on y entend sans cesse doit y servir de réveil-matin. Enfin on ne se promène pas dans la rue Saint-Denis, mais on y passe pour aller à ses affaires, ou parce qu'on y a besoin.

Sur le soir, lorsque vient l'heure où les ouvrières externes quittent leur magasin de fleurs, de rubans ou de passementerie, on voit rôder dans la rue Saint-Denis des jeunes gens dont la toilette est assez négligée, quelques hommes entre deux âges, et même quelques particuliers sur le retour.

Les jeunes gens ont des cigares à la bouche, il en est qui se permettent la pipe ; les hommes entre deux âges ont souvent un lorgnon à la main et un bouquet caché sous leur habit ; les vieux ont les poches bourrées de bonbons et de gâteaux. Les moyens de séduction varient toujours suivant l'âge du séducteur.

Tous ces messieurs guettent les grisettes qui vont sortir de leur magasin.

Les jeunes gens se promènent en fumant, en regardant dans les boutiques, en disant entre eux des plaisanteries, en riant souvent au nez des boutiquiers.

Les hommes entre deux âges sont plus discrets : ils passent vivement, lancent furtivement un regard dans le magasin où travaille

leur *dulcinée*, puis vont s'arrêter, se poster à cent pas au moins de la boutique, afin de ne point éveiller de soupçons, et de ne pas compromettre la jeune personne dont ils cultivent la connaissance.

Les vieux n'ont pas une règle de conduite bien arrêtée : quand on n'est plus jeune, on ne sait plus trop ce qu'on doit faire pour bien conduire une intrigue. Les uns vont se cacher dans des allées, sous des portes cochères; ils restent là des heures entières sans oser montrer le bout de leur nez, espérant toujours que l'objet de leur tendresse passera enfin devant eux. Après une faction bien longue, quand ils se décident à donner un coup d'œil dans le magasin, ils n'y voient plus leur belle, qui est partie depuis long-temps sans qu'ils s'en soient aperçus.

D'autres, plus hardis, vont se planter contre les carreaux de la boutique, et n'en bougent plus, à moins qu'un homme ne sorte du magasin et n'ait l'air de venir à eux; car alors la peur les galoppe, ils se figurent que l'on connait leurs coupables desseins, et ils se mettent à fuir, se jetant dans les personnes qui se trouvent sur leur passage, et se laissant quelquefois choir sur le pavé, parce que, dans leur précipitation, ils n'ont pas vu le trottoir, ou une pierre, ou un chien qui est devant eux.

Quelques uns enfin, mais ceux-là sont les plus roués et les plus riches, entrent dans le magasin où travaille la jeune fille qu'ils courtisent. Ils n'ont pas l'air de la regarder, mais ils achètent différentes choses et paient toujours sans marchander. C'est une manière adroite de donner une opinion avantageuse de sa fortune, aussi est-ce celle qui réussit le plus souvent.

Mais ces demoiselles sortent de leur magasin. La jeune fleuriste n'attend pas que son amant vienne à elle, c'est elle qui le cherche des yeux et court à lui. Elle passe son bras sous celui d'un jeune homme qui lui envoie dans le nez une bouffée de son cigare. C'est une nouvelle manière de se souhaiter le bonsoir. La fleuriste y paraît fort sensible; elle sourit tendrement au jeune homme qui la regarde à peine, et paraît beaucoup plus occupé de ce qu'il fume que de ce qu'il tient sous le bras.

— Est-ce qu'il y a long-temps que tu es là, mon petit Guguste? demande la jeune fille au fumeur. Celui-ci lui répond d'un air ennuyé :

— Je crois bien!... plus d'un quart d'heure! Je commençais à m'embêter joliment!... Si mon cigare avait été fini, je filais!...

— Ah! méchant!... C'est aimable ce que vous dites là! Comment, vous auriez laissé votre petite Phonsine s'en revenir toute seule le soir, dans sa rue des Vinaigriers, qui devient très chimérique depuis quelque temps!

— Ma petite Phonsine sait que je suis dans la rue en face de sa boutique quand sonne neuf heures... c'est réglé... Je suis exact comme le canon du Palais-Royal... quand il fait du soleil. Mais je n'aime pas qu'on me fasse droguer des demi-heures au vis-à-vis du ruisseau... Quand les femmes se mettent sur le pied de nous faire attendre, c'est une habitude dont elles ne peuvent plus se défaire; je n'entends pas que tu prennes ce petit genre-là.

— Mais, mon Dieu, ce n'est pas ma faute, à moi... quand il y a quelque chose de pressé à terminer, on ne nous laisse pas partir aussitôt que l'heure sonne. Ce soir, nous avions une couronne de mariée à finir, pour une grosse demoiselle... qui a au moins trente ans... et tout en fleurs d'oranger... qui est si pressée de se conjoindre... avec un pâtissier... et un camélia dans le milieu... En voilà une boulette qu'il fait, celui-là!...

— Ta! ta! ta! ta!... Je n'entre pas dans tout cela... Pour des histoires, je sais bien que tu en auras toujours à me conter! Une autre fois je te donne cinq minutes de grâce; après quoi, si tu ne viens pas, je m'en vas.

La petite fleuriste se tait et boude; le jeune homme se tait et fume. Ils font ainsi la route jusqu'à la rue des Vinaigriers; mais arrivés devant la demeure de la grisette, les deux amants se raccommodent, parce qu'ils sont d'un âge où l'on n'est pas ensemble pour bouder.

Une jeune frangère vient de sortir de son magasin. Elle suit la rue en trottinant, les coudes serrés contre le corps, les yeux baissés, l'air modeste et presque candide. Cependant toutes ces petites manières pudiques n'empêchent point qu'elle n'ait aperçu le monsieur entre deux âges qui l'attendait à quelques pas, et qui ne tarde pas à se trouver à côté d'elle.

Ce monsieur entame l'entretien d'un air presque timide :

— Bonsoir, mademoiselle Félicie...

— Ah! c'est vous, monsieur Jules!

Les hommes entre deux âges, qui souvent ont une position dans le monde, ne disent jamais leur nom aux grisettes auxquelles ils font la cour; ils en prennent alors un autre à leur choix, ils sont libres de le choisir aussi harmonieux que possible.

Le monsieur qui répond au nom de Jules se rapproche de la jeune frangère, et lui presse doucement le bras tout en répondant :

— Oui, j'étais... là depuis quelque temps... Je vous ai vue dans votre magasin... et je désirais tant vous parler... Oh! je serais resté toute la nuit plutôt que de ne pas vous rejoindre.

— Oh! mais... vous aviez tort.... il ne faut pas m'attendre comme cela... si on savait qu'un monsieur m'attend pour me reconduire, on en dirait de belles dans le magasin... ces demoiselles sont si méchantes!...

— Personne ne le saura... et d'ailleurs, quel mal à ce que je marche à côté de vous?... la rue est à tout le monde...

— C'est vrai... et ce n'est pas que ces demoiselles du magasin se gênent beaucoup!... L'une a un soi-disant cousin qui est tous les matins au coin de la rue... où il attend qu'elle aille chercher son petit pain chez le boulanger. L'autre a un oncle qui lui veut du bien... qui lui donne des croix d'or, des boucles d'oreilles!... Vous comprenez.... Notre première ouvrière a des billets de spectacle tant qu'elle en veut!... elle prétend que c'est sa marraine, qui est couturière d'une des premières actrices, qui les lui envoie... Mais on ne donne pas là-dedans... Ah! il fait glissant ce soir...

— Si vous vouliez accepter mon bras!....

— Votre bras! oh! non... parce que si on me rencontrait vous donnant le bras...

— Il est tard... il fait nuit... est-ce que l'on fait attention à nous...

— Il est certain.... que ce serait bien un hasard si.... Ah! comme le pavé est gras... Eh bien, seulement jusqu'au bout de la rue, et puis vous me quitterez.

— Je ferai tout ce que vous voudrez.

Le monsieur a pris tout doucement le bras de mademoiselle Félicie, qu'il a passé sous le sien, et la jeune fille le laisse faire, et elle finit par s'appuyer très tendrement sur son cavalier, qui lui parle de fort près, en la regardant dans les yeux, et ils n'ont pas marché ainsi pendant dix minutes qu'ils paraissent s'entendre fort bien et ne parlent plus de se quitter.

Mais qui sort si brusquement de cette boutique de modes, en poussant un long éclat de rire, répété par les demoiselles qui restent dans le magasin? C'est une jeune fille qui n'est pas jolie de figure, mais dont la taille est bien prise et la tournure aussi leste que fringante.

Elle a refermé avec force la porte de la boutique, et elle se met en marche, tout en fredonnant un refrain de vaudeville. Elle n'a pas fait dix pas qu'elle se cogne contre le vieux, qui la guettait, et qui a voulu courir au devant d'elle.

— Aie! que c'est bête de se jeter comme ça dans le monde!...

— Bonsoir, mademoiselle Aspasie... comment va cette...

— Ah! c'est vous!... vous êtes encore gentil,. vous avez manqué de me faire tomber!

— C'est que je vous guettais, et vous ayant aperçue, j'ai couru, et...

— Ah! oui! et comme vous n'êtes plus un Zéphyre, vous avez failli me jeter par terre...

— Et cette santé, belle Aspasie?...

— Oh! je me porte très bien... j'engraisse tous les jours.

— Que vous êtes heureuse!... c'est que vous n'avez pas de chagrin... c'est que vous ne souffrez pas... comme moi.

— Tiens ! vous souffrez... est-ce que vous avez des cors ?

— Non, petite tigresse... c'est mon amour pour vous qui me mine ! qui me dessèche.

— Ah ! vraiment !... l'amour vous dessèche... il n'y paraît pas à votre ventre...

— Vous croyez rire, je suis fondu de moitié depuis que je soupire pour vous...

— Vous me devez une belle chandelle, alors... Ah ! Dieu, c'est étonnant comme j'ai l'estomac creux ce soir.

— Voulez-vous accepter cette brioche, que j'avais achetée pour vous l'offrir ?

— Donnez... Est-elle tendre ?... Hum... pas trop.

— Quand donc me permettrez-vous de vous conduire au spectacle?...

— Nous verrons cela plus tard... Tiens! j'ai soif à présent!

— Voulez-vous entrer dans ce café, prendre... n'importe quoi?

— Ma foi, pourquoi pas? il n'y a pas de mal à entrer se rafraîchir dans un café.

La grisette entre donc au café avec le vieux monsieur; elle demande d'abord une limonade; elle accepte ensuite du punch, et elle termine ordinairement par une bavaroise au chocolat. Elle assaisonne tout cela de biscuits et de macarons, ne prêtant aucun attention aux discours de son adorateur, qui continue de lui parler de ses feux. Quand elle ne se sent plus capable de rien prendre, elle se lève, quitte le café, se remet en route. Le vieux lui offre son bras, elle le refuse, sous prétexte qu'il la crotterait; mais si on passe devant un pâtissier, elle se fait acheter un pâté pour son déjeûner du lendemain. Enfin, arrivée à sa porte, elle la ferme sur le nez de son compagnon de route, en lui disant :

— Adieu, bonsoir... Si vous venez demain, ayez donc des marrons glacés dans votre poche... je les aime beaucoup.

Sauf quelques variantes que vous devinerez, voilà ce qui se passe presque tous les soirs, à l'heure où les grisettes sortent de leur magasin de la rue Saint-Denis.

Après le commerce, le plaisir; après le travail, l'amour.

C'est à peu près comme cela dans tous les quartiers marchands.

UN BATEAU DE BLANCHISSEUSES.

On dit que la rivière coule pour tout le monde; elle devrait couler spécialement pour ces pauvres femmes occupées toute une matinée et toute une journée à laver dans la rivière ou dans le canal.

Le bateau est grand; il est long, il est recouvert d'un toit en planches supporté par de petites pièces de bois ; tout cela parfaitement exposé au froid, au vent, à la pluie, à toutes les intempéries de la saison.

Encore si on ne lavait qu'en été, pendant les grandes chaleurs!... l'état aurait presque du charme.

Mais on lave en toutes saisons, et dans le plus fort de l'hiver même. Pendant que la glace recouvre l'eau, on la casse devant le bateau, afin que l'on puisse toujours laver.

Les blanchisseuses sont presque toutes à genoux sur le devant du bateau, les deux jambes dans une espèce de petite boîte en bois, le corps penché sur l'eau, et tellement penché quelquefois, que l'on ne comprend pas comment la partie supérieure n'emporte celle qui est... postérieure; mais cet accident n'arrive presque jamais.

Ne croyez point que les femmes qui ont embrassé cet état pénible se plaignent de leur sort : bien au contraire; vous les entendez presque toujours rire, chanter. Il n'y a rien de plus gai qu'un bateau de blanchisseuses.

D'abord, ces dames parlent toujours ; quand ce n'est pas l'une, c'est l'autre; le plus souvent c'est toutes ensemble.

Voulez-vous vous en faire une idée? Écoutez un instant :

— En voilà une qui crotte sa robe!...

— C'est qu'elle méprise les omnibus.

— La chemise d'un petit-maître... fine par devant... grosse par derrière..... Fiez-vous donc à ces messieurs... Toutes leurs paroles sont dans le même genre... des pièces rapportées.

— Oh! une pratique qui prend si souvent du haut de ses bas pour mettre aux talons qu'elle en fait des chausettes!... En v'là de l'économie!...

— *Qu'on est heureux, qu'on est joyeux au bois de Romainville!* Ah! bien, si j'avais seulement six bonnes camisoles comme celles que je lave-là...

— Bah! laisse donc! tu aurais peur des voleurs; tu n'oserais plus sortir de chez toi... *Les gueux, les gueux, sont les gens heureux, ils s'aiment entre eux*... quand ils ne se donnent pas des coups de poings.

— Le propriétaire de ce pantalon abuse certainement de ses genoux... toujours déchirés... Il doit être bien galant ce monsieur-là!

— Ah! tu crois donc que c'est en se mettant aux genoux de sa belle qu'il fait craquer son pantalon?... Tu es bonne enfant, toi!... C'est tout bonnement un particulier qui a la passion du jeu de *siam*; c'est en visant les quilles qu'il se met à genoux.

— Un jupon qui a trente-six pièces..... C'est gentil pour faire un costume d'arlequin.

— Ah! Dieu! j'ai les mains que je ne les sens plus!

— Je sens joliment mon estomac, moi!

— Qu'est-ce que tu as pour ton dîner?

Rien du tout entre deux plats. Si tu veux partager, je t'invite... Fais pas de façon.

C'est en babillant de la sorte que les blanchisseuses trompent le temps, oublient leur pauvreté et achèvent gaîment leur travail.

Et venez dans un bateau annoncer à ces blanchisseuses qu'une de leur camarade est malade et sans pain, toutes les femmes qui n'en ont pas pour elle, trouveront cependant moyen de porter des secours à celle qui ne peut pas travailler.

ESTAMINETS. — DIVANS.

Depuis que l'on a pris, à Paris, l'habitude de fumer, il a dû nécessairement s'établir dans cette ville un plus grand nombre d'estaminets; cependant les cafés où l'on ne fume pas sont encore en majorité. Ceux qui ont fait de grands frais pour s'embellir, ne permettent pas que la pipe ou le cigare enfument et noircissent, en peu de temps, leurs tentures, leurs peintures et leurs dorures.

Il est heureux que le goût de l'élégance, du faste, le désir de briller et de séduire les yeux par un grand luxe ne soient pas encore perdus chez les Français; sans cela il n'y aurait plus, à Paris, que des estaminets au lieu de cafés, et l'on pourrait s'y croire en Allemagne, en Flandre ou en Hollande. Il est à remarquer, lorsque l'on visite, à Paris, les lieux où l'on fume, que ce sont toujours les hommes qui parlent le plus de leur amour pour leur patrie, qui s'attachent à prendre les modes et les habitudes

des étrangers! Pauvres Parisiens! vous étiez bien plus Français quand vous ne fumiez pas!

Entrons dans un estaminet. Une atmosphère chaude, épaisse, y règne constamment; mais, si vous êtes habitués de l'endroit, loin de vous être désagréable, l'odeur de la fumée de tabac vous fait plaisir et vous l'aspirez avec délices.

Presque toutes les tables sont occupées : ici l'on boit de la bière, là-bas on boit du vin, plus loin du café, des liqueurs. On ne prend pas de glaces dans un estaminet, on y consomme fort peu de limonades et de bavaroises. En revanche, à chaque instant, vous entendez ce cri :

— Du feu, garçon!... Garçon, du feu!

On lit les journaux, on cause, on a quelquefois sa pipe qui reste à l'estaminet; mais chaque pipe est numérotée, ou bien les fumeurs y font une remarque; il serait d'ailleurs difficile de les tromper : un bon fumeur connaît sa pipe aussi bien et quelquefois mieux que sa maîtresse, et il ne ferait jamais à celle-ci le sacrifice de l'autre.

On joue au billard, on fait la poule; on joue aux cartes: le piquet et l'écarté ne sont point bannis de l'estaminet. Lorsqu'on veut s'y livrer, le garçon met sur votre table un grand carré de bois recouvert d'un tapis vert, et vous avez sur-le-champ une table de jeu.

On pratique aussi beaucoup le domino dans les estaminets; là, c'est une partie à quatre, à laquelle se livrent des amateurs intrépides, qui se renvoient avec une égale satisfaction le dez demandé par leur associé et une bouffée de tabac. Plus loin c'est une grave partie à deux. Les adversaires ont déjà plusieurs bouteilles vides, rangées symétriquement contre leurs dominos, et qui prouvent que les combattants ont eu fréquemment besoin de s'humecter.

Les habitués d'estaminets apportent rarement un grand soin à leur toilette.

Le véritable fumeur est philosophe comme *Diogène* et insouciant comme *Bias;* pourvu qu'il porte avec lui sa pipe et du tabac, il saura se passer de tout le reste. Il n'a pas besoin d'argent, et il est certain que cela ne l'empêchera pas de boire autant qu'il aura soif, parce qu'il y a entre les fumeurs une confraternité, un échange de bons procédés que l'on trouve trop rarement chez les hommes, et qui peut-être plaide éloquemment en faveur de la pipe.

A la rigueur, le fumeur pourrait même se passer d'avoir sur lui du tabac; le principal c'est qu'il ait sa pipe, sa bonne pipe si bien culottée!... et qui est pour lui ce qu'est pour l'Espagnol sa bonne dague de Tolède; tout le reste, il le trouvera à l'estaminet.

Voyez ce grand homme, bien bâti, quoique un peu trop musculeux; à sa mine, à sa tournure, vous devez reconnaître un habitué d'estaminet. Il est bien couvert, mais son habit bleu et son pantalon brun n'ont jamais eu aucun rapport avec la brosse. Il a une cravate noire, et ne laisse voir aucun vestige de

col. Son habit, boutonné hermétiquement depuis le bas jusqu'au haut, ne laisse pas non plus apercevoir son gilet. Ses bottes sont fort ternes, mais son chapeau est très luisant et presque neuf; il le porte sur le côté avec une certaine *crânerie*; sa figure fraîche et joviale est encadrée dans des favoris bien épais qui font tout le tour de son cou. Ses yeux sont vifs, sont teint est animé; il porte la tête haute, et il y a dans sa démarche un léger mouvement de tambour qui donne dans l'œil à bien des femmes.

Ce monsieur entre dans l'estaminet. Aussitôt des cris partent de tous les côtés :

—Ah! voilà B........!... Ah! arrive donc!... flâneur!... tu es en retard... — On a déjà joué trois poules! — Il y a eu une belle partie à quatre. — Tiens, en as-tu de culottée comme ça, toi? — Tu viens d'aller promener ta belle... — Il a traîné le boulet, comme dit l'autre! — As-tu fumé des cigares manilles — et que dis-tu de ceux-ci? en voilà un cigare monstre... Six sous!... Mais c'est presqu'une carotte entière... On se sent quelque chose dans la bouche au moins.

A tout cela, notre fumeur se contente de répondre par quelques poignées de main et des inclinations de tête; puis se promenant avec gravité dans l'estaminet, il dit d'un ton imposant :

— Qui est-ce qui me prête du tabac?

— Moi... — Moi... — Tiens en voilà... — Tiens prends dans ma blague.

A toutes ces offres qui lui sont faites avec empressement, notre fumeur répond avec beaucoup de calme :

— Voyons... Oh! je ne prendrai pas du tien, à toi, tu as toujours de trop mauvais tabac... et puis tu en demandes dix fois quand tu en as prêté une...

— Qu'est-ce que ça te fait, puisque tu n'en rends jamais.

— Allons, va donc... passe donc ton double-six, et laisse-nous tranquille... Ah! à la bonne heure, voilà mon affaire.

Ce monsieur a parfaitement bourré sa pipe ; il appelle le garçon, se fait donner du feu, s'allume, envoie quelques bouffées pour s'assurer qu'il est bien pris, va se coucher à demi sur une banquette, près de la table de deux joueurs d'écarté, qui ont déjà bu cinq bouteilles de bière à deux ; là il fume quelques instants avec délices, et presque avec recueillement ; puis tout à coup il s'écrie :

— J'ai soif, qui est-ce qui me donne à boire?

— Moi...

— Moi.

— Tiens, veux-tu du vin?

— Veux-tu de la bière?

— Je prendrai d'abord de la bière... Garçon, apportez donc de la bière à ces messieurs, qui n'en ont plus... Est-ce qu'on laisse comme ça les gens à sec!... Jouez donc pique, mon cher ami, jouez donc pique... ou vous êtes fumé... Ah! sacrebleu! vous n'êtes pas fort à ce jeu-là?

Et tout en conseillant un des joueurs d'écarté, ce monsieur prend une nouvelle bouteille de bière, que le garçon vient d'apporter, et emplit les verres, en ayant soin de ne pas faire mousser dans le sien.

Après avoir bu ainsi quelques verres de bière, il va s'asseoir près d'une autre table, où l'on joue aux dominos et où l'on boit du vin.

On lui apporte un verre; il stimule les joueurs, il pérore sur les coups, et pousse à la consommation en emplissant à chaque instant son verre, et quelquefois les autres.

Il va ensuite rôder au billard, où il joue peu; mais il pique l'amour-propre de ceux qui font une partie, si bien qu'il est rare que l'un d'eux ne dise pas à l'autre:

— Je parie que je gagne celle-ci.

— Je parie que non...

— Je parie que si...

Notre fumeur s'écrie alors :

— Eh ! messieurs, pariez donc quelque chose, au moins... Voyons, un dîner... ça y est-il... un dîner pour nous trois... ça y est... c'est parié.

Parfois ceux qui jouent n'ont point attaché d'importance, ni pris au sérieux ce qui vient d'être proposé ; et lorsque la partie est terminée, celui qui perd est tout surpris de s'entendre dire :

— Vous avez perdu un dîner ?

— Comment ?

— Oui, oui, vous aviez parié un dîner ; vous venez de le perdre... et j'en suis ; c'est convenu.

De cette façon, notre fumeur trouve presque toujours moyen d'être, sans bourse délier, de tous les déjeuners, dîners ou autres parties que l'on forme à l'estaminet ; et c'est ainsi qu'il descend doucement, en fumant, le fleuve de la vie. Si vous me demandiez ensuite quel est l'état de ce monsieur, je vous répondrais : Je n'en sais rien, mais il passe presque toutes ses journées à l'estaminet, et il y a dans Paris beaucoup de gens qui ne font pas autre chose et qui n'ont pas d'autre état que de culotter des pipes.

Les établissements de ce genre les plus en vogue à Paris sont : l'Estaminet Flamand du boulevart Saint-Martin ; l'Estaminet du Grand-Balcon, boulevart des Italiens, en face de la rue Laffitte, la Brasserie anglaise du Palais-Royal, et l'Estaminet de Paris, situé boulevart Montmartre, en face du théâtre des Variétés. Ce dernier est le rendez-vous de beaucoup d'artistes, et surtout d'acteurs des théâtres voisins, qui viennent souvent y souper après le spectacle ; c'est vous dire que l'on y rit, que l'on y débite mille anecdotes plaisantes, que les bons mots y abondent, et que le dialogue y est souvent spirituel. Partout où il y a des artistes, on retrouve cette gaîté française, trop rare dans les estaminets.

Passons aux divans.

Le divan est l'estaminet des lions, des dandys, des gants-jaunes de Paris. C'est un café où l'on ne fume que le cigare et la cigarette; la pipe n'y est point tolérée. Les divans, placés tout autour de la salle, permettent aux habitués de s'étendre à la turque, et pour peu que vous fumiez avec cela un cigare parfumé, vous avez le droit de vous croire transporté en Orient. Il ne manque plus au divan que des *Bayadères* pour que l'illusion soit complète. Cela viendra sans doute. Paris a déjà vu de véritables danseuses de l'Inde sur un de ses théâtres (aux Variétés). Il n'y aurait donc rien de surprenant à ce que l'on en fît venir à l'un de nos divans.

Il y a plusieurs divans à Paris. La Brasserie Anglaise, qui est *estaminet* au premier et au second étage, a un divan au troisième. Le passage des Panoramas a un divan dans sa principale galerie, et il est éclairé d'une façon très pittoresque par un arbre doré placé au milieu de la salle en guise de lustre. C'est de là que s'échappe la lumière. Mais le divan que l'on cite surtout est celui du passage de l'Opéra. Placé dans le quartier des *lions*, ce divan devait nécessairement être adopté par la mode. Les *panthères* et les *rats* tournent sans cesse autour, et, chose singulière, loin d'avoir peur des *lions*, cherchent constamment à les attraper.

LES GRENIERS.

Je voudrais ne vous parler que des greniers d'abondance, ce serait plus gai : ceux-là sont établis sur le boulevart Bourdon, où était autrefois le jardin de l'Arsenal. Jadis il y avait aussi des greniers à sel ; ils ont été abolis à la révolution. Les Français ont pensé alors que le sel ne leur manquerait jamais, et qu'ils n'avaient pas besoin d'en faire d'avance des provisions.

Venons à ces greniers où se réfugient ceux qui n'ont pas même le moyen d'habiter dans les mansardes ; nous y trouverons encore bien du monde... beaucoup trop de monde, car on ne devrait mettre là que de la paille, du foin, de vieux meubles, des fruits et tout ce qu'on a besoin de faire sécher. Mais les propriétaires de Paris tirent parti du moindre petit recoin de leur maison ; si les caves n'étaient pas indispensables pour mettre le vin, certainement ils en auraient déjà fait des appartements.

Des ouvriers, des grisettes, des étudiants, des artistes, des poètes logent quelquefois dans les greniers, c'est la demeure des malheureux qui ne gagnent rien, qui ne peuvent point trouver de

travail ou d'emploi... Mais souvent aussi l'ouvrier laborieux chargé d'une femme et de trois ou quatre enfants est bien forcé de les loger dans un grenier, parce que son travail ne lui fournissant que tout juste de quoi nourrir sa famille, il ne peut payer que le loyer le plus minime.

La grisette a dans sa position des hauts et des bas; sa fortune est sujette à de fréquentes mutations. Aujourd'hui elle logera dans un joli petit rez-de-chaussée; demain elle se sera défait de ses meubles pour être utile à son amant, et montera s'installer dans une mansarde; quelques jours après elle aura vendu ses robes, ses effets, son linge, pour aller danser à la Chaumière et dîner aux Prés Saint-Gervais; alors elle se réfugiera dans un grenier; mais elle sera aussi gaie sous les toits qu'au rez-de-chaussée; elle y chantera tout autant; elle y fera l'amour aussi souvent.

Si l'on pleure dans ce grenier habité par une pauvre famille qui manque de pain, par un vieillard malade étendu sur un grabat, sur lequel il n'a rien pour se couvrir; par une pauvre mère qui n'a pas de quoi acheter les médicaments que le médecin vient d'ordonner pour son enfant, dans le grenier d'une maison voisine, un étudiant rit et fait des crêpes avec des grisettes, un artiste régale trois de ses amis, et en une soirée mange avec eux ce que ses parents lui ont envoyé pour vivre pendant un mois; enfin un poète y compose la tragédie qui doit le conduire à la fortune et à l'immortalité... Alors ce n'est plus un grenier qu'il habite. Que lui importe à lui les lambeaux de papier qui recouvrent à peine les cloisons de son réduit, et le vent qui souffle, qui entre chez lui de tous les côtés, il ne voit rien, il n'entend rien, ne sent rien... il récite ses vers... il est dans un palais à Athènes ou à Rome... il est au troisième ciel! et en effet, il s'est logé de manière à en être le plus près possible.

Mais dans cette grande ville où le malheur, la fortune, la peine et le plaisir habitent souvent sous le même toit, disons vite que l'égoïsme n'a pas endurci tous les cœurs, et que la bienfaisance est au contraire la vertu la plus commune, la plus naturelle des Parisiens; que la grisette quittera vivement ses crêpes pour aller secourir son voisin qui souffre, que l'étudiant offrira tout ce qu'il possède, et que même la dame élégante du premier, le petit-maître du second s'empresseront aussi de venir en aide à celui qui manque de tout dans un grenier... mais à une condition cependant, c'est que cela ne leur prendra pas trop de temps et qu'ils pourront vite retourner rire, danser et s'amuser. Les Parisiens veulent bien être émus, attendris, touchés... mais ils ne veulent point que cela dure long-temps.

Béranger dit dans une de ses immortelles chansons :

Dans un grenier qu'on est bien à vingt ans !

Cette pensée peut être fort consolante, mais il n'en est pas moins vrai qu'à vingt ans même, une jolie chambre bien close, bien calfeutrée, bien saine, est préférable à un grenier, dans lequel toute la gaîté française ne saurait empêcher que le rire n'y soit beaucoup plus rare que les larmes.

LE VENT.

Si vous aimez les tableaux piquants, grotesques, les jambes bien faites, les formes séduisantes, allez vous promener dans Paris lorsqu'il fait du vent.

Vous verrez ces industriels qui étalent des estampes, des gravures sur la voie publique, courir après leur marchandise que le vent emporte de tous côtés.

Vous verrez des échoppes renversées; des maisons de toile qui engloutissent leur propriétaire; des tuyaux de cheminées qui tombent sur les passants; de bons bourgeois qui courent après leur chapeau qui n'était pas assez enfoncé sur leur tête; de vieilles femmes qui tremblent parce qu'elles se figurent que le vent va les emporter, et des petites filles qui seraient enchantées que le vent les enlevât.

Quelquefois on se donne des rendez-vous amoureux le long des quais ou sur le bord du canal. Voyez ce monsieur, déjà d'un âge assez mûr, mais qui est mis comme s'il n'avait encore que vingt ans ; il se promène depuis fort long-temps sur le quai Jemmapes, devant le canal Saint-Martin ; il attend une grisette dont il a fait la connaissance la veille au théâtre des *Délassements comiques* ; elle lui a donné rendez-vous en ce lieu, et quoique le vent soit presqu'une tempête, ce monsieur est à son poste ; il n'en bougerait pas, malgré tous les ouragans qui pourraient arriver.

On dit que pour les amoureux :

L'été n'a point de feu, l'hiver n'a point de glace.

On pourrait ajouter que l'automne n'a point de vent.

La grisette arrive enfin, l'amoureux court au devant d'elle ; la jeune fille, qui ne l'avait encore vu qu'aux lumières, le trouve vilain au grand jour ; elle hésite, elle ne sait si elle veut accepter le diner fin qu'on lui propose, lorsqu'un coup de vent arrive ; il emporte le chapeau du galant, mais ce qui est bien pis, c'est qu'il lui emporte aussi sa perruque qui était fort artistement faite et jouait parfaitement les cheveux naturels.

Le monsieur, dont la tête est devenue comme un fromage de Hollande, court après son chapeau et sa perruque, mais lorsqu'il est parvenu à les rattraper et à couvrir de nouveau son chef, il ne retrouve plus la grisette.

Le vent vient d'enlever à ce monsieur la conquête qu'il avait faite.

Mais ce qui est beaucoup plus gracieux à voir alors, ce sont les jeunes femmes : le vent les embarrasse bien plus que les hommes : s'il souffle par derrière elles, leur robe se colle sur toute leur personne ; de loin on dirait que ces dames ont de petits caleçons ; quelquefois en s'engouffrant sous leurs juges, le vent en relève une partie ; on voit alors une jambe, un genou... il n'y a pas de raison pour qu'on n'en voie pas davantage. Ces pauvres dames se hâtent de rattrapper et de baisser leur jupon ; mais pendant qu'elles le rabattent d'un côté, le vent le relève d'un autre.

Si le vent souffle par-devant, vous avez les yeux remplis de poussière ; parfois le fougueux zéphyr rejette en arrière le chapeau d'une petite maîtresse, qui doit se trouver bien heureuse encore si sa coiffure ne s'envole pas tout-à-fait, et qui remarque en rougissant que le vent fait voir à tous les passants que ses genoux sont un peu en dedans.

Les hommes ne sont pas les derniers à remarquer tout cela ; les grands amateurs se dirigent alors du côté des quais, car c'est au bord de la rivière, c'est sur les ponts que le vent sévit avec le plus de violence.

O vous, mesdames, qui êtes obligées, par un grand vent, de passer sur le Pont-Neuf ou le pont des Arts, prenez bien garde à vos robes; si vous avez un parapluie, ne l'ouvrez pas, car vous sèriez encore plus embarrassée : votre parapluie ferait la *tulipe*, et pendant que vous chercheriez à le remettre dans son état naturel, vos jupons feraient la tulipe aussi!... cela s'est vu.

Et ne comptez pas sur le secours des hommes dans un pareil moment ; au contraire ils rient alors et semblent enchantés de ce qui vous arrive. Mais pour vous consoler, vous pouvez au moins vous dire que s'ils vous rencontrent une autre fois, ces messieurs ne vous reconnaitront pas, par la raison que ce n'est jamais votre figure qu'ils regardent quand il fait du vent.

LA SORTIE DU SPECTACLE.

Beaucoup de gens, à Paris, ne vont jamais au spectacle, mais ne manquent guère d'aller se poster à la sortie, et, ce que vous aurez de la peine à croire, c'est que parfois ces gens-là connaissent mieux les pièces que l'on a jouées que les personnes qui étaient dans la salle.

Vous le comprendrez cependant en sachant que dans cette quantité de spectateurs qui garnissent une salle de spectacle, il y en a un grand nombre qui n'est pas venu là pour les pièces que l'on donne, mais seulement pour voir du monde, lancer de tendres œillades, causer, se distraire, regarder les actrices, toutes choses dans lesquelles la pièce que l'on joue n'est pour rien.

Un beau monsieur, qui dépense le peu qu'il possède à tâcher d'être bien mis, mais qui n'a pas le moyen de payer une place à l'Opéra, va se mettre sous le péristyle quelques minutes avant la sortie. Là, lorsque tout le monde quitte la salle, il fait semblant d'en sortir aussi ; il met son gant, boutonne son habit ou son paletot, tout en regardant autour de lui, cherchant à voir et à être vu. S'il aperçoit une personne de connaissance, il lui crie :

— Eh! bonjour, mon cher!... Comment, tu étais aussi à l'Opéra? je ne t'ai pas vu!

— Ni moi non plus.

— J'étais cependant au balcon. Je suis très content... belle musique! délicieuse musique!

— Est-ce la première fois que tu voyais cette pièce?

— Oh! grand Dieu! Je l'avais vue déjà vingt fois au moins... mais je ne m'en lasse jamais.

Un autre va à la sortie de l'Opéra ou des Bouffes, pour voir les toilettes, lorgner les femmes, remarquer les figures, afin de pouvoir aussi dire ensuite :

— Voilà une personne que je vois très souvent aux Bouffes. Ce vieux monsieur est un habitué de l'Opéra.

Ceux qui aiment les émotions fortes, et n'ont pas même le moyen de s'en procurer en achetant une contre-marque, vont se placer devant les théâtres où l'on joue du drame, et là ils recueillent des fragments de conversations sur la pièce ; quelquefois ils interrogent jusqu'au pompier et au garde municipal de service ; et quand ils ont pu réunir cinq ou six opinions, ils en savent assez pour deviner toute l'intrigue de l'ouvrage, et ils sont très satisfaits ; il leur arrive même de faire à d'autres le récit de la pièce qu'ils n'ont pas vue. Dans leur quartier, comme on les voit rentrer tard et qu'ils ont soin de dire qu'ils viennent du spectacle, on va les consulter sur le mérite d'un ouvrage ; leur portière, en allumant leur rat de cave, ne manque pas de leur dire :

— Etes-vous content... ça a-t-il bien marché?

L'individu qui n'a assisté qu'à la sortie prend un air capable, en répondant :

— « Pour marché... oui!... d'abord cela a été jusqu'à la fin...

« ensuite, pour vous dire que l'intrigue est bien suivie... je ne l'af-
« firmerai pas... c'est un peu décousu, mais au total c'est un succès
« d'argent... il n'y avait qu'une voix là-dessus. »

A la sortie d'un théâtre, bien des personnes portent sur leur figure l'impression que le spectacle leur a fait éprouver.

Voilà une jeune fille qui a les yeux gros, elle a pleuré; car dans la pièce un amant a trahi sa maîtresse pour en épouser une autre, et elle s'est identifiée avec cette situation, parce que depuis quelque temps son amoureux la néglige; elle craint qu'il ne fasse comme le séducteur qu'elle vient de voir.

Cette dame est bien pâle, en s'appuyant sur le bras de son mari. On a joué un ouvrage où l'adultère forme la base de l'intrigue, et reçoit à la fin un terrible châtiment. Cette dame a été très mal à son aise pendant toute la représentation; elle a trouvé le spectacle trop long, elle ne veut pas y retourner de long-temps.

Voilà des femmes en bonnets, en robes d'indienne, qui rient encore en descendant l'escalier; elles ont ri pendant tout le courant du spectacle, et l'on jouait un drame très noir; il y a des personnes qui prennent tout du bon côté.

Voilà un petit homme tout bleu, tout rouge, tout colère, il fait de gros yeux qu'il roule autour de lui en cherchant à faire sortir sa tête de la foule qui le presse et le cache. Ce petit homme est outré, exaspéré, parce que dans le vaudeville qu'il vient de voir il y a des plaisanteries sur les bonnets de coton, et qu'il vient d'acheter un fonds de bonneterie pour se livrer spécialement à ce genre de commerce; il monte sur ses orteils, en criant bien haut :

— C'est affreux! c'est indigne!... c'est épouvantable!... Les vaudevillistes se permettent tout maintenant! Il n'y a donc plus de censure!.. S'il y a une censure, pourquoi souffre-t-elle qu'on se moque des bonnets de coton, qu'on les tourne en ridicule... J'en vends, moi, des bonnets de coton... on veut donc que je ferme boutique... que je dépose mon bilan... Mais j'irai me plaindre demain à mon commissaire de police... Je ferai une pétition à la Chambre des Députés... Le gouvernement doit protéger les bonnets de coton... et je ferai fermer le théâtre.

A côté de ce petit homme, dont la colère fait rire toutes les personnes qui l'entourent, une dame jeune et jolie, tournure élégante, formes gracieuses, donne le bras à un monsieur qui n'est pas jeune, qui n'est pas beau et qui semble avoir hâte d'être hors de la foule.

Il y a dans les yeux de cette dame une expression si tendre, sa bouche a un sourire si agréable, qu'il est impossible que tout cela ne s'adresse pas à quelqu'un. Une femme jolie, l'est toujours, mais il y a des moments où elle l'est bien plus encore, c'est lorsqu'elle s'aperçoit qu'elle a fait une conquête et que cette conquête ne lui déplaît pas. Alors il se fait dans ce charmant visage un travail de coquetterie qui donne sur-le-champ à tous les traits une expression de plaisir, de tendresse, de volupté indéfinissable; ordinairement on ne fait pas tout cela pour rien.

Mais regardez derrière la jolie femme, et vous devinerez pour qui est le charmant sourire, en apercevant un fort beau garçon de vingt-huit à trente ans bien cravaté, bien habillé, et qui doit marcher bien près de la robe de cette dame... si toutefois il ne marche pas dessus.

Au spectacle, le beau garçon s'était placé aussi derrière cette belle personne, qui était à la galerie; il n'a pas pu lui parler, puisque le vilain monsieur, qui pourrait bien être un mari, ne s'est pas éloigné un moment, mais les yeux ont fait un service très actif, et leur conversation semblait fort animée. Enfin, à la sortie, le jeune homme a suivi la jolie femme, de manière à être tout près d'elle; c'est une chose bien dangereuse que la sortie d'un théâtre, car, dans la foule, une dame ne peut guère empêcher qu'une main ne touche son bras, et quelquefois sa taille; que l'on ne lui dise quelques mots téméraires dans l'oreille; il a y même des audacieux qui vont jusqu'à glisser des billets doux dans un gant, dans une poche, sous une colerette, et une femme est trop foulée alors pour avoir la faculté d'empêcher ces choses-là.

Quand on est au spectacle avec une dame dont la beauté ou la gentillesse peut être remarquée, il est prudent d'attendre, pour sortir de la salle, que toute la foule soit écoulée.

Voilà un de ces hommes connus sous le nom de viveur, de bambocheur. Ces messieurs ne vont au spectacle que pour y faire une connaissance, et ils exploitent si bien la salle depuis le haut jusqu'en bas, qu'ils finissent toujours par faire *leurs frais*, ce qui signifie trouver ce qu'ils cherchent. A la vérité ces messieurs ne sont pas difficiles, et plutôt que de ne point trouver une femme à reconduire, ils emmèneraient une ouvreuse de loges ou la marchande de bouquets.

Celui-ci est un homme entre deux âges, qui n'a jamais été joli garçon, mais qui a toujours eu de ces physionomies de mauvais sujet que beaucoup de femmes préfèrent à toutes les autres. La toilette est assez négligée, mais il se donne une tournure et des manières de petit-maître, quoiqu'il n'en ait pas du tout la mine; il se rengorge

dans sa cravate, se balance sur ses hanches, se mouille les lèvres avec le bout de sa langue et a l'air enchanté de lui.

Il cause avec deux grisettes auxquelles, dans un entr'acte, il a offert des oranges, qui ont été acceptées sans difficulté; ces demoiselles n'ont pas du tout l'air farouche; en ce moment le monsieur se consulte pour savoir s'il leur offrira d'entrer au café, et il met pour cela sa main dans son gousset.

Tout ce monde a franchi la porte de sortie, et de tous côtés vous entendez à vos oreilles :

— Voilà une voiture, mon bourgeois.

— Ça m'a bien amusé.

— Ah! bien, moi, je n'aime pas les pièces où l'on rit. Quand je vais au spectacle, c'est pour pleurer.

— Où est donc le petit?..

— Il est là... devant nous.

— Une voiture là, mon maître?

— Minuit moins un quart! c'est trop tard... on n'est pas chez soi à minuit!

— Est-ce qu'il ne me sera pas possible de vous revoir!...

— Prenez garde... on a les yeux sur moi.

— Monsieur, demandez vos gens.

— Faut-il vous chercher un fiacre?

— Pourvu que mon portier ne soit pas couché.

— J'avais à côté de moi une dame qui ne faisait que tousser... c'était insupportable.

— Et moi donc... j'avais un monsieur qui ne faisait qu'éternuer sur ma figure... vieux singe! va...

— Mesdemoiselles, voulez-vous accepter mon bras?..

— Vous êtes bien honnête, monsieur...

— Qu'est-ce qui demande sa voiture?

— Demain, à deux heures... je serai assise dans le jardin du Palais-Royal...

— Il suffit.

— Voilà un fiacre... Montez, mon maître.

— On est très gêné dans ces loges-là... j'ai les jambes engourdies.

— Mesdemoiselles, seriez-vous sensibles à un léger verre de punch?..

— Ah! mon Dieu! j'ai oublié mon parapluie au bureau des cannes!...

— Qu'est-ce que vous avez donc toujours à vous retourner ainsi?

— Mais, mon ami... c'est que mon châle était accroché après l'habit de ce monsieur.

— Bon! voilà mon socque qui se défait.

— N'oubliez pas le commissionnaire, mon bourgeois.

Pour compléter le tableau, le temps, qui était superbe au commencement de la soirée, a quelquefois totalement changé, et il pleut à verse au moment de la sortie du spectacle.

Alors les dames ne veulent plus dépasser le péristyle; les hommes courent pour trouver une voiture, ou tout au moins un parapluie; mais les voitures sont toujours rares quand on en a besoin. Un monsieur envoie un commissionnaire lui en chercher une; la voiture arrive; d'autres personnes montent dedans pendant que le

monsieur est allé chercher sa dame. Il accourt et saute à la portière: les personnes qui sont déjà dans le fiacre ne veulent pas en descendre; on se dispute, on s'injurie. Pendant ce temps d'autres se décident à affronter l'orage, à être mouillés, à patauger en se retroussant. Puis le vilain monsieur qui avait au bras une jolie femme qu'il a été obligé de quitter pour se procurer une voiture, ne retrouve pas sa dame quand il a trouvé un fiacre. Il la cherche inutilement de tous côtés; il se décide enfin à rentrer chez lui, mais il est très inquiet; seul dans son fiacre, il applique à tout instant la tête à la portière; chaque dame qu'il voit passer lui semble être la sienne; il ordonne alors au cocher d'arrêter, puis, sortant sa tête hors de la voiture, il crie :

— Est-ce toi, ma bonne?... On ne lui répond pas, ou bien un monsieur qui est avec la dame qu'il apostrophe, et que, dans l'obscurité, il n'a pas aperçu, lui répond d'un ton fort sec :

— Dites donc, monsieur, est-ce que c'est ma femme que vous appelez votre bonne?... Qu'est-ce que c'est donc que ce genre-là?...

— Ah! mille pardon, monsieur, c'est que je cherche mon épouse que j'ai perdue à la sortie du spectacle, et dans l'ombre... je croyais.

— Il faudrait tâcher d'y voir, monsieur, avant de se permettre d'appeler ainsi les personnes qui passent... A-t-on jamais vu!...

Le pauvre mari se confond en excuses, il se renfonce dans son fiacre en disant au cocher : — Marchez... je me suis trompé.

Le cocher fouette ses rosses qui s'arrêtent très facilement, mais qui sont fort long-temps avant de se remettre en train, et les mots : Imbécile, vieille buse! prononcés par le monsieur de la rue parviennent encore aux oreilles du malheureux mari qui fait son possible pour ne point les entendre.

Enfin il est arrivé à sa demeure, il présente au cocher le prix d'une course, mais celui-ci dit : — Est-ce que vous plaisantez, bourgeois, vouloir me payer une course quand vous m'avez arrêté quatre ou cinq fois en chemin; ça devrait compter pour cinq courses, mais je suis bon enfant, vous paierez l'heure... et vous donnerez pour boire... faites attention qu'il est plus de minuit.

Le monsieur est obligé d'en passer par tout ce que veut le

cocher. Il a hâte de rentrer chez lui, il espère que son épouse l'y aura précédé; mais madame n'est pas rentrée. Faut-il que je me couche, monsieur, demande le portier.

— Eh! non certainement, est-ce que vous croyez que ma femme ne va pas rentrer coucher!

Madame revient une heure après, bien agitée, bien émue, et fait une scène à son époux en lui reprochant de l'avoir mal cherchée et obligée de revenir seule en voiture; si bien que c'est le mari qui est obligé de demander pardon.

Vous le voyez, à Paris le spectacle n'est pas toujours dans la salle; il est aussi quelquefois à la sortie.

LES MARCHANDS DE VIN.

Il n'y a plus à Paris de cabarets proprement dits, mais il y a une immense quantité de marchands de vin ; ce commerce a pris une extension vraiment effrayante et qui ne doit pas donner aux étrangers une idée avantageuse de la sobriété des habitants de cette capitale.

Dans les quartiers populeux, presqu'à chaque coin de rue, vous voyez un marchand de vin. Quelquefois vous ne ferez point cent pas sans en apercevoir quatre ; ils se placent en face l'un de l'autre, ils pullulent ; loin de se nuire, il paraît qu'ils se soutiennent mutuellement. L'ivrogne qui peut encore marcher ne manque pas, en sortant de chez un marchand de vin, d'entrer chez le premier qu'il apercevra, afin de s'y achever.

Et cependant, malgré la grande consommation de vin qui a lieu chaque jour dans Paris, nous devons dire que l'on rencontre peu d'ivrognes ; le Français s'étourdit souvent ; il se donne une petite pointe qui ajoute à sa gaîté naturelle, mais il se grise rarement, et ces hommes que parfois l'on aperçoit ivres-morts, couchés au coin d'une borne, sont des exceptions, et vous savez que l'exception prouve en faveur de la règle.

Jadis les gens du monde, les hommes de lettres, les seigneurs de la cour même ne rougissaient pas d'aller dîner ou souper au cabaret. Sous Louis XIV, *Chapelle*, *La Fontaine*, *Bachaumont*, *Boileau*, *Scaron* et tant d'autres s'y réunissaient pour rire, se divertir, faire bombance. Les roués, les lovelaces de l'époque s'y donnaient rendez-vous, y passaient en revue leurs conquêtes, leurs bonnes fortunes, et terminaient ordinairement la séance en cassant beaucoup d'assiettes et de bouteilles, en faisant du tapage, et quelquefois en rossant le cabaretier, après avoir lutiné sa femme, sa fille et les servantes, si elles étaient jolies.

Tout ceci prouve que les cabarets d'autrefois étaient nos restaurateurs d'aujourd'hui. Seulement nous devons dire que maintenant les choses se passent plus convenablement. Si parfois encore nos petits-maîtres, nos *lions*, nos *dandys* se livrent chez un restaurateur à une gaîté trop excentrique, s'ils brisent quelques bouteilles et quelques verres de champagne, ils paient le traiteur au lieu de le rosser, et ne vont jamais lutiner les dames du comptoir. L'avantage est entièrement pour notre époque.

Quelque temps avant la révolution de 89, on allait encore par ton, par mode autant que pour se divertir dans quelques cabarets en réputation. Alors le fameux Ramponeau régnait à la Courtille ; un peu plus tard, *le Grand Salon* de la rue Coquenard eut le privilége d'attirer la foule ; à ce dernier cabaret, la danse faisait avec Bacchus les honneurs de l'endroit. Dans une salle immense, carrée, et qui n'avait pour tout ornement que des tables sans nappes, placées tout le long de la muraille, on avait cependant élevé un orchestre. C'est là que les uns se livraient à une danse qui devait être un peu décolletée, tandis que les autres buvaient en jouissant de la vue du bal. Alors on ne connaissait point le *cancan* ni la *chahut*, mais on y faisait la *course*, qui n'était autre chose que ces galops formidables, entraînants, échevelés, dont vous avez pu vous donner le plaisir aux derniers bals de l'Opéra de notre temps.

Maintenant les marchands de vin ont des boutiques assez propres,

des comptoirs en étain toujours bien luisants, quelquefois des enseignes assez comiques. Mais vous lisez toujours au dessus de leur porte : *Commerce de vin*, car on ne veut plus être marchand, on veut être commerçant; sur l'entrée d'une boutique qui ressemblait à une échoppe, nous avons lu : *Commerce de pommes de terre frites*, sur une autre : *Commerce d'arlequins*, et vous savez que les arlequins sont des restants de viande cuite, achetés aux cuisinières de bonne maison, et qui composent ensuite le diner d'un maçon ou d'un porteur d'eau. Faire du commerce, telle est l'ambition générale. Nous ne serions pas surpris de lire incessamment : *Maison de commerce*, au dessus de ces petits cabinets où la séance se paie trois sous.

Chez presque tous les marchands de vin on donne aussi à manger; par exemple la carte y est peu variée, mais les habitués s'en contentent; ceux qui vont là veulent avant tout des mets nourrissants et solides. Les délicats vont dîner ailleurs.

Dans le quartier de la Cité, où les marchands de vin naissent sous vos pas comme par enchantement, on lit au dessus d'un cabaret d'assez belle apparence : *A l'hazard de la fourchette.*

Nous avons voulu savoir quel était ce hasard, cette fortune, cette loterie qu'offrait la fourchette, maintenant que les jeux de hasard sont défendus.

Or voici ce que nous avons vu :

Dans une immense marmite, placée sur un feu très ardent, vous voyez bouillir constamment le fricot (c'est le mot technique), composé de je ne sais quelle viande, qui nage dans je ne sais quelle sauce. Pour un sou, vous avez le droit de saisir une fourchette à trois dents, et de l'enfoncer dans la marmite; vous devez la retirer aussitôt.... et c'est aussi ce que vous faites, car la chaleur de ce fricot, sans cesse en ébullition, ne vous permettrait pas de tenir long-temps votre main à l'entrée de la marmite.

Lorsque vous avez été assez heureux pour piquer et rapporter un morceau de viande, il est à vous; si votre fourchette est ressortie à vide... ce qui arrive très fréquemment, vous avez le droit de recommencer, en payant un autre sou. Voilà ce que c'est que le hasard de la fourchette.

Il y a aussi des marchands de vin chez lesquels on boit *à l'heure*. C'est ordinairement quinze sous l'heure, et cela séduit souvent les grands consommateurs, qui, dans une séance d'une heure, se flattent de boire plusieurs litres de vin. Ils entrent, on marque l'heure absolument comme au billard. Mais qu'arrive-t-il ensuite? L'amateur, qui croit se régaler et veut bien employer son heure, boit coup sur coup, boit encore ; il n'a pas la peine de demander, on lui apporte du vin dès qu'on s'aperçoit qu'il en manque. Qu'arrive-t-il alors? C'est qu'avant que l'heure n'ait sonné, notre homme est totalement gris et s'endort sur la table. Vous comprenez que l'on se garde bien de l'éveiller ; on le laisse cuver son vin. Quand il s'éveille enfin et appelle le garçon, il se trouve qu'il a passé six ou huit heures chez le marchand de vin, et il doit les payer comme s'il avait bu continuellement.

Les marchands de vin sont ordinairement fréquentés par les ouvriers, les commissionnaires, les artisans, les fabricants en chambre. L'un entre un moment avec un ami ; l'autre boit vivement son canon et retourne à son ouvrage ; celui-là vient pour y oublier les tracas de son ménage, celui-ci pour se réjouir d'avoir fait une bonne affaire. On trinque beaucoup chez le marchand de vin, et souvent l'ouvrier honnête et laborieux y choque son verre contre celui d'un fripon qu'il ne connaît pas ; le vin rend trop confiant.

Mais si vous voyez chez un marchand de vin des gens élégants, des hommes dont les manières dénotent de l'éducation, méfiez-vous-en, car ils ne sont pas là à leur place, et il est rare qu'un homme veuille sortir de sa sphère, sans avoir quelque but secret, quelque intérêt caché.

LES MARCHANDS DE CONTREMARQUES.

Encore une nouvelle industrie, qui ne s'exerce guère qu'à Paris; mais aussi trouvez-moi une autre ville qui ait vingt théâtres, sans compter ceux de la banlieue.

Quand vous sortez du spectacle dans un entr'acte, vous êtes sur-le-champ assailli, entouré, pressé et presque arrêté par une foule d'individus d'assez mauvaise mine, les uns en veste, les autres en blouse, la plupart avec une casquette défoncée placée sur le côté de la tête, et les jambes dépourvues de toute espèce de bas. Ces gens-là viennent à vous, l'un devant, l'autre derrière, plusieurs de côté; ils vous barrent le passage; ils vous empêchent d'avancer, et tous vous tendent une main sale, noire, calleuse, qu'ils mettent presque sous votre nez, en vous criant:

— Pour moi, mon bourgeois...

— A moi, s'il vous plaît, si vous ne rentrez pas...

— Ah! monsieur, faites-m'en cadeau... quéque ça vous fait?..

— Mon bourgeois, votr' contremarque...
— Je n'ai jamais vu la comédie, moi...
— Oh! mon petit maître... soyez généreux!...
— Ah! monsieur, donnez-la-moi!

Mais, depuis quelques années, comme probablement le public se montrait peu généreux, les gamins et autres particuliers qui se livrent à la contremarque se sont décidés à en faire tout-à-fait le commerce. Or, comme le commerce ne se constitue que de ventes et d'achats, voulant se livrer à la vente, ils ont commencé par acheter. Ainsi, à tout ce que l'on vous disait autrefois, et que du reste on vous dit encore, parce qu'il y a toujours des individus qui ne sont là que pour recevoir, d'autres particuliers, et ceux-là sont les véritables marchands de contremarques, ont ajouté ces phrases :

— Vendez-vous, monsieur?

— Monsieur veut-il s'en défaire?..

— Combien en voulez-vous, bourgeois?

— Qui est-ce qui *love* sa contremarque?

— Dix sous d'un parterre... qui est-ce qui veut dix sous? j'en donne dix sous.

Ainsi la contremarque se vend maintenant comme la rente; elle a son cours, elle hausse, elle baisse, suivant le mérite des pièces que l'on joue; elle est nécessairement plus chère à huit heures qu'à neuf, et à neuf qu'à dix. On pourrait acheter à terme, faire des spéculations sur *fin spectacle*, au lieu de fin courant.

Mais vous comprenez qu'il y a une guerre déclarée entre les véritables marchands de contremarques, qui en achettent et en vendent, et ceux qui ne font que les demander gratis; les premiers prétendent être les seuls maîtres des abords d'un théâtre. Quand ils aperçoivent ceux qu'ils appellent des *galeux* (c'est le terme consacré chez ces messieurs), ils courent dessus et commencent par les repousser brutalement, en s'écriant :

— Veux-tu t'en aller, filou!... qu'est-ce que tu fais là?.. tu maraudes dans notre ouvrage, tu viens nous manger notre pain sous notre nez, et tu crois que nous le souffrirons!

Quelquefois le *galeux* se regimbe; il ne veut pas se laisser expulser, il résiste en répondant :

— Eh ben, quéque ça vous fait! si je veux rester là, moi!... est-ce que le boulevart n'est pas libre... Veux-tu pas me pousser... grand voleur!

— Tu vas décaniller tout de suite, ou j'applatis ton mufle!

— Viens-y donc un peu pour voir!... Votre contremarque, mon bourgeois! Ah! merci, not' maître!

Si le galeux a obtenu la contremarque de quelqu'un qui ne veut pas rentrer au spectacle, les marchands sont encore plus furieux, ils tombent sur celui qui vient d'être ainsi favorisé et l'accablent de coups; l'autre se défend, crie: la foule s'amasse; on ne peut plus passer devant le théâtre; mais alors les sergents de ville et la garde municipale s'en mêlent; ils repoussent tout cela au large, en criant :

« Allons, canaille! voulez-vous aller vous battre plus loin, ou l'on va vous mener au poste! »

Les combattants s'éloignent, se séparent, la foule se dissipe, et pendant quelques minutes le calme est rétabli, et l'on peut presque passer facilement pour entrer et sortir du spectacle.

Depuis que l'on vend des contremarques à la porte des théâtres, il y a beaucoup de gens qui se donnent le plaisir d'y aller à neuf ou à dix heures; on ne voit que deux pièces, quelquefois une seule; mais c'est moins cher, et toutes les bourses n'ont pas le moyen de voir un spectacle entier.

Dans les théâtres où l'on finit ordinairement par une grande pièce, par un drame en plusieurs actes, celui qui ne vient qu'à dix heures ne voit jamais le commencement d'un ouvrage, mais il tâche de le deviner, ce qui n'est pas toujours facile dans les drames modernes. Il faut chercher alors à lier conversation avec un voisin, et l'on se fait raconter les premiers actes.

Il y a dans Paris des hommes fort estimables qui n'ont jamais vu que des derniers actes de pièces qu'ils ont toujours pris pour la pièce entière; ils n'ont rien compris à ce qu'ils ont vu, mais ils s'érigent ensuite en censeurs, en critiques, et il n'est pas rare de leur entendre dire :

« Les auteurs ont à présent la manie de faire des ouvrages trop
« intrigués, trop embrouillés; c'est bien écrit, mais quant au fil
« de la pièce, il est impossible de s'y retrouver. »

Ce qui ne manquera pas de vous frapper, si vous passez devant un théâtre lorsque le spectacle est déjà avancé, c'est toute la science, toute l'imagination, toute l'éloquence que déploie un marchand de contremarques pour se défaire de sa marchandise, qui n'a plus aucune valeur quand le spectacle est terminé.

Voyez-le courir au devant des personnes qui viennent du côté du théâtre :

— Voulez-vous un orchestre, monsieur... orchestre adossé; voilà le second acte qui commence seulement... c'est une pièce qui fait fureur... préférez-vous une galerie de face... les meilleures places de toute la salle... il y a un décor entièrement neuf au dernier acte... c'est du plus fameux auteur de drame... c'est superbe! ça aura quatre cents représentations... Entrez donc... il y a de la place partout.

Il y en a qui vont jusqu'à vous mettre la contremarque dans la main, en vous disant :

— Prenez... vous me paierez en sortant!

Les inspecteurs de police ont souvent fait la guerre, la chasse aux marchands de billets et de contremarques. Il n'y a pas grand mal à ce qu'un gamin reçoive la contremarque d'un individu qui ne se soucie pas de voir la fin du spectacle, ou bien à ce qu'un petit employé qui est obligé de retourner travailler jusqu'à neuf heures et demie dans sa maison de commerce, se donne ensuite le plaisir d'entrer dans un théâtre, ce qu'il ne ferait certainement pas si alors il lui fallait payer un billet au prix du bureau.

Ce qu'il faudrait empêcher, c'est que les marchands de contremarques, les maraudeurs, les gamins, et tous ceux enfin qui se livrent à cette industrie, n'encombrassent les abords d'un théâtre, au point que souvent, pour vous faire jour à travers tout ce monde-là, vous êtes obligé de boxer.

Les Parisiens, habitués aux spectacles, savent encore se dégager facilement des marchands de contremarques, mais un étranger, un provincial ne sait ce que lui veulent tous ces hommes qui viennent fondre sur lui, s'il a le malheur de sortir dans un entr'acte; cela n'a rien de rassurant... toutes ces mains tendues semblent vous demander l'aumône, ou chercher à vous débarrasser de votre montre et de votre mouchoir en même temps que de votre billet.

Un monsieur de province étant venu à Paris avec sa femme, tous deux se donnèrent bien vite le plaisir du spectacle, c'est le premier que l'on veut goûter à Paris. Ils se rendent à un théâtre des boulevarts, alléchés par les onze actes promis sur l'affiche. Dans l'entr'acte nos deux époux sortent, avec l'intention d'aller se rafraîchir dans un café voisin. A peine sont-ils sur le boulevart, que des particuliers fort mal couverts les entourent, les cernent, en criant aux oreilles du monsieur qui tenait ses contremarques à sa main :

— Voulez-vous vous en défaire, mon bourgeois... allons, voyons lâchez-la.

— Faites-nous-en cadeau.

— Moi je vous en offre quinze sous, c'est plus qu'elle ne vaut.

Nos provinciaux, qui n'ont aucune idée du commerce auquel se livrent les particuliers qui les accostent, s'imaginent qu'on leur fait une proposition d'un tout autre genre. Le mari croit que c'est de sa femme qu'on lui offre de se défaire pour quinze sous, en assurant que c'est plus qu'elle ne vaut. La femme pense que ces hommes veulent l'enlever, la séparer de son mari, auquel on dit : Lâchez-la. Tous les deux éprouvent une frayeur, une terreur qui les rend tremblants; ils se serrent l'un contre l'autre, le mari en balbutiant :

— Comment!... que je vous en fasse cadeau!... que je la lâche... par exemple... c'est du joli... votre proposition est infâme!

Et la femme s'écrie :

— Mon ami, ne les écoute pas... t'offrir quinze sous... ce sont des misérables... et on souffre de telles choses devant un spectacle... Ah! Dieu, quel séjour dangereux que ce Paris... sauvons-nous, mon ami...

— Oui, viens ma bonne... Me demander si je veux m'en défaire... quelle horreur! Laissez-nous passer, drôles que vous êtes, ou je crie à la garde...

— Sauvons-nous, mon ami... fuyons ces lieux...

Le mari et la femme se mettent à fuir sans oser regarder derrière eux, en se promettant bien de ne plus retourner au spectacle, parce que l'on court trop de dangers à la sortie; et de retour à leur hôtel garni, l'époux vertueux presse sa femme dans ses bras, et la considère avec attendrissement en s'écriant :

— M'en offrir quinze sous! ce n'était pas la peine de venir à Paris pour y recevoir un tel affront!

LES GARNIS.

Ceci ne peut pas s'appeler un hôtel garni, car en vérité jamais maison n'eut moins l'apparence d'un hôtel que celle où vous voyez écrit sur le mur ou sur une espèce d'enseigne : *Ici on loge en garni, à la nuit.*

Ces maisons-là ont, pour la plupart, un aspect sinistre qui n'inspire pas la confiance; de vieilles murailles noires, des fenêtres à guillotines et à petits carreaux, dont la plupart sont cassés, et raccommodés tant bien que mal avec des morceaux de papier; presque jamais de rideaux, mais des bas, de vieilles jupes qui sèchent au grand air; en bas presque toujours un marchand de vin borgne, ou une fruitière qui vend du charbon de terre; enfin pour entrée une allée sombre, noire, sale. Voilà ce que c'est qu'un garni où on loge à la nuit.

Il est difficile de voir quelque chose de moins garni que les chambres dans lesquelles ont met les locataires; mais les habitués de ces garnis ne sont pas difficiles : ce sont, pour la plupart, des ouvriers qui depuis long-temps ne travaillent plus; des fainéants qui voudraient toujours flâner et ne rien faire; des maraudeurs, des gouapeurs, quelquefois des malheureux qui n'ont plus d'asile, mais trop souvent aussi des repris de justice et des voleurs, qui ne veulent pas rester dans la rue où ils pourraient être arrêtés, et qui vont dans les maisons chercher encore des dupes ou tâcher de se faire des collègues.

Pour quatre sous, quelquefois moins, vous avez le droit de passer la nuit dans un garni. Mais vous n'avez pas une chambre pour vous seul. On vous ouvre une chambrée déjà habitée quelquefois par une dizaine d'individus, élevés, comme les Tartares, dans le mépris des chemises, et qui ne savent pas ce que c'est que de se débarbouiller.

Figurez-vous une pièce de quinze pieds carrés à peu près; point de papier sur la muraille, ce serait un luxe inutile, et d'ailleurs cela contrarierait les locataires qui ont l'habitude de faire, avec du charbon ou un bouchon brûlé, des dessins extrêmement variés sur les murs. Pour couchette une mince paillasse placée à terre dans un coin de la chambre, et sur laquelle est une grosse couverture de laine qui sert à garantir les dormeurs du froid et de l'humidité; point d'oreiller, de traversin, de drap, tout cela est inconnu dans ces chambres communes; quelques tabourets de paille, un vieux poêle qui fume, une lampe qui éclaire à peine; voilà ce qui, dans la grande ville, sert souvent d'abri pendant une nuit à une quinzaine de ses habitants.

Vous trouvez de ces garnis dans les faubourgs, dans les quartiers populeux, et surtout du côté des halles. Autrefois le logeur ne devait recevoir aucun individu pendant une nuit sans que celui-ci ne lui eût montré son livret, ou du moins quelques papiers constatant son nom et son état. Mais les logeurs dont la morale est rarement sévère, et qui, avant tout, veulent tirer parti de leur garni, admettent chez eux tous ceux qui se présentent, sans s'inquiéter d'où ils viennent ni de ce qu'ils font. C'est pour cela que la police fait de fréquentes descentes dans ces maisons, qui trop souvent servent de refuge à des criminels.

Vous, qui habitez un joli appartement bien meublé, qui ne recevez dans votre salon que des gens de bon ton, dont les manières sont aussi élégantes que le langage, vous ne vous doutez pas de ce que c'est que l'intérieur d'un garni. Tandis que vous vous étendez mollement sur un divan, les pieds sur un tapis, le dos sur des coussins... que vous tressaillez et faites la moue si on laisse trop longtemps une porte ouverte, une vingtaine d'hommes sont entassés dans une salle noire, enfumée; les uns sont couchés sur la paillasse

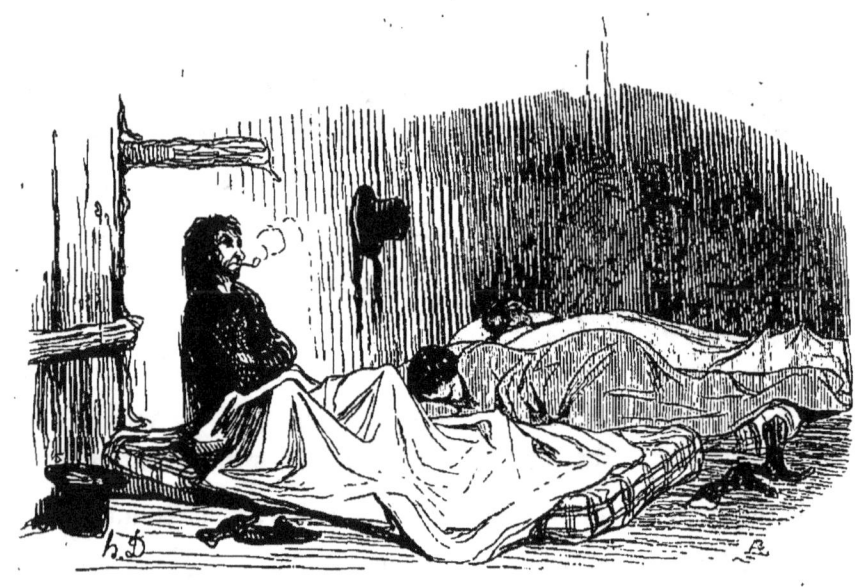

étendue à terre le long du mur, les autres sont assis sur des tabourets; presque tous sont mal vêtus, beaucoup n'ont point de bas et leur chaussure est percée en plusieurs endroits; mais ils fument, ils ont des pipes à la bouche; ceux qui ont encore quelques sous boivent et régalent les *amis*, car on est amis dès qu'on est de la même chambrée.

Et ces hommes, dont l'aspect misérable est pénible à voir, chantent, rient entre eux, et se livrent souvent à la gaîté la plus grossière, parce qu'elle s'exprime toujours en termes ignobles et obscènes.

Il faut des réduits comme cela dans une grande ville, mais il serait plus heureux qu'ils ne fussent jamais habités.

LES MENDIANTS.

On est parvenu à détruire la mendicité, dans la grande ville, où, naguère encore, on ne pouvait faire un pas sans être assailli par une foule de pauvres... ou de prétendus pauvres, qui vous tendaient les mains, l'un en vous montrant sa jambe blessée, l'autre son bras en écharpe; celui-ci geignant d'une voix glapissante, celui-là jouant une espèce de pantomime pour mieux vous attendrir. Car si l'art de mendier n'est pas parvenu chez nous au même degré de perfection qu'en Espagne, nous avions cependant quelques maîtres dans ce genre d'industrie.

Grâce au ciel les yeux ne sont plus affligés par ces tableaux de blessures, de plaies que l'on exposait comme une marchandise sur la voie publique.

Il n'y a donc plus de mendiants à Paris; mais il y a toujours des malheureux.

On n'ose plus demander; c'est défendu. Mais on vous regarde, on s'arrête devant vous et on a l'air si triste!... Il est impossible de ne point comprendre, et rien ne vous empêche alors de céder au mouvement d'humanité qui vous porte à secourir celui que vous jugez être dans la peine, car s'il est défendu de demander, il n'est point défendu de donner.

Il y a aussi de ces états qui ne sont qu'un prétexte pour recevoir l'aumône de quelqu'un, sans craindre d'être arrêté pour contravention à la loi.

Quand une pauvre femme qui tient un enfant à moitié vêtu dans ses bras, vient vous offrir un paquet de cure-dents... ou des épingles, ou même un petit bouquet tout fané... achetez bien vite...

achetez sans hésiter... et vous avez encore le droit de donner vos sous et de ne pas prendre la marchandise.

Jadis on pouvait, avec raison, se défier de ces mendiants éclopés qui encombraient les places, les boulevarts, les promenades.

Combien de fois n'a-t-on pas vu le boiteux d'un quartier n'être que manchot dans un autre.

Celui-ci faisait l'aveugle dans le Marais, il avait un chien, un bâton, une sébille, rien ne manquait; il jouait parfaitement son rôle.

Quelque temps après, en passant dans le faubourg Saint-Germain, vous étiez accosté par un sourd qui venait droit à vous, en vous faisant comprendre par signe qu'il avait perdu l'ouïe. Vous reconnaissiez votre aveugle du Marais, et vous lui disiez :

— Vous n'êtes donc plus aveugle maintenant; qui est-ce qui vous a opéré ? c'est une belle cure.

Le sourd vous répondait sur-le-champ :

— Vous vous trompez, monsieur, je n'ai jamais été aveugle.

Ne vous est-il pas encore arrivé souvent de vous arrêter sur le boulevart ou dans la rue, pour causer avec une jolie dame que vous n'aviez pas vue depuis long-temps, et dont la rencontre vous faisait grand plaisir.

Alors, quand on est tout à une conversation que l'on voudrait prolonger, un petit garçon qui a les pieds nus, la poitrine à l'air, qui porte un pantalon et une veste en lambeaux, accourt à vous et glisse sa main entre vous et la personne avec laquelle vous causez, en murmurant sur un ton bien pleurard :

— Mon bon monsieur, nous sommes huit enfants, notre père n'a pas d'ouvrage, nous n'avons pas de pain chez nous; un petit sou, s'il vous plaît, mon bon monsieur, pour avoir du pain.

Vous tachiez de renvoyer le petit mendiant en lui répondant brusquement :

— Je n'ai pas de monnaie ! — Puis vous repreniez la conversation avec votre dame; mais le petit drôle qui mendie ne se rebute pas facilement, et vous entendiez toujours à vos oreilles :

— Un petit sou, s'il vous plaît, mon bon monsieur, pour avoir du pain.

Vous vous impatientiez d'être obsédé de la sorte, vous repoussiez le mendiant en lui disant :

— Mais veux-tu t'en aller, et nous laisser tranquilles.

Le petit garçon quittait votre droite pour passer à votre gauche, où il continuait son refrain; vous étiez obligé de lui donner pour vous débarrasser de lui, et avec vos sous il allait jouer aux billes ou au bouchon.

Combien de fois aussi n'aviez-vous pas été assailli d'une façon brutal par des hommes pris de vin qui vous disaient :

— Je n'ai rien mis depuis trois jours dans mon pauvre corps.

Et lorsque vous vous éloigniez avec dégoût de ces mendiants qui vous rappelaient le second chapitre de *Gil Blas*, vous les entendiez dire derrière vous :

— Va donc, canaille!... ça vous a un habit tout neuf... ça porte des gants, et ça ne peut pas secourir le pauvre monde!... méchant cuistre!... ça n'a peut-être pas deux liards à son service... Je te vas les prêter, moi, si tu veux...

Et autres gentillesses dans le même genre.

La grande ville doit se trouver fière qu'on l'ait débarrassée de cette lèpre.

Et l'on fera tout autant de bien maintenant qu'il n'y a plus de mendiants; car, parmi les nécessiteux, les plus à plaindre ne sont presque jamais ceux qui demandent.

LES BOUGES ET LES SOURICIÈRES.

A Paris, c'est ainsi que l'on désigne, non seulement un endroit malpropre, mal tenu, mais encore un lieu fréquenté par des gens sans aveu, des filous, des loupeurs, des gouapeurs, des voleurs, et toute cette écume de la capitale qui est continuellement en fermentation.

Un bouge a quelquefois la prétention d'être un café, mais il n'en a nullement l'apparence. En passant devant une maison sale et noire, vous apercevez comme une espèce de boutique mal éclairée; à travers de petits carreaux crasseux, enfumés, cassés et rajustés avec du papier, vous n'entrevoyez aucune espèce de marchandise, et vous vous demandez ce qu'on peut vendre là dedans.

Mais si vous vous arrêtez un moment, vous verrez bientôt entrer et sortir les habitués de ce lieu. Ce sont des hommes mal vêtus et souvent à peine vêtus; la plupart ont la figure pâle, le teint plombé, les yeux caves et le regard sinistre; quand ils rient, ce n'est pas de la gaîté que leur visage exprime, c'est de l'effronterie, de la débauche, c'est le vice enfin dans toute sa laideur.

Ce qui est fort triste surtout, c'est de voir des jeunes gens, des adolescents même parmi tout ce monde-là ; vous trouvez dans un bouge des enfants de quatorze à quinze ans qui, déjà entraînés par le mauvais exemple, ont abandonné le travail, l'atelier, la maison paternelle pour se livrer à cette vie de paresse, de fainéantise, de jeu et de désordre qui les conduit nécessairement au vol et au bagne.

L'intérieur de ces cafés-bouges est effrayant : le gaz n'y est point connu, et l'huile y étant très ménagée, il n'y règne qu'une lumière douteuse, et qui est encore assombrie par une épaisse fumée, car tous les habitués du lieu ont la pipe, ou plutôt le brûle-gueule à la bouche. A travers cette atmosphère épaisse, chaude, humide, à laquelle se mêlent les vapeurs du vin, de l'eau-de-vie, de l'ail, de l'ognon, et la transpiration de ces messieurs, qui ne se débarbouillent que lorsqu'ils tombent dans le ruisseau, vous apercevez cependant des tables et un billard.

Une foule d'hommes remplit ce lieu : il y en a qui sont assis près des tables, buvant du vin ou des liqueurs... (le café est inconnu dans ces cafés-là, ou du moins c'est un extra) ; l'un, à demi ivre, chante un couplet obscène ; l'autre est déjà endormi sur la table, son voisin a roulé dessous, et on ne juge pas nécessaire de le ramasser. En voilà qui jouent aux cartes... quelles cartes ! on ne distingue plus les couleurs ; ces messieurs, en se trichant entre eux, s'exercent à escroquer les *pigeons* qui leur tomberont sous la main.

C'est autour du billard que vous apercevez le plus de monde ; les joueurs vont faire la poule, mais auparavant les paris sont ouverts ; on va tirer les numéros... alors ces hommes fouillent à leur poche, et ce qui vous étonnera, c'est de voir bientôt le tapis couvert d'argent, quelquefois même des pièces d'or y sont jetées et mises au jeu.

De l'argent dans la poche de cet homme dont la blouse est déchirée en plusieurs endroits, dont le pantalon mal rapiécé n'est plus qu'un hideux assemblage de loques; de l'or chez cet autre dont les joues caves et la figure amaigrie sembleraient annoncer la misère et le besoin, et qui a pour chaussure des bottes à travers lesquelles ses pieds nus se montrent en plusieurs endroits.

Que penser de ces disparates? ces messieurs sont faits pour ôter toute confiance dans l'aspect de la misère et du malheur.

Pour comprendre ce qui se dit dans un bouge, il est indispensable de savoir l'argot, c'est la langue familière des habitués.

Dans la rue de Bondy, derrière le corps-de-garde du Château-d'Eau, existe un endroit connu sous le nom de *Rendez-vous des Quatre Billards*, et cependant il en a sept. Sept billards presque toujours occupés jour et nuit! jugez quelle quantité d'habitués, et combien dans Paris il y a de ces hommes que vous prendriez pour des mendiants, et qui passent leur vie à jouer, à boire, à se livrer à la paresse, lorsqu'ils ne font pas pis.

Suivez ce jeune homme qui compte à peine seize ans; il est grand, mince; sa figure est belle et presque franche, et ses yeux bleus, assez doux, n'ont pas encore toute l'effronterie du vice; seulement la fatigue semble abattre la vigueur, la vivacité de son âge; sa démarche est déjà lourde et nonchalante; une blouse bleue assez propre, un pantalon de drap gris, de bons souliers, une casquette presque neuve composent sa toilette. Il va passer devant le bouge et ne sait s'il veut y entrer, lorsque deux autres personnages arrivent et vont à lui.

C'est un homme d'une trentaine d'années, petit, trapu, noir et hideux de figure; il porte sur sa tête une espèce de bonnet qui n'a plus de forme, mais qui a conservé un énorme gland qui se balance sur son front dont il cherche à balayer la poussière; il a sur le corps un mauvais bourgeron gris jaune, et un pantalon en toile à torchons qui ne lui descend qu'à mi-jambe. Le sourire de cet homme, qui laisse voir deux énormes dents placées comme des défenses de sanglier, a quelque chose d'effrayant et d'infernal.

L'autre individu est grand, maigre comme un squelette, jaune de visage, excepté le nez qui est d'un rouge violet; il a l'air morne et le regard fauve. Celui-là porte quelque chose qui doit avoir été un paletot, mais qui, faute de boutons, s'attache avec des ficelles; il a sur la tête la forme d'un vieux chapeau rond qui n'a plus de bord; un échantillon de toile à matelas, roulé comme une corde, lui sert de cravate. Il tient ses deux mains dans ses poches qui semblent bourrées d'une foule d'objets.

— Eh bien, *môme*, est-ce que tu vas passer comme ça? dit le plus petit des deux hommes en tapant sur l'épaule de l'adolescent. Est-ce que tu vas courir dans la *vergne*, au lieu d'entrer *jaspiner* avec les *vieux*.

— Ah! c'est toi, Coquardet! répond l'adolescent. Tiens, v'là aussi le grand Léflanqué... C'est que j'allais travailler, voyez-vous... quoique j'aie plutôt envie de *pioncer!*

— Oh! c'te *sorbonne!* viens donc plutôt *louper* avec nous! voilà *deux crosses et une mèche qui flambent...* Est-ce qu'on travaille tant qu'on a de la *douille!* Allons, Léflanqué, *débride la lourde*, que nous entrions avec le moutard!

Le grand misérable que l'on nomme Léflanqué a ouvert la porte du bouge; l'adolescent se laisse entraîner, et le voilà au milieu d'une foule d'hommes de l'espèce de ses deux amis, qui le regardent en se lançant entre eux des regards d'intelligence. On le fait boire, on le fait jouer; il sort deux pièces de cinq francs de sa poche, et l'individu qu'on appelle Coquardet s'écrie :

— Bigre!... pus qu' ça de *balles!* Est-ce que tu as une *cambrousse* qui te donne de la *blanquette?*

— Non... non!... c'te farce! au contraire, car hier on a volé, dévalisé chez nous pendant que j'étais à *louper* et que ma mère était allée reporter son ouvrage ; on est entré chez nous... on a fait un paquet de nos effets... les hardes de ma mère... toutes ses économies, on a tout pris !... nous n'avons plus rien... Pour avoir du pain, ma mère s'est décidée à vendre une petite *brocante* qu'elle avait au doigt... Je viens de la porter au marchand qui m'a donné dessus ces deux *roues de derrière*, et ma mère attend après pour manger... et si je les joue... et que je perde...

— N'aie donc pas peur !... *gonze !* nous avons du *jonc* nous autres, et on t'en donnera, si tu es sur *le sable !*

L'adolescent se laisse aller ; il joue et perd les deux pièces de cinq francs qu'il devait porter à sa mère ; puis le hideux Coquardet lui joue sa blouse contre son bourgeron ; le grand Léflanqué lui gagne sa casquette neuve et lui donne à la place sa forme de chapeau privée de bords. Enfin, pendant qu'il est en train de jouer son bon pantalon de drap gris contre celui en toile à torchons, de nouveaux individus entrent dans le bouge et s'approchent de la table où sont les joueurs. L'un d'eux frappe sur l'épaule de Léflanqué, en s'écriant :

— Eh ben, l'affaire a marché hier... tu as *bouliné* avec Coquardet dans la rue Fontaine au Roi... Je t'ai vu *décarer* par la *lanterne*, il était temps... vous auriez été *paumés marron !*

Pour toute réponse, les deux hommes auxquels ces paroles s'adressent partent d'un ricanement prolongé et versent à boire à l'adolescent. Cependant celui-ci, qui n'est encore qu'à moitié gris, semble frappé de ce qu'il vient d'entendre ; il regarde l'individu qui vient de parler et s'écrie :

— Comment... rue Fontaine au Roi... hier... qu'est-ce qu'ils ont donc fait ?

— Ils ont été *grinchir* donc !...

— Et chez qui ?

— Chez qui... eh mais... est-ce que tu ne sais pas... chez ta mère... c'est eux qui ont *rincé sa cambriole*... Comme je te voyais boire avec eux, je pensais que tu le savais... et que tu avais ta *fade !*

Le jeune homme reste tout saisi ; une pâleur mortelle couvre son visage, il regarde ses deux joueurs d'un air égaré ; ceux-ci se mettent alors à pousser de gros hurlements de joie, puis ils emplissent le verre de leur victime, et le lui présentent en disant :

— Eh ben, oui, c'est nous qui avons fait le coup !... gnia pas de quoi *farguer*... allons, ne fais pas le *sinvre*... lampe ça... nous nous moquons de la *rousse*... nous sommes une *gance*... tu en seras... tu ne retourneras pas dans ta *cassine*, tu peux *pioncer* ici !

L'adolescent est quelques instants indécis, mais on l'entoure, on l'excite, on crie, on rit, on chante, on débite une foule de plaisanteries infâmes, et le malheureux finit par choquer son verre contre ceux des deux misérables qui ont volé sa mère...

Cette anecdote doit suffire pour donner une idée de ce qui se passe dans les bouges de Paris, *ab uno disce omnes.*

Il y avait autrefois dans la grande ville un endroit appelé *la Souricière* ; il était placé au centre des halles. C'était le plus fameux bouge de Paris. Rendez-vous ordinaire des voleurs, des voleuses, des mouchards, des filles de mauvaises vie, des repris de justice et de tout ce qu'il y avait de plus ignoble dans Paris, *la Souricière* avait une réputation telle, que des étrangers et des hommes de distinction de la capitale ne craignaient pas de s'aventurer quelquefois dans ce bouge, dont ils étaient curieux de voir le hideux tableau.

Une maison de jeu, située rue Saint-Honoré, près du café de la Régence, connue sous le nom d'*Hôtel d'Angleterre*, rivalisait de réputation avec la Souricière. Cependant l'Hôtel d'Angleterre était l'aristocratie du vice. Il y avait une roulette, un creps et un *biribi*. A ce dernier jeu, les pontes qui avaient perdu à la roulette toutes leurs grosses pièces, avaient la facilité de jouer leurs derniers sous.

L'Hôtel d'Angleterre ainsi que la Souricière était ouvert toute la nuit, et beaucoup de gens à Paris n'avaient point d'autre domicile.

La suppression des maisons de jeu a fait fermer l'Hôtel d'Angleterre, et depuis quelques années l'ancienne Souricière n'existe plus.

Mais un autre établissement de ce genre s'est élevé dans le même quartier. C'est aux Charniers des Innocents que se trouve la nouvelle Souricière; ce bouge marche sur les traces de son aîné. Dans ce lieu, ouvert toute la nuit, vous trouvez des hommes effrayants de saleté, et beaucoup de vieilles femmes ivres, car les femmes sont admises dans tous ces repaires. Les chiffonniers ont le droit d'y

garder leur *cabriolet* (c'est ainsi qu'ils appellent leur mannequin), et pourvu que vous y fassiez pour deux sous de consommation, vous pouvez y passer toute la nuit.

Les bouges sont extrêmement communs dans la Cité; il en est où l'on se livre à toutes sortes de spéculations; beaucoup de jeunes filles, de marchandes des quatre saisons sont conduites dans ces cavernes par d'autres hideuses créatures de leur sexe, qui tirent un honteux profit de leur jeunesse, et quelquefois de leur figure. Les rues de la *Grande-Friperie, Saint-Eloy, Jean de l'Epine*, sont aussi renommées pour leurs bouges; là, une méchante armoire est devenue une chambre, et cette chambre est habitée par une femme.

Dans une autre Souricière, située près de la barrière Mont-Parnasse, il y a (non pas un salon, non pas même une salle), mais un caveau que le maître de ce repaire offre avec orgueil comme étant assez vaste pour que deux cents chiffonniers puissent s'y promener à l'aise avec leur cabriolet sur le dos. Quel *raout!* lorsque la réunion est complète.

Mais un des bouges les plus curieux est dans la rue aux Fers. C'est un fameux débit de consolation. Il est situé au fond d'une cour; il n'y a là ni boutique, ni salle, mais une espèce de couloir dans lequel se tiennent les habitués.

Ce couloir, qui est presque toujours plein, sert de domicile à des gens qui n'ont pas même de quoi aller à la Souricière. Là, vous voyez des hommes passer toute une nuit debout contre le mur du corridor, sur lequel ils sont adossés; bien heureux encore lorsqu'ils ont pu attraper une place au mur; elles sont très recherchées, parce qu'au moins on peut s'y appuyer.

Et dans cet endroit vous trouverez toujours un beau parleur, un loustic, qui tient le dé dans la conversation, et qui met beaucoup de vanité à donner de l'agrément à son auditoire.

Ainsi, au milieu d'une nuit que les honnêtes habitants de Paris employaient sans doute à dormir, dans un de ces bouges où la société était fort nombreuse, un beau parleur avait amené la conversation sur l'exécuteur des hautes œuvres de Paris, et il en faisait le portrait, lorsque tout à coup un des auditeurs s'écria d'une voix rauque :

— Tu dis des *blagues*... tu parles de choses que tu ne connais pas! Tu nous dis que le bourreau d'ici est petit, moi je te dis qu'il est grand!

— Il est petit.

— Il est grand.

— Mais, mon cher, je le connais bien peut-être, puisque c'est lui qui m'a marqué.

LES CHEMINS DE FER.

Allez rue Saint-Lazare, chaussée d'Antin, vous trouverez l'embarcadère pour Saint-Germain, pour Versailles, rive droite, et tous ces charmants bourgs ou villages qui sont sur la route.

Allez à la barrière Mont-Parnasse, vous trouverez l'embarcadère pour Versailles, rive gauche; allez derrière le Jardin des Plantes, vous pourrez partir par le chemin de fer qui va à Corbeil.

Jusqu'à présent nous n'allons pas plus loin... mais patience! on nivelle, on creuse, on construit des ponts... des souterrains; incessamment nous irons déjeûner au Havre avec des huîtres, puis dîner à Strasbourg avec un pâté de foie!... Quelle source de jouissances nous promettent les chemins de fer!

Et quelle source d'instruction!... nous avons encore tant de Parisiens qui n'ont pas vu la mer... tant de touristes qui n'ont point aperçu la cathédrale de Strasbourg, tant de voyageurs enfin qui n'ont voyagé que dans leur cabinet... avec une carte géographique sur une table, les pieds sur leurs chenets et le corps enveloppé dans leur robe de chambre... c'est moins fatiguant... mais ce n'est pas aussi instructif.

Et d'ailleurs voyager en chemin de fer ne fatigue pas; c'est un plaisir, un agrément... on se sent rouler avec une douceur inconcevable, ou plutôt on ne se sent pas rouler. On voit fuir devant soi les arbres, les maisons, les villages... tout cela passe! passe... bien plus vite que dans une lanterne magique... et tout cela est véritable, vous n'êtes point le jouet de l'optique!... Le chemin de fer est la véritable lanterne magique de la nature.

Aussi on ne saurait se faire une idée de l'enthousiasme, de la joie, de l'empressement avec lesquels les Parisiens ont accueilli le chemin de fer. Le premier sur lequel ils purent se lancer fut celui de Saint-Germain ; les trois quarts des habitants de la grande ville firent en peu de temps le voyage de Saint-Germain.

Toute une famille arrivait pour se livrer aux douceurs d'un voyage en chemin de fer. Arrivée à l'embarcadère, cette famille si unie commencait par se perdre. Après avoir pris des billets, l'un courait par un chemin, l'autre prenait une galerie, celui-là attendait dans une salle. Mais bientôt on entendait le signal pour se rendre aux voitures ; alors tout le monde se pressait, se poussait, se mêlait ; chacun voulant arriver avant son voisin et craignant de ne plus partir. Les Français n'ont jamais eu beaucoup de patience : ils veulent que les choses aillent tout de suite vite et bien ; sans cela ils sifflent, sauf à se demander après s'ils n'ont pas eu tort de siffler.

Alors, de toute cette famille qui s'était rendue au chemin de fer, pour goûter ensemble les agréments de ce voyage, il était fort rare que deux personnes se trouvassent dans la même voiture.

L'un s'élançait dans un wagon, l'autre dans une diligence, celui-ci à la tête, celui-là à la queue du convoi. Après s'être casé dans la voiture, on regardait autour de soi pour reconnaître ses amis, ses parents... on ne voyait que des visages étrangers.

Alors on se levait en disant :

— Pardon, je me suis trompé... je ne suis pas avec ma société, je dois être placé ailleurs...

Mais vos voisins vous engageaient à vous rasseoir en vous disant :

— Il n'est plus temps... nous sommes partis ; on ne descend plus.

— Comment... nous sommes partis !

— Certainement, nous roulons depuis une minute.

— Oh ! c'est extraordinaire... et je ne m'en suis pas aperçu... et je ne me sens pas rouler.

— C'est ce qui en fait le charme.

Il fallait se décider à rester à sa place. Arrivé à la descente au Pecq, on courait encore pour se rejoindre. L'un disait : Ils sont devant ; l'autre : Ils sont derrière. — Courons, nous les rattraperons.

Chacun courait : on ne se rattrappait pas. On passait une partie de la journée à se chercher dans Saint-Germain, sur la terrasse, dans la ville, ou dans la forêt. Du reste on s'était infiniment amusé.

Les dimanches et jour de fête, la foule se porte encore aux embarcadères; mais les Parisiens commencent à connaître la marche : ils savent quelle galerie ils doivent prendre pour arriver aux voitures.

Vous voyez bien encore quelques figures timides, appartenant à

de bonnes gens, qui ne sont pas fort tranquilles en s'aventurant en chemin de fer. Il est vrai qu'un événement affreux arrivé sur le chemin de la rive gauche, pourrait presque justifier la crainte de quelques personnes, si de tels accidents ne devaient être regardés comme ces coups de foudre que le ciel lance quelquefois sur nous, et qui ne dérangent en rien l'ordre éternel de la nature.

Ici c'est un marchand de bas, qui n'avait jamais quitté sa boutique.

Il est venu au chemin de fer, parce que ses voisins se sont moqués de lui, de ce qu'il n'avait pas encore voyagé par la vapeur. Mais, quoiqu'il soit dans l'embarcadère, il n'est pas encore bien sûr qu'il se décidera à partir. Examinez-le, il va et vient devant le bureau où l'on prend ses places.... il regarde les prix... il réfléchit... il s'avance... mais plusieurs personnes le devancent au bureau; il les laisse passer à sa place.... il n'est pas du tout pressé, lui... Cependant le signal se fait entendre, il faut se hâter... Il fouille à sa poche en s'approchant du bureau, mais tout à coup il remet son argent à sa poche et s'en va, en murmurant entre ses dents :

« J'aime mieux n'y aller que la semaine prochaine. »

Là c'est un papa qui, pour la première fois, se régale, lui et ses deux petits garçons, du chemin de fer.

Les deux petits garçons sont enchantés : ils rient, ils sautent de joie, en criant : « Ah! quel bonheur, nous allons être en chemin de fer. » Le papa veut tâcher de rire aussi; mais il a peur, et sa voix tremblote, tout en disant à ses deux fils :

— Oui, mes enfants, oui, nous allons bien nous amuser... Oui... mais il ne faudra pas avoir peur surtout!... Ah! diable!... il faudra être sage... ne pas vous effrayer dans les souterrains... ce serait très bête.

— Oh! oui, papa! — Oui, papa.

— A la bonne heure!... c'est que sans cela... j'aimerais mieux ne pas vous y faire aller... et m'en retourner de suite. Voyons, ne montez pas, si vous avez peur; allons-nous-en.

Mais le papa a beau insister, les petits garçons s'obstinent à ne pas avoir peur.

Plus loin c'est un brave rentier du faubourg Saint-Antoine, qui s'est fait accompagner jusqu'à l'embarcadère par sa femme, sa fille et son chien. Là il leur fait ses adieux, comme s'il s'en allait en Russie ou en Chine. Il ne peut se lasser de caresser son chien, d'embrasser sa fille, de presser sa femme dans ses bras... jamais il n'a été aussi tendre.

Enfin son épouse s'éloigne, mais elle revient précipitamment, en lui disant : As-tu tout ce qu'il te faut? deux mouchoirs... un petit pain... ta petite bouteille de cognac. — Tu aurais dû prendre ta quittance des impositions... Et de l'argent, en as-tu assez?

— Oui, chère amie.

— Allons, au revoir.

Nous avons ensuite les maris jaloux, qui ont sous leur bras une jeune et jolie femme : ils veulent aller à Versailles. Madame penche pour la rive droite; mais monsieur prendra la rive gauche... parce qu'il n'y a pas de souterrain.

LE DAGUERRÉOTYPE.

C'est à Paris que le daguerréotype a pris naissance ; c'est dans cette ville qu'il a fait ses premiers essais, et si maintenant son succès est devenu européen, l'admirable invention de Daguerre ne cesse pas pour cela d'être cultivée à Paris ; au contraire, elle semble y avoir acquis droit de bourgeoisie.

Mais les Parisiens ne sont pas les seuls à se faire daguerréotyper : les étrangers qui sont venus visiter Paris ne veulent pas en partir sans avoir essayé de cette invention, les uns parce qu'ils pensent que dans cette ville tout se fait mieux qu'ailleurs, les autres parce qu'ils sont bien aises de pouvoir dire plus tard :

— J'ai fait faire mon portrait au daguerréotype, à Paris.

Il y a beaucoup de gens dans la grande ville qui se chargent de faire votre portrait par ce nouveau procédé. Un cadre placé à la porte de la maison vous indique le daguerréotypeur... car il n'y a pas moyen ici de dire le peintre... Le peintre, c'est le jour qui frappe sur votre visage.

Au coin du boulevart Montmartre et de la rue Richelieu, dans la nouvelle maison bâtie sur l'emplacement de Frascati, un tableau vous annonce qu'il y a là un daguerréotype; il indique en même temps les prix. Pour dix francs vous pouvez avoir votre portrait grand comme une miniature, et fait par le soleil... quand il y en a, et même quand il n'y en a pas. Dix francs! ce n'est pas la peine de s'en priver, et véritablement le soleil n'est pas cher.

Vous montez au second étage, vous entrez dans un appartement qui a l'air d'un magasin privé de marchandise; mais ne vous arrêtez pas à tout cela; ce n'est pas ici une boutique où il est nécessaire d'étaler une foule d'objets pour vous séduire : tout ce qu'il faut ici, c'est une espèce de petite chambre en toile que l'on établit devant une fenêtre, et dans laquelle on place la personne qui vient poser.

Cette petite chambre de toile n'est pas toujours vacante; on est souvent à la queue pour se faire daguerréotyper, et il faut attendre son tour.

Alors on a la liberté de se promener de long en large, de s'asseoir, et même de causer avec les personnes qui tiennent cet établissement; on choisit la grandeur de la plaque que l'on désire; si l'on veut un portrait au dessus de dix francs, on choisit le cadre que l'on y adapte sur-le-champ. Enfin on apprend quelles nombreuses préparations sont nécessaires avant d'arriver à se faire peindre par le soleil; on comprend alors qu'il y a encore du mérite dans l'exercice de ce procédé, et qu'il faut surtout une grande attention pour que votre portrait vienne bien; car l'oubli d'une seule préparation ferait manquer toute l'opération.

Ce qu'il y a aussi de curieux là, ce sont souvent les personnes qui viennent pour avoir leur portrait.

D'abord voilà un homme de la banlieue qui se présente avec sa femme sous le bras; ils veulent avoir leur portrait pour envoyer à une vieille parente, et ils s'informent du prix. On leur répond que le meilleur marché est dix francs.

L'homme, qui a l'air d'un marchand de bestiaux, regarde sa femme, espèce de paysanne en gros déshabillé de bure; celle-ci hausse les épaules en disant :

— Dix francs pour chaque figure!... c'est plus que nous ne valons... faut nous faire ça à moins...

— Nous en ferons faire deux, faut nous diminuer queuque chose... voulez-vous six francs pour nous deux?

Pour toute réponse le daguerréotypeur les engage à regarder le tableau qui est à sa porte, et va s'occuper d'autres personnes.

Les habitants de la banlieue se consultent : — C'est trop cher, dit la femme... dix francs... ça ferait vingt francs pour nous deux...

j'aime mieux qu'on ne m'attrappe pas... et encore c'est qu'il n'y a pas de couleur à ses portraits, c'est tout noir... j'aime mieux de la peinture, moi!...

—Oui, mais puisque ça se fait tout seul! répond le mari, il ne peut pas y avoir de couleur comme avec un peintre.

— Tiens, c'te bétise... est-ce que nos figures sont noires comme ça à nous... Quand nous nous regardons dans une glace, est-ce que nous n'y voyons pas la couleur de nos cheveux... de not' nez, de nos yeux, de nos habits... Eh ben!... un miroir c'est pas un peintre pourtant... Ah! bah! not' homme, tout ça c'est des finasseries... Allons nous-en... — Allons d'abord regarder son tableau en bas, nous verrons ce qu'il chante.

Le couple rustique s'éloigne. Un monsieur mis avec une certaine prétention, ayant de grands anneaux à ses oreilles, ce qui à Paris annonce ordinairement un blanchisseur ou un homme qui a nécessairement mal aux yeux, se présente avec deux dames, une jolie et une laide... Les deux dames veulent se faire tirer au daguerréotype, et ce monsieur s'est chargé de les accompagner.

— On a fait souvent mon portrait, dit la dame laide, mais on n'a jamais su le faire ressemblant. Tous les peintres disent que je suis horriblement difficile à attraper... je suis curieuse de voir si je serai bien par ce nouveau procédé.

— Mais il n'y a pas de doute, dit l'autre dame, puisque c'est une reproduction exacte de la nature. N'est-il pas vrai, M. Mouillé?

M. Mouillé (c'est le particulier qui a des anneaux après les oreilles) secoue la tête d'un air important en répondant :

— Oui... c'est la reproduction... c'est-à-dire, permettez!... vous comprenez bien... oui, c'est la reproduction.

— C'est une chose bien extraordinaire! reprend la dame laide : dire que votre portrait se fait tout seul... par la force de la lumière... sur une plaque... N'est-ce pas, M. Mouillé, que c'est la force de la lumière?

— Madame, permettez... c'est le jour... et l'optique... réduits par la chimie... Tout cela combiné... c'est une fort belle chose!... Oui, c'est la force de la lumière.

— Vous êtes-vous fait tirer, M. Mouillé?

— Non, madame... je n'aime pas les portraits noirs... je préfère la couleur... Comme je suis assez frais, je pense que je perdrais beaucoup au daguerréotype.

— Ah ça, mais c'est bien long, dit la jolie dame en s'adressant à l'un des chefs de l'établissement qui est occupé à frotter une plaque. — Monsieur, est-ce que par ce procédé un portrait n'est pas fait sur-le-champ?

— Madame, on ne pose guère que cinquante secondes, cela est vrai; mais il faut ensuite qu'il s'écoule quelque temps avant qu'on puisse vous livrer la plaque, lors même qu'elle est bien venue... ce qui n'arrive pas toujours, c'est même rare quand on vient bien la première fois.

— Pourquoi donc cela, monsieur? — Madame, il y a cinquante raisons pour que l'opération manque... si l'on a trop employé d'une chose... pas assez d'une autre... si...

— Oh! monsieur, je ne demande pas à savoir tout cela, mais enfin quand le portrait est manqué, que faites-vous?

— Nous le recommençons, madame; nous recommençons jusqu'à ce qu'il soit bien venu. Oh! nous ne voudrions pas livrer quelque chose de défectueux.

Un jeune homme qui attendait depuis une heure que son tour arrivât, se lève en disant :

— Du moment que cela peut ne pas réussir plusieurs fois de suite, et qu'il y a cinquante et quelques raisons pour que l'opération manque, j'en ai assez, je m'en vais.

— Voilà bien les Parisiens! dit le daguerréotypeur : quand on ne fait pas avec eux le charlatan, ils n'ont pas confiance en vous. Ce jeune homme va s'adresser ailleurs, où on lui dira que l'opération ne manque jamais, et on lui livrera ensuite un portrait mal venu... Mais la chambre est libre... Venez, madame.

L'homme de la campagne et sa femme, qui venaient de reparaître dans la salle, arrêtent alors le maître de l'établissement en lui disant :

— Monsieur, voulez-vous faire nos deux figures pour huit francs... ça y est-il?...

— On ne marchande pas ici, répond le daguerréotypeur, c'est un prix fait.

— C'est donc comme des petits pâtés vos portraits...

On ne répond plus au couple campagnard, et la jeune dame passe la première dans le cabinet de toile. On la fait asseoir, on lui fait poser sa tête contre un point d'appui qui se fixe à volonté derrière elle. On prépare l'optique, on lui montre un petit point en évidence, et on lui dit : Regardez là, nous allons commencer...

— Vous ne bougerez pas, madame.

— Non, monsieur.

— Très bien, nous commençons.

La jolie dame ne bouge pas, ne sourcille pas, elle a tant envie de se voir exactement reproduite, et cependant une minute paraît longue et les yeux se fatiguent quand il faut fixer contre le jour. Enfin le monsieur a fermé la lunette en s'écriant :

— C'est fini, madame.

— Oh! voyons, monsieur.

— Cela ne se peut pas encore, madame; veuillez rejoindre votre société; j'irai bientôt vous dire si nous avons réussi.

La jeune dame va retrouver sa compagnie. Il y a de nouvelles personnes qui attendent.

— Eh bien, dit M. Mouillé, vous avez posé... cela ne fait pas de mal?

— Ah! ah! quel mal voulez-vous que cela fasse!

— Non, je veux dire... ça ne cause aucune émotion?

— Cela fatigue la vue un moment, voilà tout. Oh! je voudrais bien savoir si cela est bien venu.

Quelques minutes s'écoulent, puis le daguerréotypeur vient dire à la jolie dame :

— Nous avons parfaitement réussi, madame, votre portrait est fort bien venu.

— Oh! quel plaisir!... où est-il, monsieur?...

— Encore quelques minutes, madame, je ne puis pas encore vous le livrer; un peu de patience.

Après un bon quart d'heure d'attente, le portrait est apporté. La jolie dame est très ressemblante, et pourtant elle soupire en se regardant, et murmure :

— Comme c'est triste!... Il y a quelque chose dans ces portraits qui fait deviner sur-le-champ que ce n'est pas une main de ce monde qui a fait cela... il semble que pour nous punir de surprendre ses secrets, la nature nous tue en nous les révélant.

— A mon tour, dit la dame laide; voyons si la nature me fera plus vivace.

Au moment où cette dame va entrer dans la chambre de toile, le couple de la banlieue se montre encore à la porte d'entrée de la salle, et la femme se met à crier :

— Monsieur le marchand de figures, nous mettrons vingt-quatre sous de plus... ça va-t-il?

Pour toute réponse le daguerréotypeur entre dans la chambre de toile.

La dame laide essaie une infinité de poses, elle ne sait à laquelle s'arrêter; à chaque instant le monsieur lui dit :

— Y êtes-vous, madame?

— Oh! monsieur... attendez... pas encore... Comme cela suis-je bien?...

— Vous serez toujours bien, madame, si vous ne bougez pas.

— Vous êtes bien honnête, monsieur; mais permettez... encore faut-il prendre une pose gracieuse... agréable... Tenez, comme ceci... Ah! non, j'aime mieux ainsi... non, j'étais mieux avant... où faut-il regarder, monsieur?

— A ce petit point, madame?

— Fort bien... je puis lui sourire.

— Vous en avez le droit, madame. Mais alors il faudra conserver le même sourire pendant cinquante secondes!

— Oh! monsieur, j'en ai conservé quelquefois des soirées entières. Je souris si facilement... au spectacle je ne fais pas autre chose.

— Alors, madame, quand vous voudrez...

— J'y suis, monsieur. — Nous commençons.

L'opération se fait : le monsieur, qui regarde constamment sa montre, ne voit pas que cette dame essaie à chaque instant un autre sourire, afin de donner à sa figure une expression plus gracieuse.

La séance est terminée, la dame va rejoindre sa compagnie en disant :

— J'ai dans l'idée que je serai bien saisie.

Au bout de quelques minutes le daguerréotypeur vient, et dit :

— Manqué, madame; tout à fait manqué... Veuillez venir, nous allons recommencer.

— Oh! c'est bien étonnant... Comment, je ne suis pas bien venue. Il faut que le jour ait des caprices.

Cette dame va se placer de nouveau dans la petite tente. Ce sont encore les mêmes incertitudes pour adopter une pose et un sourire : tantôt cette dame veut avoir l'air mutin, tantôt tendre, tantôt mélancolique, et lorsqu'enfin elle paraît décidée à quelque chose et que l'opération est en train, le monsieur qui l'exécute s'aperçoit, en jetant les yeux sur la dame, qu'elle se fait un autre visage. Il s'écrie :

— Vous remuez, madame! Vous changez d'expression, cela manquera encore...

— Vous croyez, monsieur? Je vous assure je n'ai presque pas sourcillé... un petit mouvement gracieux dans la tête que j'ai voulu ajouter.

— On n'ajoute rien ici, madame, et je crains bien que nous n'ayons encore fait de mauvaise besogne.

La dame va retrouver son monde. On attend avec impatience l'arrêt que le daguerréotypeur doit prononcer. L'industriel revient, et dit encore :

— Manqué, madame, j'en étais sûr; vous remuez, vous pincez votre bouche, vous la rouvrez... vous faites voir vos dents; il est impossible d'obtenir son portrait par ce procédé, si l'on ne conserve pas une immobilité complète. Tenez, voyez plutôt vous-même.

La dame regarde une plaque où plusieurs figures se contrarient et ne permettent pas d'en retrouver aucune. Elle s'écrie :

— Il avait cependant un peu de mon sourire... un peu de mon menton... un peu de mon nez...

— Oui, dit M. Mouillé, par exemple tout cela est double......

triple... Il y a des gens qui ont trois mentons... mais je n'en ai jamais vu avec trois nez.

— Allons, monsieur, puisque vous croyez que c'est ma faute, recommençons; cette fois je vous promets que je serai une statue.

La dame retourne poser pour la troisième fois. Et comme elle veut cependant obtenir son image, elle se décide à rester tranquille et à ne pas remuer pendant que le travail se fait.

La séance terminée, on brûle d'impatience de savoir si cette fois on a été plus heureux. Enfin le daguerréotypeur revient, et s'écrie d'un air satisfait :

— Réussi parfaitement, madame. Oh! cette fois on voit bien que vous n'avez pas remué, votre portrait est fort bien venu.

— Oh! vous m'enchantez, monsieur, voyons-le...

— Dans quelques instants, madame, veuillez bien attendre un peu...

Le temps semble extrêmement long à une dame qui désire voir son image par le daguerréotype, surtout lorsqu'on lui annonce qu'il est très bien venu.

Enfin la plaque si désirée est apportée, tout le monde se presse pour la regarder. M. Mouillé, qui la voit le premier, s'écrie :

— Oh! c'est d'une exactitude extraordinaire!

La jolie dame en dit autant; l'original veut se voir aussi.

La dame n'a pas plus tôt jeté les yeux sur son portrait, qu'elle pousse un cri d'horreur en disant :

— Ah! monsieur, qu'est-ce que vous me présentez là.... Il est manqué, monsieur!... Oh! par exemple, c'est cette fois qu'il est totalement manqué.

— Mais non, madame, je vous certifie qu'il est fort bien venu.

— Je ne sais pas si c'est bien venu, monsieur, mais je sais que vous me montrez là une horreur... et que vous ne me ferez pas croire que c'est là mon portrait; il est manqué, il faut me recommencer.

— C'est inutile, car on ne vous fera jamais mieux que cela.

— Vous êtes un malhonnête, monsieur, et je ne prendrai pas ce portrait-là.

Et cette dame, qui est naturellement laide, qui se voit plus laide encore par l'expression triste du daguerréotype, veut absolument que son portrait soit manqué, et s'en va sans vouloir le prendre.

Après elle, vient un monsieur qui a un tic, qui tourne continuellement le coin de sa bouche, et malgré cela voudrait être daguerréotypé; puis un autre qui cligne de l'œil; puis une vieille dame qui branle continuellement la tête. Et tous ces gens-là ne veulent pas comprendre qu'ils ne pourront jamais avoir leur image par ce procédé.

Et remarquez la plupart des personnes qui emportent leur portrait qu'on vient de faire ainsi; elles n'ont pas l'air satisfait; pourquoi?... c'est que le daguerréotype ne flatte pas, et qu'on a bien de la peine à se contenter de la vérité.

LES MODES.

A quoi bon parler de la mode dans une ville où cette déesse est si inconstante; la mode d'hier est passée aujourd'hui, celle d'aujourd'hui n'existera plus demain.

A Paris, les personnes qui suivent exactement les modes sont extrêmement occupées ; elles n'ont pas un moment de la journée à perdre : toilette du lever, toilette du matin, toilette de la journée, toilette du soir, toilette de concert ou de bal... Et ce n'est pas tout encore!... il faut avoir un appartement à la mode, des meubles à la mode, une livrée à la mode, un équipage, des chevaux, des harnais à la mode!... Et la mode change à chaque instant... c'est un métier de galères.

Ces personnes pour qui la mode est tout sont excessivement malheureuses, quand il leur manque quelque chose de ce qui vient d'être adopté par elle. Ce nœud de cravate n'est plus bon genre; on ne boutonne plus son habit aussi haut ; ce chapeau n'a pas la forme nouvelle; cette couleur est de mauvais goût; cette canne est arriérée. Si vous avez eu le malheur de sortir sans savoir tout cela, vous êtes un homme perdu dans l'esprit de vos connaissances... Sauvez-vous, cachez-vous bien vite avant que l'on vous voie! vous seriez déshonoré.

Mais heureusement pour les Parisiens, ils ne sont pas tous esclaves de la mode. Les hommes de talent s'en occupent fort peu, car ils ont autre chose à penser; quelques philosophes austères ou cyniques affectent pour elle un mépris qui va trop loin quelquefois. *Est modus in rebus.*

Voici ce qui arriva dernièrement à Paris à une dame pour qui la mode était tout. Cette dame avait quarante ans; elle n'était pas jolie, mais elle portait souvent des choses qui l'enlaidissaient encore.

— C'est la mode! tel était son refrain favori; elle ne sortait pas de là, et ajoutait: On ne peut jamais être mal quand on est à la mode.

— Mais, lui disait-on, si la mode est ridicule?

— Elle ne peut pas l'être.

— Si elle vous va mal?

— Ça m'est égal.

— Si elle vous obligeait à montrer votre gorge... que vous n'avez pas?

— Je la montrerais.

— A vous retrousser jusqu'au genou?

— Je me retrousserais.

— A faire voir votre!... jarretière?

— Je ferais voir tout cela... du moment que ce serait la mode, je le ferais voir.

Le mari de cette dame, qui ne partageait nullement l'opinion de sa femme, eut un jour l'idée de composer un petit dessin qu'il substitua dans le *Journal des Modes* à la gravure qui s'y trouvait. Sur le dessin du mari, une dame était coiffée en cheveux avec une énorme carotte placée en guise d'aigrette, et dessous le costume on avait écrit : *Coiffure en cheveux, relevés à la chinoise; carotte naturelle.*

La dame examina long-temps le petit dessin, en disant :

— Oh! la singulière coiffure... comme c'est original... carotte naturelle... ah! on met maintenant des légumes dans ses cheveux...

Le mari haussa les épaules en s'écriant :

— C'est pitoyable! cela n'a pas le sens commun!... J'espère que tu ne t'affubleras pas de la sorte au moins?

— Pourquoi donc, mon ami, ce n'est pas laid?... oh! ce n'est pas laid du tout!... D'ailleurs c'est la mode, cela suffit. Qu'on me cherche une carotte, une carotte sur-le-champ... une superbe carotte. Nous allons ce soir à l'Opéra, je veux être coiffée ainsi.

Le mari eut l'air de vouloir s'y opposer, la femme persista. Elle se posa une carotte dans les cheveux et se rendit ainsi le soir à l'Opéra.

Elle y fit un effet extraordinaire, mais qui n'était pas celui qu'elle espérait. Chacun lui rit au nez, chacun se moqua d'elle, et si ouvertement, qu'il ne lui fut pas possible de s'y méprendre.

La pauvre dame rentra chez elle fort triste, fort déconcertée, en disant :

— C'est bien singulier, je m'étais coiffée à la dernière mode, et on a eu l'air de me trouver ridicule.

— Ma chère amie, dit le mari... toutes les modes ne te vont pas, je t'ai dit cela cent fois ; il faut s'arranger à l'air de sa figure... la carotte ne sied pas du tout aux blondes.

Depuis ce temps, cette dame ne suivit pas les modes aussi exactement.

LE JARDIN DES PLANTES.

Quand un petit garçon a été bien sage, qu'il a bien appris ses leçons, il dit à ses parents :

— Maman, j'ai été bien gentil... on me mènera voir les ours.

Alors la tendre mère répond en caressant le menton de son fils :

— C'est juste, mon ami, tu as bien fait tes devoirs... tu as récité sans te tromper la fable des *Animaux malades de la peste*... tu mérites d'aller voir les ours; ton père t'y conduira.

Le papa croise ses jambes, secoue la tête, prend un air grave, se caresse les *tibias*, et répond, en pesant ses paroles :

— Est-ce que vraiment Guguste sait parfaitement sa fable des *Animaux malades de la peste?*...

— Oui, mon papa, je ne me suis trompé qu'une seule fois; tiens, veux-tu que je te la récite, mon petit papa... de mémoire?

— Je le veux bien, Guguste; mais fais attention... si tu fais plus de trois fautes, tu ne verras pas les ours!

Cela dit, le papa se renverse d'un air grave dans son fauteuil à la Voltaire, où il se figure qu'il doit avoir un faux air du grand poète; le petit gamin commence par fourrer un de ses doigts dans son nez, peut-être pour y chercher sa fable, et il récite enfin d'une voix aiguë.

— *Un mal qui répand la terreur!... la terreur... dans sa fureur... sa fureur... la terreur... la terreur!*

Le papa commence à froncer le sourcil en voyant que son fils ne sort pas de sa terreur; mais le petit garçon reprend d'un air décidé:

— Tiens, mon papa, je ne sais pas absolument ma fable par cœur, mot à mot: mon cousin dit que ce sont les perroquets qui apprennent comme cela, et je ne veux pas étudier pour ressembler à un perroquet; mais, si tu veux, je vais te faire l'histoire de ma fable?...

— C'est le résumé que tu veux dire, sans doute?

— Oui, enfin je vais te l'expliquer, pour te prouver que je l'ai bien comprise.

Eh bien, soit, j'y consens encore. Voyons, Guguste, votre analyse des *Animaux malades de la peste*?

— Mon papa, il y a la peste dans un pays... c'est une vilaine maladie... on a mal au ventre, on est jaune, et on se tortille, n'est-ce pas?

— Je ne puis pas affirmer que l'on se tortille... je demanderai cela au docteur; mais va toujours.

— Les animaux ne se soucient pas d'avoir la peste... comme nous autres nous n'aimons pas à avoir du bobo?

— Très bien; poursuis.

— Il y a les plus forts animaux qui disent: Il faut que quelqu'un se sacrifie pour la peste... c'est comme quand tu dis à maman: Qui est-ce qui va à la cave aujourd'hui?

— Parfait! continue.

— Enfin les plus malins disent qu'ils n'ont pas fait de sottises pour se sacrifier... Mais l'âne se mêle à la conversation; alors on le prend, et c'est lui qui l'est; comme toi, quand tu viens jouer au colin-maillard... les autres se sauvent, mais on te pince tout de suite, et c'est toi qui l'es!

— Bravo! très bien analysé... tu iras voir les ours.

Le papa embrasse son fils; le petit garçon met du pain dans sa poche pour en donner aux bêtes, parce que c'est défendu, et on part pour le Jardin des Plantes, qui est aussi le jardin des animaux.

Ce jardin, qui fut formé en 1635, est un des plus beaux qui existe en Europe; il est situé sur la rive gauche de la Seine, en face du pont d'Austerlitz. Il offre à l'amateur et au savant un magnifique jardin botanique, avec des serres chaudes et des serres tempérées ; une ménagerie où sont rassemblés vivants des animaux que l'on ne rencontre point dans nos climats ; enfin le *Muséum* d'histoire naturelle est au bout du jardin, du côté de la rue ; il se compose de plusieurs galeries où l'on trouve une nombreuse collection des trois règnes de la nature.

Ce jardin, agréablement dessiné, a d'un côté l'aspect d'un paysage de la Suisse, avec ses châlets, ses chèvres, ses petites hutes et ses belles prairies ; plus loin le labyrinthe est très recherché par les promeneurs qui ont l'intention de s'égarer : nous croyons cependant devoir les prévenir que leur espérance serait vaine, et que le labyrinthe du Jardin des Plantes est une promenade fort innocente qui conduit simplement au Belvédère, d'où la vue embrasse une assez vaste étendue de Paris, et même de ses environs.

Enfin, ce jardin vient encore de s'enrichir d'une immense maison grillée, habitée par des singes. Ce petit peuple, dont les jeux, les sauts et les grimaces font les délices des badauds, des flâneurs, des bonnes et des enfants, est parfaitement logé dans le Jardin des Plantes ; son immense cage renferme un jet d'eau, des balançoires, des cordes, et enfin de petites cahutes dans lesquelles les singes se réfugient en cas de froid et lorsque leurs gardiens veulent mettre un terme à leurs divertissements.

Le Muséum d'histoire naturelle n'est ouvert au public que deux fois par semaine, mais les animaux sont visibles tous les jours. Dès que vous entrez dans le jardin par le côté de la Seine, une odeur qui n'est pas suave vous indique le côté où sont renfermés les animaux. Les lions et les tigres ne sentent pas le jasmin et le patchouli. Cette partie du jardin est ordinairement le rendez-vous des étrangers, des habitants de la campagne, des bonnes, des tourlouroux, tous gens qui ne peuvent point se lasser d'admirer la gentillesse d'un tigre et les petites manières d'une lionne ; mais prenez garde, bonnes gens, pendant que vous contemplez l'espèce quadrupède, il y a près de vous des bipèdes très adroits qui glissent leurs mains dans vos poches, sans que vous en ayez le moindre soupçon... et tout à l'heure, quand vous en aurez fini avec les animaux, vous resterez stupéfaits en ne trouvant plus votre bourse, votre montre, votre mouchoir ou votre tabatière.

Là, aussi, vous entendrez toujours un bavard, un beau parleur, le loustic de la foule, personnage assez mal mis ordinairement, qui, voulant captiver l'attention des curieux, et se donner l'air d'un savant ou d'un homme qui a beaucoup voyagé, s'écriera, en poussant tout le monde pour s'approcher des animaux :

— Oh!... un lion!... je connais ça... j'en ai vu bien d'autres! on croit que c'est méchant les lions, et on en a peur !.. mais ce n'est pas méchant du tout!.. Moi, en Afrique j'en avais dompté deux que je voulais atteler à une voiture, mais le commissaire de police de l'endroit s'y est opposé, craignant les accidents.

Tout le monde se retourne, on prête l'oreille et les badauds ouvrent de grands yeux pour voir ce monsieur qui voulait avoir des lions à sa voiture. Le particulier, enchanté de l'effet qu'il produit, reprend d'une voix plus forte :

— Ah! voilà un tigre... pauvre tigre! il a l'air malade... Quand on sait s'y prendre, on joue avec cet animal-là comme avec un chat : si l'on veut m'ouvrir sa cage, je vais y entrer sur-le-champ et il se couchera à mes pieds.

— Voilà le gardien! dit un jobard qui croit que ce monsieur veut vraiment entrer dans la cage. Mais le bavard s'éclipse aussitôt, et cet homme intrépide n'osera pas rentrer dans sa chambre s'il y aperçoit une souris.

Suivons M. Guguste et son père. Ils se dirigent du côté des boucs, des mérinos et des paons.

Le petit garçon donne du pain aux mérinos qui lui lèchent les mains, et aux béliers qui lui donnent des coups de tête. Il demande à son père pourquoi les boucs sentent si mauvais, et le papa, après avoir long-temps réfléchi, lui répond :

— Cela tient à leur histoire naturelle.

Le petit garçon voudrait donner à manger aux buffles et même aux éléphants. Le papa admire l'amour de son enfant pour les bêtes, et il l'embrasse en lui disant :

— Tu seras un bon fils.

Puis le père et l'enfant se dirigent vers les ours. Ces animaux habitent des fossés très vastes; autrefois un simple garde-fou empêchait les curieux de tomber dans la fosse avec les ours; mais comme il y a des gens qui ne se contentent point de regarder et qui se penchent; comme des bonnes mêmes avaient quelquefois l'imprudence de poser un enfant sur le garde-fou, afin qu'il pût avec plus de facilité contempler les gentillesses de *Martin* ou de son compagnon, des accidents terribles sont arrivés. Les ours ont montré qu'ils n'étaient nullement apprivoisés et se sont fort mal comportés.

Aujourd'hui, au dessus du garde-fou, on a placé un grillage très haut et qui doit empêcher de tomber chez les ours.

La présence des singes a fait un grand tort aux ours : la grande maison grillée attire maintenant la foule. Hommes, femmes, enfants, vieillards viennent admirer les gambades, les malices, les sauts extraordinaires, les contorsions bizarres de ces animaux pour lesquels la girafe même est abandonnée.

Vous trouverez toujours beaucoup de promeneurs dans cette partie du jardin et dans l'allée des bêtes à cornes ; mais si vous aimez la solitude, si vous désirez pouvoir causer en liberté, ne vous dirigez pas vers le vieux cèdre du Liban qui est sur le chemin du Labyrinthe; tout le monde va par là, et le Belvédère est toujours plein. Tournez vers l'autre partie du jardin, du côté où les paons font entendre leur cri strident et désagréable. Alors, tout en admirant des plantes rares, des arbustes curieux, vous pourrez vous promener long-temps seuls... c'est le côté des douces conversations, des tendres rendez-vous ; c'est par-là que se retrouvent la grisette de la rue Pascal et l'étudiant de la place Maubert. Vous les reconnaîtrez à leur tournure, à leur toilette : le jeune homme a quelquefois un petit habit bien sec, bien juste, auquel manquent plusieurs boutons, et que cependant il s'obstine à fermer jusqu'au menton pour ne point laisser voir les mystères de sa chemise.

La grisette est beaucoup moins coquette là que dans la Cité : sa robe est montante, son petit fichu bien croisé, son tablier fort simple, et son bonnet n'a pas l'air par trop effarouché.

Tout cela n'empêche pas ce jeune couple de se parler bien amoureusement tandis que le paon continue son cri aigu.

Un peu plus loin voilà une dame fort élégante qui s'appuie sur le bras d'un petit-maître à gants jaunes. Ce couple-là n'est pas du quartier, cela se reconnaît sur-le-champ ; mais on vient quelquefois de très loin au Jardin des Plantes... c'est un lieu de rendez-vous où l'on se flatte de ne pas être rencontré en n'allant pas du côté des animaux.

LES DAMES AU MARCHÉ

Les dames de Paris vont au marché, et cela fait leur éloge, car cela prouve qu'elles s'occupent de leur ménage et des détails intérieurs de leur maison. Des femmes de riches capitalistes, de commerçants, de banquiers, de rentiers, de marchands, d'artistes ne craignent point de se rendre elles-mêmes le matin au marché le plus voisin de leur demeure pour y faire leurs provisions. Quelques unes y vont seules, un grand panier sous le bras ; lorsque après le marché fait, le panier leur semble trop lourd, elles prennent un commissionnaire pour le lui faire porter.

D'autres emmènent leur bonne, qui naturellement porte le panier. Mais alors elles s'exposent dans le marché à recevoir les sottises des marchandes auxquelles elles n'achètent point, et qui ne manquent pas de crier à la bonne qui trotte à côté de sa maîtresse :

— Ah! voyez donc c'te grande serine qu'on mène à l'école!....

— Tu ne peux donc pas venir au marché toute seule, grosse bête?

— Ah! on a peur qu'elle ne fasse danser l'anse du panier.

— Ah! comment peux-tu rester dans une baraque où la maîtresse vient avec toi au marché? etc.

Et une foule d'autres gentillesses du même genre. Mais les dames qui vont au marché sont tellement habituées à entendre ces propos, qu'elles n'y prêtent plus aucune attention. Quant à la bonne, elle jette à la marchande un regard en dessous qui signifie :

« Allez!... tapez ferme!... dites toujours! ça fait qu'on me laissera venir seule une autre fois. »

Les dames qui vont souvent au marché ont leurs marchandes d'habitude, de prédilection; ce qui n'empêche pas toutes les autres de crier lorsqu'elles passent :

— Venez donc me voir, mon cœur !... — Achetez-moi donc, mon bijou. — Eh ben! est-ce que nous passons fière comme ça aujourd'hui? — Venez donc que je vous arrange. — Étrennez-moi, mon chou, vous me porterez bonheur. — Ah! la méchante qui s'en va sans me rien acheter! — Eh ben, on ne me dit donc rien à moi, mignonne?

Au marché il est rare que les dames ne rencontrent point de leurs connaissances. On s'aborde, on se dit bonjour, et l'on cause, tout en cherchant, ou marchandant ce dont on a besoin.

Eh! c'est madame Bénjamin!... — Bonjour, madame Legras, comment vous portez-vous? — Il ne faut pas vous demander cela à vous, madame, vous êtes fraîche comme une rose! — Oh! ne me regardez pas, je vous en prie... Je suis à faire peur... une vieille robe que je mets les matins... voilà deux ans que je l'ai... — Je vous assure qu'elle est encore très bien. D'ailleurs, pour venir faire ses provisions du matin, est-ce que l'on voudrait s'habiller? — Votre robe est charmante cependant!... — Oui... elle est assez gentille... mais si vous saviez ce qu'elle m'a coûté... trente-cinq sous, madame... et c'est bon teint. — Ah! mon Dieu, mais c'est pour rien... vous me donnerez l'adresse, n'est-ce pas? — Mon Dieu, chez *Aubertot*, rue Poissonnière, tout près du boulevart... Voyons votre saumon, est-il frais?

— Comme vous et moi, ma petite mère... Mettez votre nez dessus, vous m'en direz des nouvelles...

— Vous achetez du poisson? dit madame Benjamin à l'autre dame. — Il est horriblement cher aujourd'hui... et la volaille! on ne peut pas y aborder!

— Mais savez-vous que c'est terrible! tout devient hors de prix... Aussi je dis tous les jours à mon mari : Mon ami, tu augmenteras la somme des frais du ménage, sans quoi je ne vais plus au marché.

— Mais les maris sont extraordinaires! Ils ne veulent pas entendre cela; ils vous répondent tranquillement : « Arrange-toi! je ne mange pas plus qu'à l'ordinaire, je n'ai pas besoin de dépenser plus. »

— C'est bien cela, et si on ne leur donnait pas un bon dîner, ils feraient la mine et grogneraient tout le long du repas!

— Eh bien! ce saumon... voyons... combien cette tranche?...

— Six francs... parce que c'est vous, mon p'tit chat!...

— Six francs!... Par exemple!... j'en serais bien fâchée...

— Mais voyez donc ce que vous marchandez!... c'est un morceau de roi... et puis le saumon a fait faux bond... il est rare comme les hommes fidèles... C'est pas comme le maquereau! ah! on en trouve à foison de celui-là.

— Voulez-vous trois francs de votre tranche?...

— Fi donc!... pour qui me prenez-vous?... j'aimerais mieux ne jamais vendre de ma vie... prenez-le de cent sous... c'est mon dernier mot.

— Non pas... Je m'en vais avec vous, madame Benjamin.

— Mais attendez donc!... mauvaise!... voyons! donnez-moi quatre francs, et que ça finisse.

— Je vous ai dit mon prix, je ne mettrai rien de plus.

— Oh! est-elle méchante! Allons, voyons, prenez-le; tenez, c'est ben parce que c'est vous, et que je tiens à ce que vous en mangiez!

La dame met le morceau de saumon dans son panier, et s'éloigne avec madame Benjamin, en lui disant :

— Si l'on ne savait pas marchander! serait-on volée! — C'est pour cela que je viens aussi moi-même; il n'y a pas moyen de s'en rapporter à ses domestiques... Qu'est-ce que cela leur fait de payer plus cher!... ce n'est pas leur bourse, et il y en a si peu qui prennent les intérêts de leur maître. — Ah! ne m'en parlez pas!... c'est une bien vilaine *engeance!* Avez-vous toujours la vôtre? — Oui, mais je ne la garderai pas, elle ne sait rien faire!... Elle laisse brûler les rôtis, elle ne sait pas coudre, et elle passe sa journée à se repasser des bonnets. — La mienne est fidèle... c'est une qualité!... mais maussade! répondeuse... C'est au point que souvent je fais les choses moi-même pour ne pas les lui demander.

— Ah! Dieu, je ne garderais pas long-temps une bonne comme celle-là.

— Bonjour, mesdames, dit en passant une grande dame longue et maigre, dont la figure rappelle celle d'un chien de porcelaine :

Vous avez fait vos achats; moi je vais voir si le marché est beau... D'abord nous sommes très difficiles, mon mari et moi; nous nous nourrissons très bien, nous ne mangeons que ce qu'il y a de meilleur.

— Mais c'est assez le goût de tout le monde, dit madame Benjamin en souriant avec malice à madame Legras.

La nouvelle venue ouvre le panier de celle-ci, et s'écrie :

— Vous avez du poisson... Ah! quelle petite tranche... il n'y aurait pas deux bouchées pour mon mari... Vous avez des pigeons... Oh! qu'ils sont maigres, il m'en faut de plus beaux que ça... voyons que je goûte votre beurre... Heim!... ce n'est pas ce qu'il y a de meilleur... Mon mari est si difficile pour le beurre... nous nous nourrissons très bien à la maison...

— Mais, madame, est-ce que vous croyez que nous ne mangeons que du mauvais chez nous?...

— Mon Dieu, ma chère amie... je n'ai jamais eu l'intention de dire cela... Mais vous savez qu'il y a des personnes plus ou moins difficiles. Adieu, mesdames, je vais faire mon marché, car j'ai peur que toutes les belles pièces ne soient vendues.

— Fait-elle son embarras! dit madame Legras, quand la grande femme est éloignée. Est-ce que cela ne vous fait pas pitié, madame?.. C'est étonnant comme ils se nourrissent bien, elle et son mari : je suis allée chez eux un jour, je les ai trouvés qui dînaient avec un hareng saur et un méchant pilon de dinde... Elle va faire tout le marché, et finira par acheter une betterave! On connaît ça.

Une petite dame qui n'est plus ni jeune ni jolie, et qui, pour venir au marché, porte une robe à volants et des fleurs sur son chapeau, aborde alors les deux amies en s'écriant :

— Eh! c'est madame Benjamin et madame Legras!... Bonjour, mesdames, vous venez de faire vos provisions?... C'est comme moi!... nous traitons aujourd'hui, j'ai beaucoup de monde à dîner... M. Bichonneau est terrible pour inviter toujours ses amis à venir manger son bien!... et au bout du compte, c'est qu'on ne vous en a pas plus d'obligation!... Enfin, que voulez-vous?... quand je crierai!... c'est sa manie... Neuf personnes à traiter aujourd'hui... et puis nous trois avec mon Phonphonse, ça fera douze... C'est très heureux encore qu'il n'en ait pas invité dix, nous aurions été treize! Je ne me serais pas mise à table!... et dans ces neuf personnes nous avons ce gros peintre flamand qui mange comme quatre, et M. Lecarlin, qui boit que c'en est effrayant!... Mais qu'est-ce que je vais donc donner à tout ça, mon Dieu!...

— Le poisson est-il cher?

— Hors de prix!...

— Il n'en auront pas alors... au lieu d'une matelotte, je leur donnerai une gibelotte... Et le gibier?

— Quatre francs un perdreau fort petit!

— Quatre francs!... et il m'en faudrait au moins deux pour tout ce monde-là... En fait de gibier, ils auront une poule aux petits oignons... Et les légumes... les petits pois?

— Ils sont encore augmentés.

— Je vais prendre des pommes de terre alors... et au lieu de fraises je leur donnerai deux assiettées de pommes cuites... S'ils ne sont pas contents, ça m'est bien égal... Adieu, mesdames, je vais faire mes emplettes... Vous verra-t-on ce soir?

— Nous tâcherons.

Madame Bichonneau s'est éloignée, et les deux autres dames continuent de faire leur marché, tout en se disant d'un ton moqueur :

— Il sera joli le dîner de M. Bichonneau!

— J'aimerais mieux ne jamais recevoir du monde que de le traiter ainsi.

— Oh! je suis entièrement de cet avis-là : il faut faire les choses bien, ou ne point s'en mêler.

— Mais madame Bichonneau est une vieille coquette qui dépense tout pour sa toilette, et qui met son mari au régime des pommes de terre tout le long de l'année.

— Pauvre cher homme! il est d'une bonne pâte celui-là. Moi, si j'avais le malheur de donner deux jours de suite le même plat à mon mari, il ne me dirait rien, mais il irait dîner en ville tout le restant de la semaine.

— Ah! c'est que tous les hommes ne sont pas des Bichonneau... Ah! ah! ah! et c'est bien heureux, car, suivant moi, il n'y a rien de si ennuyeux qu'un homme bête...

— Je suis entièrement de votre sentiment. J'aimerais mieux, je crois, avoir un mari méchant que d'être l'épouse d'un jobart!... Je vais entrer chez ma beurrière.

— Et moi, chez mon boucher. — Adieu, madame Legras.

— Au revoir, madame Benjamin. Si vous entendez parler d'une bonne... un bon sujet... pas jolie surtout, envoyez-la-moi.

— Je m'en occuperai.

LE DIMANCHE A PARIS.

Vous ne vous douteriez jamais que le dimanche est un jour de repos, si vous parcouriez Paris ce jour-là. Cette ville est toujours vivante, bruyante, gaie, populaire; tout le long de la semaine ses rues sont animées par le passage continuel des piétons, des voitures, des charrettes, des équipages; par les cris des cochers, des marchands ambulants, par le bruit des orgues, des vielles, des chanteurs en plein air; mais le dimanche... c'est bien pis vraiment.

Pour peu que le temps soit beau, qu'il y ait un rayon de soleil, les promenades sont couvertes de monde; dans les rues, sur les boulevarts, aux Tuileries, au Palais-Royal, aux Champs-Élysées, partout une foule de promeneurs. Si vous êtes pressé, vous êtes obligé de prendre des chemins détournés, des rues étroites et mal entretenues où l'on ne peut pas se promener, sans quoi vous n'arriveriez jamais.

Et souvent en regardant d'une fenêtre tout ce monde qui passe et se renouvelle sans cesse sous vos yeux, vous vous demandez où tout cela peut tenir, se loger, se caser.

Pourtant le dimanche n'est pas le jour choisi par le beau monde pour aller à la promenade : ce jour-là, au contraire, les gens qui composent ce qu'on appelle la haute société restent chez eux et se donneraient bien garde de se commettre dans les rues de Paris avec les marchands, les boutiquiers, les employés, les artisans, les ouvriers et le peuple, enfin, qui mangerait du pain sec toute la semaine plutôt que de renoncer à s'amuser le dimanche.

Ainsi les petites maîtresses, les dames du grand monde, les lions, les dandys ne sortent pas le dimanche; il est convenu que c'est de mauvais ton; en hiver ils restent au coin de leur feu, en été ils habitent ordinairement la campagne, et on ne les rencontre point dans Paris.

Si, par hasard, quelques membres du jokey-club, quelque habitué du balcon de l'Opéra est forcé pour ses affaires, ses rendez-vous, de sortir et de se montrer le dimanche dans les rues de Paris, il aura bien soin alors de mettre son plus vieil habit, qu'il recommandera à son domestique de ne pas brosser; il aura des bottes non vernies, un méchant pantalon taché, il ne se peignera pas les cheveux, et il mettra sur sa tête un chapeau sale et déformé. C'est dans cette tenue de Robert-Macaire qu'il parcourra Paris le dimanche; ayant l'air de narguer les bonnes gens qui se sont faits superbes ce jour-là, il se fait laid, lui, parce que c'est encore bon genre de se montrer aussi sale que possible le dimanche.

Mais qu'importe à toutes ces classes qui vont s'amuser, se promener, se récréer le dimanche, que ce monsieur se fasse sale et veuille s'ennuyer ce jour-là!... Laissons chacun suivre son goût, ses penchants, et faisons ce qui nous plaît, sans nous inquiéter de ce que font les autres. Cette maxime, qui est la bonne, est assez celle que l'on suit à Paris.

Et le dimanche rend encore heureux une grande portion des habitants de la grande ville.

L'employé d'abord, ce respectable commis de bureau, qui n'a que ce jour-là par semaine pour être libre de faire sa volonté depuis le matin jusqu'au soir... et encore lorsqu'il est marié il n'est pas bien certain qu'il soit son maître, même le dimanche. Mais il n'est point obligé d'aller à son bureau, il peut se lever tard, se dorloter dans son lit, il peut se permettre de flâner, de garder ses

pantoufles et sa robe de chambre une partie de la journée; il peut prendre l'air à sa fenêtre, arroser ses pots de fleurs et lorgner ses voisines; enfin il peut se dire :

— Que vais-je faire aujourd'hui pour m'amuser? De quel côté porterai-je mes pas?

Et souvent il passe sa journée à chercher ce qu'il fera; la journée s'écoule, et il n'a rien fait que des projets, des châteaux en Espagne; mais dans cette douce rêverie il a été heureux, et dans toutes les positions de la vie, c'est le point principal...

Rousseau n'a-t-il pas dit : Il faut être heureux!.. c'est le premier besoin de l'homme!

Enfin, si le commis de bureau est parvenu à savoir comment il veut employer son dimanche, voyez-le s'habiller avec soin, avec coquetterie même, passer plusieurs minutes devant sa glace pour arranger le nœud de sa cravate, se tourner vers sa femme et lui dire :

— Suis-je bien comme cela?

Sa femme, que cette coquetterie hebdomadaire semble inquiéter, lui répond brusquement :

— Vous êtes toujours assez bien!

L'employé, qui n'est pas très persuadé de cela, va de nouveau se mirer. Lorsque sa toilette est terminée, il se pose devant son épouse en lui disant :

— Es-tu prête?

Mais madame est rarement prête en même temps que monsieur; quelquefois elle n'est pas disposée à sortir, elle regarde le temps et dit : « J'ai dans l'idée qu'il va pleuvoir. »

Le commis, qui est bien décidé à ne point passer son dimanche chez lui, va prendre son parapluie et le met sous son bras en s'écriant :

— Maintenant qu'il pleuve, qu'il vente, qu'il tonne!... cela m'est égal, avec cela je brave tout!... Une fois, deux fois, tu ne veux pas sortir ?

— Non, nous dînons chez mon oncle aujourd'hui, c'est encore loin; je ne veux pas me fatiguer d'avance.

— Comme tu voudras, moi, je vais me promener.

Et notre homme sort fièrement, son parapluie à la main, en se disant : Si j'écoutais ma femme, je passerais tous mes dimanches à lui découper du feston ou à tâcher d'apprendre à chanter à son serin; merci!... j'en ai assez. On n'a qu'un jour sur sept pour s'amuser, je ne veux pas le consacrer au serin de mon épouse.

Et notre commis se lance dans la rue, il marche en se dandinant, en regardant les dames d'un air très badin, en frédonnant un refrain de vaudeville, et quelquefois en se disant encore :

— Nous dînons chez mon oncle!... ce n'est déjà pas si récréatif! Tous les dimanches dîner chez mon oncle qui a la goutte, avec la vieille cousine qui est sourde, et puis faire leur boston depuis sept heures jusqu'à dix... J'en ai une indigestion de boston!... j'aime bien mieux le matin de mon dimanche que le soir.

Et notre homme qui a marché en pensant à tout cela, se trouve au bout d'une demi-heure, devinez où?... devant la porte de son bureau, dont il a pris le chemin sans s'en apercevoir, tant est grande la force de l'habitude.

Alors il s'arrête, reconnaît où il est, se met à rire en se disant :

— Par exemple, en voilà une bêtise!... venir à mon bureau le dimanche!... ce que c'est que d'être préoccupé.

Le commis s'éloigne bien vite de cet endroit où il est obligé d'aller tous les jours. Il ne sait pas bien au juste où il veut aller, mais il sait très bien que ce n'est pas là. Il parcourt Paris comme un étranger, il va quelquefois de la barrière de l'Étoile à celle de Bercy; enfin, après avoir fait au moins quatre lieues dans sa journée, il rentre chez lui harassé de fatigue, et dit à sa femme :

— Je m'en suis donné!... je puis dire que j'ai fait du chemin... les jambes me rentrent dans le corps... mais au moins je me suis promené... J'ai été aux quatre coins de Paris.

— Quelle folie de se fatiguer ainsi, dit madame.

— Qu'est-ce que cela te fait, si c'est mon plaisir à moi... Je n'ai que le dimanche pour me promener... je veux l'employer. — Allons chez mon oncle. — C'est juste... ce n'est pas le plus amusant.

Le lendemain, l'employé a souvent mal aux reins ou une courbature, mais cela ne l'empêche pas d'être très content de l'emploi de son dimanche.

Les gens de commerce, qui veulent bien le dimanche se décider à fermer leur boutique, ce qu'ils ne font quelquefois que sur les deux heures de l'après-midi, affectionnent ordinairement la promenade des Tuileries.

Madame a un cachemire français, des boucles d'oreilles en diamants, des plumes sur son chapeau; si elle osait, elle y mettrait encore des fleurs, des rubans, des dentelles, un voile et des marabouts. Sa robe est d'une étoffe fort chère, que l'on n'a pas épargnée.

Monsieur a un habit neuf, un pantalon neuf, un chapeau neuf; il n'y a que sa figure qui ne soit pas neuve, mais elle est radieuse, et lorsqu'il porte les yeux sur sa moitié, il a toujours l'air de lui dire :

— Tu peux te flatter que nous ne rencontrerons pas une femme mieux que toi.

Le petit garçon a un matelot neuf dans lequel il est horriblement gêné, mais le tailleur a dit qu'il allait très bien, et on a de préférence écouté le tailleur; c'est pour cela que le petit garçon fait la moue en marchant avec beaucoup de peine, et comme s'il s'était oublié dans son pantalon.

La famille se rend aux Tuileries, en marchant posément, en se carrant, en ayant l'air de dire à tous ceux qui passent :

— Faites donc attention à notre toilette.

Arrivée dans le grand jardin où le dimanche il y a foule, les uns allant pour se faire voir, les autres pour regarder, la famille après s'être promenée long-temps, au grand déplaisir du petit garçon, qui est considérablement gêné dans ses entournures, se décide enfin à s'asseoir sur des chaises dans la grande allée.

Elle reste assise quelquefois pendant plus de deux heures, et dans cet espace de temps le mari et la femme échangent tout au plus cinq ou six paroles. Quant au petit garçon, on lui a acheté un pain d'épice, mais on lui a défendu de le manger.

L'heure du dîner approchant, cette famille quitte les chaises et se remet majestueusement en marche, bien satisfaite d'avoir passé près de trois heures aux Tuileries à regarder passer le monde, en gobant la poussière sous des ombrages qui ne sont pas frais du tout.

Chez l'artisan on s'amuse d'une autre manière : pour se délasser de ses travaux journaliers, un ébéniste, un doreur, un tourneur, enfin un homme qui travaille toute la semaine depuis sept heures du matin jusqu'à huit du soir, aura quelquefois l'idée de mettre chez lui du papier frais, ou de repeindre son plafond, ou de mettre son carreau en couleur.

Tous les ouvriers n'emploient pas leur temps de même. Il en est beaucoup à Paris qui travaillent encore une partie de la journée du dimanche, mais auxquels, pour tout l'or du monde, vous ne feriez pas faire une demi-heure de travail le lundi. Le lendemain du dimanche est devenu un jour de fête, de repos pour tous les ouvriers de Paris. Cependant, tout en faisant le lundi, il en est bien peu qui ne fassent point aussi le dimanche.

C'est dans les cabarets, dans les guinguettes qui avoisinent les barrières que l'ouvrier va passer son dimanche, lorsqu'il n'a pas eu la fantaisie de prendre l'air de la campagne et d'aller manger un lapin à Belleville, ou un morceau de veau à Vaugirard.

L'ouvrier qui fait bon ménage et qui n'a point de mauvaises connaissances, emmène avec lui sa femme et ses enfants... quand il en a; mais les ouvriers ont presque toujours des enfants. Toute cette famille s'endimanche autant que ses moyens le lui permettent; souvent un petit fichu en madras et un tablier neuf sont tout ce que la femme a pu ajouter à son costume de la semaine; le mari a du linge blanc, et ce jour-là il met une cravate; ses enfants ont des bas et des souliers, ce qui ne leur arrive pas tous les jours. Mais tous ces gens-là sont heureux, la joie est peinte sur leur visage; le mari chante, la femme se tortille en sautillant, les enfants courent devant et derrière. Ils vont s'amuser, ils vont faire leur dimanche, ils vont dîner à la guinguette.

Quelquefois, animée par le vin à douze, par la danse de la guinguette, par les tableaux joyeux qui l'environnent, la famille de l'ouvrier dépense dans sa journée du dimanche ce qui aurait pu la nourrir toute la semaine; alors, le plus grand chagrin du chef de la communauté est de ne pas avoir de quoi faire le lundi. Mais nul sacrifice ne lui coûtera pour fêter ce lendemain du dimanche. On met quelques effets en gage, et le lundi on retourne à la guinguette. Le reste de la semaine on fera comme on pourra... on mangera du pain sec; on n'en aura pas toujours à discrétion!... mais on se sera amusé dimanche et lundi, c'est le principal.

Et la grisette dont nous ne parlions pas!... si elle pense à son amant durant toute la semaine, le dimanche elle le passe ordinairement avec lui. Un jeune homme qui à Paris délaisse sa maîtresse le dimanche risque beaucoup de ne plus la retrouver libre le lundi. Ce jour-là ces demoiselles veulent absolument s'amuser, et il y a tant d'occasions, tant de moyens!

Paris fourmille de bals, de spectacles, de traiteurs, de guinguettes, de promenades, et surtout de jeunes gens qui le dimanche sont à la recherche d'une bonne fortune.

Le plus grand plaisir que vous puissiez faire le dimanche à votre petite connaissance, c'est d'abord de la promener, car elle se sera faite belle, et c'est pour être vue; ensuite ce sera de la mener dîner chez un traiteur, puis enfin de terminer la journée en la menant au spectacle. C'est là ce qu'on appelle un dimanche complet.

Et pourtant ce jour-là les traiteurs ayant la foule, on y dîne mal, et on n'est pas bien servi; les spectacles, étant sûrs d'une forte recette, ne donnent pas leurs meilleures pièces, et l'on a beaucoup de peine à être bien placé.

Mais on veut y aller, parce que... c'est dimanche. On veut s'amuser, parce que... c'est dimanche!... Il y a une foule de choses que l'on croit devoir faire, parce que... c'est dimanche.

LES MARCHANDS DE CHEVEUX.

Maintenant que l'on fait commerce de tout à Paris, on ne s'intitule plus perruquier ni coiffeur, mais on est *Marchand de cheveux*, on fait le commerce de toupets, de coups de peigne, d'anglaises, de nattes, de coiffures, de perruques; enfin on vous vend des cheveux, et même lorsque vous en avez de beaux, on vous achète les vôtres.

Les cheveux se vendent très bien à Paris, parce que fort peu de personnes en ont de beaux, et que l'on supplée par l'art à ce que la nature nous a refusé.

Vous qui avez de jolies petites filles de cinq à huit ans, dont les cheveux sont longs, épais et d'une couleur agréable, n'allez pas dans la foule avec votre enfant, croyez-moi, ou prenez bien garde à sa tête: car il arrive souvent qu'après avoir mené à la promenade une petite fille bien coiffée et dont les nattes tombant à la suissesse, faisaient l'admiration des passants, vous rentrez avec un enfant qui est à la Titus, les cheveux coupés fort près de la tête. Un adroit filou avait admiré les belles nattes blondes ou brunes de votre petite fille, et moyennant quelques coups de ciseaux exécutés avec infiniment d'adresse et de légèreté, il avait enlevé les nattes sans que l'enfant ni vous en ayez eu le moindre soupçon.

Revenons aux marchands de cheveux.

Ce doit être un excellent état à Paris que celui de coiffeur, car on ne peut jamais avoir ces messieurs : ils sont demandés, pris, retenus, promis dans vingt endroits à la fois; on se les *arrache,* il n'y a personne qui soit plus désiré qu'un coiffeur, et celui qui a de la réputation est un artiste, un véritable artiste dont le talent se paie au poids de l'or et qui ne daigne pas coiffer tout le monde.

Il y a le coiffeur aristocrate qui ne compromettrait pas son peigne sur la tête d'une épicière ou d'une petite bourgeoise; en vain lui dirait-on :

— On vous paiera ce que vous voudrez.

L'artiste en cheveux qui ne frise, ne crêpe, ne retape que des duchesses, des marquises, des comtesses, sourit dédaigneusement et répond :

— Je ne coiffe pas ces gens-là!... quand on a journellement entre ses mains les têtes les plus nobles de Paris, on ne peut pas accommoder une épicière... on me donnerait un million que je ne mettrais pas mes fers au feu pour elle.

Nous avons ensuite le coiffeur dramatique, qui ne coiffe que les artistes : le soir il est employé dans deux ou trois théâtres; il sait toutes les nouvelles et intrigues de coulisses; il connaît l'amant de mademoiselle B... et le protecteur de mademoiselle G... il sait pourquoi cette jolie danseuse de l'Opéra n'a pas voulu jouer dans le dernier ballet, et quelle est la personne qui a donné un manchon à sa mère. Le coiffeur dramatique a toujours quelque anecdote à raconter; il est fort amusant pour les personnes qui ne sont pas pressées, car si vous le faites causer, il sera quelquefois deux heures à vous coiffer.

C'est lui qui dit, avec la meilleure foi du monde :

— Sans moi, le dernier opéra tombait à plat... ou il tombait complètement.

— Comment donc cela?

— Eh mais, le premier acte n'avait pas été fort bien reçu; le second commençait assez mal, lorsqu'a paru la jeune première coiffée par moi... Oh! à son entrée, il y a eu un tonnerre d'applaudissements... elle était si bien coiffée!... la salle en a été électrisée ; on a oublié les invraisemblances de la pièce pour admirer la coiffure de la belle actrice... dès lors le public s'est senti sous le charme. Comment voulez-vous que l'on siffle quand on voit des cheveux aussi parfaitement lissés!... l'ouvrage s'est relevé, mais je crois que je puis, sans vanité, m'attribuer la plus grande part du succès.

A Paris les marchands de cheveux ont des boutiques très élégantes. Ils mettent maintenant en montre des bustes de cire imitant de fort jolies femmes, lesquelles sont très décolletées et font voir, outre leur coiffure, une infinité d'autres choses devant lesquelles les amateurs, les passants s'arrêtent, et sont en admiration. Un ressort fait continuellement tourner cette femme en cire sur elle-même, ce qui vous procure l'avantage de pouvoir l'examiner sous toutes ses faces; et de voir si sa coiffure fait aussi bien par-derrière que par-devant.

Mais la boutique n'est que le péristyle du temple ; montez au premier et vous trouverez des salons meublés avec luxe, avec goût; de tous côtés des glaces immenses qui vous permettent de vous voir et de vous admirer, si cela vous fait plaisir. Puis, autour de la pièce, des divans bien moelleux, puis des tapis, et sur une table des journaux, des brochures, des caricatures, des romans, de la musique même. Le salon d'un marchand de cheveux est presque aussi confortable que celui d'un dentiste, et il est toujours beaucoup plus gai.

Vous êtes monté chez un coiffeur, avec un de vos amis qui veut se faire *bichonner* pour aller dîner en ville. Comme vous ne possédez plus qu'une fort petite quantité de cheveux, vous ne pensez pas à imiter votre ami, et vous allez vous jeter sur un divan où vous vous disposez à lire un journal, lorsque le coiffeur s'approche de vous, et vous dit avec un sourire charmant.

— Est-ce que monsieur ne se fait pas coiffer?

— Moi! et comment voulez-vous que je me fasse coiffer?... je n'ai plus de cheveux.

— Oh! pardonnez-moi, monsieur, vous en avez!

— Oui, quatorze ou quinze environ.

— Oh! je vous réponds, monsieur, que vous en avez plus que vous ne pensez... D'ailleurs, nous avons une manière d'arranger cela; je vous certifie qu'on peut vous coiffer fort bien. Si monsieur veut me confier sa tête, il n'en sera pas fâché; je lui ferai une raie, et je le boucler ai dans le dernier genre.

Vous êtes curieux de savoir comment on s'y prendra pour vous coiffer et vous boucler, lorsque vous êtes à peu près chauve, et vous abandonnez votre tête à l'artiste qui doit y opérer des prodiges.

Le coiffeur vous fait asseoir dans un excellent fauteuil, vous met un peignoir bien blanc, puis travaille sur votre tête; il vous crêpe avec une espèce de fureur; on dirait qu'il espère parvenir à faire mousser vos cheveux, comme s'il battait des blancs d'œufs. Il en fait passer huit sur votre oreille gauche, six sur la droite; il pommade, il frise, il roule, il passe tout cela au fer. Enfin le prodige est terminé... Vous êtes coiffé.

Vous courez vous regarder devant une glace; vous êtes fort curieux de vous voir... Vous n'apercevez sur votre tête qu'une espèce de petit crêpé qui n'a pas l'air de tenir à votre nuque; vous vous trouvez horrible; vous étiez infiniment mieux avant de vous faire coiffer, mais l'artiste vous crie aux oreilles :

— J'espère que monsieur est satisfait et qu'il me donnera sa pratique.

Il y a ensuite, à Paris, le coiffeur profondément amoureux de son état, qu'il regarde comme un des premiers de tous; cet artiste est persuadé que tout se rapporte aux cheveux et que ce sont eux qui ont fait les révolutions et détruit les empires.

Lorsque, devant lui, vous parlez de *Napoléon*, il s'écriera :

— Ah! s'il n'avait pas proscrit les queues, il régnerait encore.

Si vous vous plaignez de la stagnation du commerce, il dira :

— Comment voulez-vous que les affaires marchent bien?.. les trois quarts des hommes ne sont pas coiffés!

Si vous parlez du cours de la rente, il murmurera :

— La rente doit nécessairement monter... les pommades regorgent, on ne sait plus qu'en faire... On ne sait plus où placer son argent... on achète!

Enfin, si vous laissez échapper quelques mots qui annoncent que vous avez à vous plaindre de la fidélité de votre maîtresse, le coiffeur s'écriera encore :

— Eh! monsieur!... comment voulez-vous que les femmes soient fidèles... Elles ne portent plus de poudre... et elles ont leurs cheveux lisses... Comme cela les coiffures peuvent soutenir des assauts!... sans que cela paraisse.

Les coiffeurs de Paris se croient donc des hommes indispensables; la plupart des petites maîtresses sont du même avis. Les dames tiennent à être bien coiffées et à ce que leurs maris le soient également.

MAGASINS DE NOUVEAUTÉS.

Ils ont, à Paris, une prépondérance, une étendue et un faste qui semblent vouloir écraser toutes les autres industries.

Autrefois on trouvait des boutiques qui tenaient de la nouveauté; ensuite sont venus les magasins; mais aujourd'hui, à Paris, ces magasins sont devenus des bazars immenses; quand vous entrez là-dedans, c'est presqu'une ville que vous avez à parcourir.

Au rez-de-chaussée des salles spacieuses, décorées avec luxe, avec élégance; des comptoirs dans le goût de la renaissance, des glaces partout; un parquet mis en couleur, ciré, frotté, et des tapis étendus sur les chemins que vous devez parcourir. Vous croyez vous tromper; vous vous imaginez être dans une galerie de Versailles, et vous n'oseriez plus entrer dans ce palais pour y acheter un gilet de flanelle ou de quoi vous faire une camisole, si vous n'aperceviez un monde de commis, d'employés, allant, venant, pliant, dépliant, mesurant, empilant des étoffes, des châles, des écharpes, des robes, des foulards, des fichus, des cravates! et une foule de gens de toutes les classes, regardant, admirant, et achetant de tout cela.

Si vous vous décidez à entrer dans une de ces grandes maisons qui dédaignent les montres et tout ce qui se voit du dehors, qui laissent le charlatanisme des étalages aux établissements du second ordre (dans les magasins de la *Ville de Paris* par exemple), un monsieur en habit noir, aux manières distinguées et polies, vient sur-le-champ à vous et s'informe de ce que vous désirez.

— Une robe de mousseline.

Aussitôt ce beau monsieur s'incline, vous fait signe de le suivre et marche devant vous. Il vous fait traverser une foule de salles : il y a le quartier de la laine, celui de la soie, celui des étoffes de fantaisie, celui des mérinos, celui des châles français, celui des cachemires, etc., etc. Quand je vous disais que c'était une ville à parcourir. Enfin vous arrivez à la mousseline.

Votre conducteur s'incline encore et s'éloigne; vous vous trouvez alors vis-à-vis de jeunes gens fort élégants, qui ont de très bonnes manières, qui s'expriment avec recherche et qui vous rappellent les habitués des Bouffes et du foyer de l'Opéra.

Ces messieurs vous font voir les marchandises que vous désirez, en y mettant une grâce, une complaisance qui vous charment, et trouvant souvent moyen, tout en vantant la finesse d'un tissu, la beauté d'une étoffe, de glisser un mot flatteur pour la personne qui vient acheter.

Vous êtes éblouie par la splendeur, la richesse des magasins; captivée par ce qu'on vous montre, charmée de la politesse, de la galanterie des commis, vous vous laissez séduire, étourdir. Vous aviez l'intention de ne dépenser que deux cents francs, et vous achetez pour mille francs. Vous vous écriez :

— Mon Dieu! mais je n'aurai pas assez d'argent sur moi!

On vous répond bien vite :

— Cela ne fait rien, madame!... Que ceci ne vous arrête pas... Choisissez tout ce qui vous sera agréable... Emportez-le, ou on le portera chez vous; ce sera comme vous le désirerez?

Comment résister à un langage si poli, à tant de confiance, d'urbanité : vous achetez encore, et vous donnez votre adresse; on portera toutes vos emplètes à votre domicile... Vous partez enfin; les commis vous font les honneurs de leur quartier; ils vous offrent de vous faire reconduire jusqu'à la porte, mais vous refusez; vous êtes persuadée que vous trouverez votre chemin. Quelquefois cependant vous vous égarez dans la soierie, vous vous perdez dans les cachemires, vous ne vous retrouvez plus dans les batistes; mais il y a toujours là des commis officieux, galants qui vous offrent la main et qui vous ramènent jusqu'à la porte d'entrée du magasin.

Il faut dire cependant que ces grandes maisons de nouveautés tenues sur un ton royal ne reçoivent en général que les gens riches, les petites maîtresses, les actrices sur le pinacle ou du moins celles qui font beaucoup de dépenses, puis l'aristocratie du commerce, qui ne veut porter que ce qui vient de là, qui ne trouve beau que ce qui a été acheté là.

Les magasins de nouveautés à étalage sont plus gais, moins cérémonieux, et quoiqu'ils aient aussi presque tous, outre leur rez-de-chaussée, de vastes salles à l'entresol ou au premier, la grisette, la petite bourgeoisie et souvent même la femme de la campagne ne craignent pas de s'y aventurer; on y rencontre un peu de toutes les classes de la société, et l'on peut y observer des scènes variées et piquantes.

A la porte, devant les étalages, voyez déjà cette foule arrêtée! des femmes, presque toujours des femmes, de jolies, de laides, de jeunes, de vieilles, pour qui la toilette est un si grand bonheur! Remarquez comme toutes ces figures s'épanouissent en admirant ces châles déployés avec art, ces robes en pièces artistement croisées les unes sur les autres, et écoutez un moment :

— Cette robe bleue est jolie!...

— J'aimerais mieux la rouge au-dessus... le rouge me va si bien.

— Oh! dis donc, Adélaïde, si j'avais un fichu comme ça pour le jour de ta noce avec François... comme je serais cossue!...

— Ah! quel amour de châle!...

— Oui, le dessin en est charmant!

— C'est un cachemire français... il y a bien long-temps que j'ai envie d'en avoir un...

Cette dame soupire. Il y a beaucoup de dames qui soupirent devant les magasins de nouveautés, et Dieu sait alors quelles idées leur passent par la tête. Ces étalages sont si séduisants, si tentateurs!... la vertu est bien exposée quand elle s'arrête pour contempler tout cela. Il y a des maris si économes, si ladres, si avares même!... Et puis on rencontre ensuite dans le monde des monstres d'hommes qui, en vous faisant la cour, se permettent de vous offrir tout ce que vous admiriez là en soupirant ; ce qui est d'autant plus perfide qu'ils savent bien que vous en avez envie et que votre mari ne vous le donnera pas.

Entrons dans le magasin : voilà une vieille dame riche qui vient acheter une robe de toile à vingt-neuf sous, et qui, de peur d'être trompée, a amené avec elle sa couturière, sa sœur et sa nièce. Elle se fera montrer trente robes avant de se décider pour une ; il n'y a rien de plus difficile pour leur toilette que les femmes qui ne sont plus jeunes et qui n'ont jamais été jolies.

Voilà une petite femme gentille avec un jeune homme ; ce sont de nouveaux mariés ; ils ne veulent rien acheter l'un sans l'autre. Le mari veut un gilet, la femme a besoin d'une robe. On montre des gilets au mari, qui dit à sa femme :

— Dis-moi quel est celui qui te plaît le plus dans tout cela.

— Mais, mon ami, choisis, puisque c'est pour toi.

— Oh ! c'est égal, je veux qu'il soit à ton goût... d'ailleurs j'aime toujours ce qui te plaît.

— Et toi, mon ami, regarde dans toutes ces robes, laquelle me conseilles-tu de prendre ?

— Moi... je ne m'y connais pas.

— Si, si, je veux que tu choisisses... je prendrai celle qui te semblera plus jolie.

Après de longs débats, le mari choisit la robe de sa femme ; la femme choisit le gilet de son mari. Résumé : la femme aurait désiré une robe verte, son mari la lui a choisie grise ; le mari aurait voulu un gilet à raies, sa femme lui en a pris un à bouquets. Ils se pincent les lèvres pour avoir l'air content, et ils sont très vexés en emportant leurs emplètes.

Voilà une grande femme qui parle très haut, qui s'agite beaucoup, ce doit être une couturière; elle s'adresse à chaque commis, elle tient à la main un petit morceau d'étoffe qu'elle veut *rassortir* (ces dames ne disent jamais assortir); elle se fait montrer vingt pièces d'étoffes différentes; elle s'écrie :

— C'est cela... ah!... non... non... ce n'est pas cela... ceci est plus foncé.

Après avoir pendant trois quarts d'heure mis à l'épreuve la patience des commis, quand cette dame croit avoir trouvé ce qu'il lui faut, elle s'en fait mesurer... vingt centimètres!

Voilà deux grisettes qui veulent du mérinos pour se faire des spencers, et qui ne peuvent pas parvenir à se décider pour la couleur. Le commis épuise son vocabulaire commercial pour placer l'étoffe dont il lui reste le plus.

— Prenez ceci, mademoiselle, vous en serez bien satisfaite, c'est très avantageux, vous viendrez m'en remercier. C'est une couleur que l'on porte toujours.

Plus loin une jeune ouvrière examine un châle bien simple, bien modeste, dont elle veut faire cadeau à sa mère; pour cela elle a mis de côté depuis un an sur son travail de chaque jour; elle n'a pu amasser une grosse somme, mais enfin sa mère aura pour le jour de sa fête un châle dont elle a grand besoin.

Un gros monsieur entre dans le magasin avec une dame d'une tournure fort décente, pendue à son bras. A la mine peu aimable de ce monsieur, à la manière dont il fronce les sourcils en entrant dans la boutique, vous devez voir sur-le-champ que c'est un mari qui vient faire des emplètes pour sa femme.

Voyez : ils s'approchent d'un comptoir; le mari quitte le bras de sa femme et se jette sur une chaise, en disant :

— Allons, choisis ce qu'il te faut... puisque tu as toujours besoin de quelque chose... Ah! Dieu! quelle ruine que les femmes... les garçons sont bien heureux!... ils n'ont pas toutes vos toilettes à payer!...

— Ah! oui, je te conseille de te plaindre! avec ça que je dépense beaucoup pour ma toilette...

— Mais bien assez, il me semble...

— Voilà une robe que je porte depuis trois ans.

— Eh! bien... quand il y en aurait dix, du moment qu'elle a encore l'air d'être neuve, est-ce qu'il faut la jeter... Voyons, finissons-en.

La dame se fait montrer des étoffes. Quand elle voit quelque chose de joli, elle le montre à son mari, qui demande le prix, puis fait la grimace en murmurant :

— C'est trop cher... Je t'ai dit ce que je voulais dépenser... je n'irai pas au delà.

— Mais, mon ami, songez donc que c'est une robe pour m'habiller qu'il me faut... et pour quelque chose de plus, quand on peut avoir une étoffe qui vous fait plus d'honneur!...

— Ma chère amie... je n'entends pas tout cela! il faut de l'économie, choisissez une robe à meilleur marché.

L'épouse fait tout ce qu'elle peut pour fléchir son mari; ce monsieur se renferme dans les mots d'ordre et d'économie.

Mais en ce moment une dame jolie, élégante, à la tournure dégagée et un peu évaporée, entre dans le magasin; elle demande à voir les étoffes les plus nouvelles, les plus à la mode, puis, tout en examinant ce qu'on lui apporte, elle a lancé un regard au gros monsieur, et celui-ci y a répondu : il y a des intelligences entre ces deux personnages, et pendant que l'épouse du monsieur va regarder une étoffe de fantaisie étalée près de la porte, la dame se rapproche du mari et lui dit tout bas :

— J'ai besoin aussi de mouchoirs... et de batiste d'Écosse... et de satin pour pelisse et de crêpe pour robe... et de foulards...

Et le gros monsieur lui répond également tout bas :

— Prends ce que tu voudras... tout ce que tu voudras... ne te gêne pas... tu enverras recevoir la facture à mon bureau.

Puis ce monsieur a repris sa mine refrognée en retournant voir ce que sa femme achète, tandis qu'un peu plus loin sa maîtresse se fait couper les étoffes les plus rares, se passe toutes ses fantaisies, et dit en riant à l'oreille du commis :

— C'est ce gros monsieur là bas qui paiera.

Le commis regarde de côté le monsieur qu'on lui désigne, et répond à demi voix :

— Mais il me semble que ce n'était pas cette personne-là qui payait vos factures il y a trois semaines... quand vous êtes venue ici acheter des robes de bal et des étoffes pour un travestissement?

— Il y a trois semaines... Ah! c'est possible... Est-ce que vous croyez, mon cher ami, que je me suis condamnée aux travaux forcés à perpétuité avec ce gros balourd!... Ah! par exemple, ce serait un peu trop fastidieux. Il y a trois semaines que j'ai quelques bontés pour lui; mais lui être fidèle! oh! bien!... il y aurait de quoi attraper la jaunisse.

Et la femme entretenue, enchantée d'avoir satisfait ses fantaisies, s'éloigne en faisant des yeux très tendres... aux commis du magasin : le gros monsieur s'en va fort content parce qu'il a obligé sa femme à prendre un mètre de moins pour chacune de ses robes, en lui disant qu'elle les porte toujours trop amples. Quelle que soit la satisfaction de tous ces gens-là, elle n'approchera pas du bonheur de la jeune ouvrière, qui vient avec le fruit de ses économies d'acheter un modeste châle pour sa mère.

LA BARBE ET LES MOUSTACHES.

Puisque la barbe est revenue à la mode en France, et surtout à Paris, parlons de la barbe.

Puisque la plupart de nos jeunes gens, de nos hommes faits et même de nos hommes mûrs portent des moustaches, sans être militaires, parlons aussi des moustaches.

Autrefois les Français ne laissaient croître leur barbe que lorsqu'ils étaient revêtus de quelques charges ou dignités.

On touchait la barbe à quelqu'un que l'on voulait adopter; on prenait par la barbe ou les moustaches celui auquel on accordait sa protection.

S'il faut en croire Saint-Foix, il n'était permis qu'aux princes de la famille royale de laisser croître entièrement leur barbe et de la porter aussi longue qu'elle pouvait l'être.

Robert, aïeul de Huges Capet, que *Charles-le-Simple* tua de sa propre main, avait passé au commencement de la bataille sa grande barbe blanche par dessous la visière de son casque pour se faire reconnaître des siens; ce qui prouve qu'on portait une longue barbe sous la seconde race.

Vers la fin du onzième siècle les évêques déclarèrent la guerre aux longues chevelures. Plus tard, Louis VII, voulant donner, au sujet des longs cheveux, l'exemple de la soumission aux mandements des évêques, raccourcit ses cheveux et se fit raser la barbe. Mais Léonore d'Aquitaine, son épouse, princesse qui probablement tenait à ce que son mari se montrât viril, railla Louis VII sur son menton rasé et ses cheveux courts.

Il s'ensuivit que Léonore d'Aquitaine écouta avec plaisir les galanteries du prince d'Antioche, qui sans doute avait une fort belle barbe. Louis VII se repentit d'avoir mené sa femme en Syrie; il aurait dû plutôt se repentir de s'être rasé le menton. Ce sujet si frivole en apparence fut cependant cause de la désunion qui se mit entre les deux époux, si bien qu'ils firent casser leur mariage. Léonore d'Aquitaine épousa peu de temps après Henri, duc de Normandie, comte d'Anjou, qui devint ensuite roi d'Angleterre et à qui elle porta en dot le Poitou et la Guyenne. « De là (dit Saint-
« Foix) vinrent ces guerres qui ravagèrent la France pendant trois
« cents ans; il périt plus de trois millions de Français, parce qu'un
« roi avait raccourci sa chevelure et s'était fait raser la barbe, et
« parce que sa femme l'avait trouvé ridicule avec des cheveux
« courts et un menton rasé. »

La longue barbe revint à la mode sous François Ier. Ce monarque ayant été blessé à la tête, fut obligé de se faire couper les cheveux, et craignant d'avoir l'air d'un moine avec sa tête presque rasée, imagina de porter un chapeau au lieu d'un chaperon et de laisser croître sa barbe.

Sous Henri II, François II, Charles IX, et Henri III, la longue barbe continua d'être à la mode.

Sous Henri IV (dit Saint-Foix) on diminua la barbe, on ne la portait que de la longueur de trois doigts sous le menton, en éventail, arrondie et accompagnée de deux moustaches longues et raides en forme de barbe de chat. Ensuite on ne retint que ces deux moustaches avec un petit toupet de poil au milieu et tout le long de la lèvre inférieure. Le maréchal de Bassompierre disait que tout le changement qu'il avait trouvé dans le monde, après douze ans de prison, était que les hommes n'avaient plus de barbe et les chevaux plus de queues.

La royale devint la moustache à la mode sous Louis XIV.

Lorsque l'on portait des barbes à *éventail*, on leur donnait cette forme avec des cires préparées et odorantes. On arrangeait sa barbe le soir, et pour qu'elle ne se dérangeât point pendant la nuit, on l'enfermait dans une espèce de bourse faite exprès, et que l'on appelait *bigotelle*.

De notre temps nous avons des hommes qui en font autant pour leur *barbe*, leurs *moustaches* et même leurs *favoris*.

Sous Louis XV et Louis XVI la barbe fut abandonnée. Sous la république et l'empire les militaires seuls portaient des moustaches. A cette époque on aurait trouvé fort ridicule un homme qui sans appartenir à l'armée se fût permis de laisser croître ses moustaches, et parmi les militaires même, cette mode n'était point généralement adoptée : la plupart de ces généraux qui vainquirent à Lodi, à Arcole, à Castiglione, à Austerlitz, à Wagram, etc., etc., ne portaient point de moustaches, ils pensaient sans doute qu'ils n'avaient pas besoin de cela pour faire reculer l'ennemi.

Sous la restauration on commença à voir des moustaches paraître parmi les bourgeois qui faisaient partie de la garde nationale ; mais c'est surtout de la révolution de mil huit cent trente que date le retour de la barbe.

Cette mode a gagné toutes les classes de la société : les ouvriers, les artisans sont grands amateurs de longues barbes ; il en est qui joignent à cela de longs cheveux plats retombant sur leurs épaules. Avec une blouse et une casquette cette coiffure produit un singulier effet.

Nous concevons que chacun se coiffe à sa fantaisie. Portez de la barbe et des moustaches, messieurs, si tel est votre bon plaisir; mais il nous semble qu'il faudrait établir un peu d'harmonie entre sa coiffure et le restant de son costume.

La moustache et la royale devaient faire très bien sur un cavalier habillé comme au temps de Louis XIII; la barbe devait encore figurer gracieusement sur une tête surmontée d'une toque ou d'un chapeau à plumes retroussé par-devant. Mais nos malheureux chapeaux ronds, mais nos casquettes à petites visières, sur une figure à longue barbe et à moustaches, en vérité cela n'est point en harmonie ! Portez des toques, messieurs, portez des chapeaux pointus et à grands bords, puisque vous voulez avoir de la barbe et des moustaches.

Mais à Paris nous doutons que le règne de la barbe et des moustaches se prolonge beaucoup. Cette mode demanderait chez ceux qui la suivent un soin extrême, une excessive propreté. Et l'on rencontre parfois des hommes à longue barbe dont la tenue plus que négligée inspire un éloignement involontaire; on ne voudrait pas se trouver assis contre ces messieurs qui vous rappellent ce moine entretenant dans sa barbe quelque chose de *séraphique*.

Certes, il est fort juste que chacun ait la liberté de se coiffer et de porter ses cheveux suivant son goût; si un jeune ouvrier espère faire plus facilement la conquête de sa maîtresse en portant une barbe de sapeur et des cheveux longs, il est dans son droit en se présentant ainsi devant sa fleuriste ou son enlumineuse; pour plaire maintenant à ces demoiselles, il faut qu'un homme ait quelque ressemblance avec un ours.

Saint-Foix a dit encore avec beaucoup de raison :

« On voit avec surprise, et souvent avec pitié, toutes les que-
« relles, tous les livres, tous les décrets de nos ancêtres sur les
« prétendus abus des cheveux tantôt longs et tantôt courts, des
« cheveux artificiels, des mentons rasés ou non rasés; et le ridicule
« de ces disputes dispose le lecteur à une sage tolérance, vertu
« d'une excellente pratique, lorsqu'il n'est pas question des points
« essentiels au bien de la société. »

Nous ne nous permettrons qu'une réflexion :

Nous ne sommes plus les *Francs* du temps de *Clovis*, ni les *Mignons* de Henri III, et il faut nous en féliciter, car nos mœurs y ont gagné : nous n'avons rien perdu en bravoure, mais nous ne nous servons plus d'une hache d'arme et d'une massue; nous avons joint l'élégance au courage, et remplacé la rusticité des manières par la grâce et la politesse; pourquoi donc vouloir reprendre des modes qui nous feraient rétrograder? Ce qu'il y a de plaisant, c'est que ce sont ces mêmes hommes qui veulent le progrès des lumières que l'on voit avec des mentons de capucins.

La barbe n'est plus ni dans les mœurs, ni dans le costume, ni dans les manières françaises; il est probable qu'elle tombera comme le goût de la pipe et du cigare....

LES DÉBITS DE CONSOLATIONS.

A Paris, on a donné ce nom aux marchands d'eau-de-vie et de liqueurs qui vendent en détail, sur le comptoir, et débitent même pour un sou de leur marchandise aux ouvriers, artisans, gens du peuple, coureurs de nuit, bambocheurs, ivrognes ou tous autres individus qui souvent, sans avoir le plus léger chagrin, éprouvent le besoin d'entrer au débit de consolations.

Ces établissements abondent surtout dans les quartiers populeux, dans les faubourgs, près des halles, des marchés et des barrières. Le débit de consolations du sieur *Paul Niquet*, établi contre la halle, est un des plus fameux de Paris. Chez le débitant de liqueurs, la boutique n'est point parée de frivoles ornements, mais elle est garnie de tous côtés, depuis le haut jusqu'au bas, de tonnes, de barils, de cruchons, de pipes, de bouteilles renfermant des liqueurs de toute espèce et de l'esprit à tous les degrés.

Un comptoir, sur lequel sont des verres et des petits verres de toutes dimensions, des mesures en étain, une veilleuse qui brûle sans cesse au service des fumeurs, et quelques petits pains pour celui qui veut casser une croûte en avalant sa consolation, voilà tout ce qu'il faut dans cette boutique, qui est ordinairement aussi crottée que la rue, parce que les habitués ne s'essuient guère les pieds, et qu'elle a une entrée fort large, ce qui est sans doute calculé pour la commodité des pratiques qui, en sortant, ne trouveraient pas facilement une petite porte.

Si vous aimez les scènes populaires, si vos oreilles ne craignent pas d'être blessées par des conversations assaisonnées d'expressions un peu énergiques, entrez un moment dans un débit de consolations.

Le matin, les ouvriers ou les flâneurs viennent s'y *commencer*, s'y mettre en train : dans la journée, il y en a qui reviennent pour se redonner du cœur à l'ouvrage avec un petit verre de *riquiqui* ou du *sacré-chien* tout pur. Le soir, ceux qui ont été se griser un peu au cabaret, viennent s'achever au débit de consolations, qui, de cette façon, a du monde toute la journée. Il y a des débits où on lit le journal et où l'on parle politique. Il est quelquefois fort curieux d'entendre un chiffonnier à demi soûl vouloir fonder un nouveau gouvernement, et un charretier ivre-mort prétendre que tant qu'il y aura des impôts il n'y aura pas de consommateurs.

Les pratiques ne sont pas élégantes ; en revanche elles sont fort peu polies, et quand on ne les sert pas bien, elles ne se gênent pas pour exprimer leur mécontentement.

C'est un homme en veste de toile, pantalon pareil, casquette sur le côté, des souliers ferrés et point de bas, figure bourgeonnée et noircie par l'usage immodéré du vin et du tabac, qui entre en faisant une grimace annonçant qu'il a de l'humeur et s'écrie :

— Allons, un verre de raide... du plus rattissant que vous aurez ; j'ai besoin de me remonter la boussole?

— Quoique que t'as donc, vieux? dit un petit homme à la figure ratatinée et rougeâtre comme une pomme de fenouillet, qui a une vieille redingote toute rapiécée, porte sur son chef un bonnet de coton qui descend presque sur ses yeux, et tient dans sa main gauche un vieux balai de bouleau sur lequel il s'appuie avec complaisance.

— Ce que j'ai... Je vas aller battre ma femme, v'là tout... et je tiens à me donner de la vigueur pour ne pas y aller de main-morte.

— Quoi qu'elle a donc fait ta femme pour que tu veuilles l'houspiller dès le matin?

— Ce qu'elle a fait!... Est-ce qu'elle n'a pas eu la petitesse de prendre, sur l'argent que j'ai touché hier, de quoi acheter des chemises et des bas au petit!... En v'là une hardiesse que je ne peux pas tolérer... Moi qui comptais sur cet argent-là pour me régaler avec les amis!... Hom! les femmes, ça n'a pas deux liards de sentiments pour les maris... Veux-tu boire la goutte avec moi?

— Ça va... Toujours prêt pour tenir compagnie à un ami... A ta santé, vieux.

— A la tienne... Eh! hope!... gare là-dessous!... Si tu aimes la société, tu y trouveras du monde!...

En disant ces mots, l'homme en veste avale, ou plutôt se jette son petit verre d'eau-de-vie dans le gosier.

Un vétéran, qui vient d'entrer dans la boutique, en fait autant avec un petit verre de kirch, en disant:

— Si celui-ci passe capitaine par rang d'ancienneté, il a le temps d'attendre.

— Une tournée, reprend le particulier qui veut aller battre sa femme, ça me donnera encore plus de nerf.

— Volontiers, dit le petit homme au balai.

— En êtes-vous, vétéran? c'est moi qui régale.

— Je ne refuse jamais une politesse, répond le vieux soldat;

mais il me semble que votre femme ne mérite pas d'être battue pour avoir acheté des chemises et des bas à son petit.

— Laissez donc !... c'est du *lusque* tout ça !... Est-ce qu'un enfant qui a une blouse en toile a encore besoin d'une chemise ?... Est-ce qu'on ne peut pas se passer de bas ?... J'en porte pas, moi... et j'ai des molets tout de même. Elle a fait ça pour me contrarier, pas autre chose... Je viens de l'apprendre du petit, pendant qu'elle était sortie... A c't'heure en rentrant je vas la corriger... c'est mon devoir. A vot' santé, grognard ; à la tienne, l'ancien... Une, deux... serrez les rangs !... V'là comme ça se joue. Au revoir les amis.

L'individu en veste est parti. Le petit homme qui a un balai à sa main est propriétaire d'une méchante boutique de bric-à-brac qui est à quelques pas, et qu'il laisse sous la garde d'une petite fille de huit à neuf ans. Il sort dès le matin avec son balai, sous prétexte de balayer le devant de sa porte, mais il pousse jusqu'au débit de consolations, où il passe souvent une partie de la journée, tout en disant à chaque instant :

« Je vas aller balayer le devant de ma porte. » Ce qu'il ne fait pas une fois dans le mois.

— Je trouve qu'il a tort de vouloir battre sa femme, dit le vétéran au vieux marchand de bric-à-brac.

— Bah ! bah ! répond le petit homme en secouant la tête d'un air goguenard, si c'est son idée !... qu'il se satisfasse. Faut jamais s'entremêler dans les querelles de ménage... entre l'arbre et l'écorce... vous savez le proverbe... Vétéran, est-il bon le kirch, ici ?

— Il est chenu ! c'est de la Forêt-Noire toute pure.

— Ah !... alors... je... j'en prendrai un de ces jours.

Le vétéran, qui croyait que le petit homme allait lui en offrir, quitte la boutique après avoir allumé sa pipe, en se disant :

— S'il attend que je lui en paie... il aura le temps d'aller balayer.

Bientôt arrive des commissionnaires qui sont en train de faire un déménagement; ils prennent à la hâte un petit verre et se remettent en route. Puis ce sont des portefaix, des ouvriers, des hommes de peine, des charretiers, des rouliers, des domestiques du voisinage. Le monde se succède sans interruption.

Une vieille femme de ménage vient prendre son petit verre de cassis; elle mange avec cela une livre de pain, et dit :

— Ça me soutient jusqu'au dîner... Il est vrai que je soupe ensuite; mais je ne suis pas du tout sur ma bouche.

Une grande et grosse femme, en bonnet rond, en tablier, qui a le teint très coloré, la tournure équivoque, et dont le regard ferait presque rougir un grenadier, entre dans la boutique, où elle avale coup sur coup trois petits verres d'anisette, après quoi elle s'écrie :

— Décidément, c'est trop doux; ça *m'écœure*, l'anisette... Je vas revenir au dur... Donnez-moi du fil en quatre, cher ami?

On sert de l'eau-de-vie à la grosse femme, qui l'avale sans sourciller, et dit :

— C'est singulier, ça ne me désaltère pas du tout! C'est pourtant mon onzième petit verre d'aujourd'hui... et il n'est pas trois heures!... Ah! mes enfants, ce que c'est que de nous pourtant; et dire qu'après ça il faut mourir un jour!... Donne-m'en encore un petit verre, va!... J'aime autant avoir tout de suite ma douzaine sur l'estomac.

Le particulier du matin revient dans le milieu de la journée; il est toujours de mauvaise humeur : il a un œil poché. Il retrouve le vieux tenant son balai; celui-ci lui dit :

— Est-ce que tu n'as pas battu ta femme?

— Si fait!... C'est-à-dire, au moment où j'allais la corriger, elle m'a attrapé l'œil avec son poing... Mais je la repincerai... vu que depuis *à ce matin* j'ai découvert d'autres horreurs à son sujet!

— Ah! bah! Et de quoi?

— Une redingote en Elbeuf pour les dimanches, que je n'avais que depuis dix ans et qu'elle a mise *en plan* le mois dernier, sous prétexte de payer un à-compte sur le terme au propilliétaire. Des bêtises, quoi!... Est-ce qu'on doit s'inquiéter des propilliétaires? Est-ce que ces gens-là sont pas assez riches, pisqu'ils ont des maisons?

— Mais s'il t'avait mis à la porte en gardant tes meubles...

— Mes meubles! Ah ouiche! c'est du propre... Et puis, d'ailleurs, est-ce qu'il aurait osé le faire?... J'ai encore appris ça par le petit... Mais je vas rentrer tout à l'heure chez moi pour rebattre mon épouse... parce que j'entends pas un désordre comme ça dans ma maison. Garçon, deux petits verres... de la vieille... Tout de suite, je suis pressé.

— Eh ben, une minute! Il attendra ben qu'on nous serve celui-là, dit un homme en blouse, qui vient d'entrer avec d'autres individus qui ont l'air de s'être déjà mis en ribote chez le marchand de vin et qui viennent s'achever chez le marchand de liqueurs.

— Nous voulons être servis d'abord, nous autres... Si c't individu est pressé, nous allons lui donner son compte.

— Eh ben! de quoi? répond l'homme en veste; est-ce que tu vas m'apprendre à parler, mauvais *faignant*... Ne le prends donc pas si haut, ou je rabattrai ton bec.

— Toi!... viens donc un peu que je te cale! vieux pochard! s'écrie l'homme en blouse en se retroussant et se mettant dans la position voulue pour tirer la savate. Avance donc!... si t'as pas rien que du raisiné dans les veines... Mais tu cannes déjà!...

— Je canne!... Attrape ça pour boire.

Aussitôt les coups de poings, les coups de pieds sont donnés, reçus, rendus avec une vigueur, une vivacité que les témoins semblent admirer; car, au lieu de séparer les combattants, ils les laissent se battre tout à leur aise; et le vieux marchand de bric-à-brac, la tête appuyée sur ses mains qui reposent sur son balai, a l'air de prendre beaucoup de plaisir à ce spectacle.

Mais le débitant de consolations, qui craint que les combattants ne brisent quelques bouteilles, quelques cruchons, est allé chercher la garde pour les faire mettre hors de sa boutique. Quelques soldats arrivent enfin avec un caporal et séparent les combattants, qui vont dans la rue achever de se meurtrir le visage et de déchirer leurs vêtements.

Ces petites scènes, très fréquentes dans un débit de consolations, sont bien vite oubliées, et remplacées par d'autres.

C'est une femme qui vient chercher son mari qui est complètement ivre, et auquel elle reproche de n'avoir quitté le vin que pour se jeter dans l'eau-de-vie.

C'est un paysan des environs de Paris qui a perdu un paquet de hardes, sa bourse et sa montre en admirant les curiosités de la ville, et qui entre chez tous les débitants de liqueurs et tous les marchands de vin s'informer si on n'a pas trouvé ou rapporté ce qu'il a perdu.

C'est un ami qui en régale un autre. Le premier paie une tournée, le second une autre tournée; le premier offre une troisième tournée qui est acceptée, et à laquelle on répond par une quatrième tournée. A force de s'offrir et de se rendre des tournées, ces messieurs sont bientôt incapables de se tenir sur leurs jambes. On les met dehors, parce qu'ils se coucheraient dans la boutique et que cela gênerait la circulation.

La nuit est venue, et le nombre de consommateurs ne diminue pas; mais on en voit alors de nouveaux : ce sont des hommes à figures suspectes, hétéroclites, dont toute la défroque ne paierait point le petit verre qu'ils consomment, et qui pourtant sortent quelquefois des poignées d'argent de leur poche. Ces individus, qui ont sans doute leur raison pour ne se montrer que la nuit, arrivent fort tard au débit de consolations; s'ils sont seuls, ils ne tardent pas à être rejoints par des camarades. Ils parlent *argot*; ils exami-

nuit pour la commodité des chiffonniers, des charretiers, des voituriers, des gens qui vont à la halle, et de beaucoup d'individus dont l'industrie est au moins douteuse. Il y a aussi des femmes qui entrent la nuit dans ces débits. Vous devinez quelle espèce de femmes et quelle peut être leur profession ; mais dans une ville comme Paris, la tolérance est souvent une nécessité.

Beaucoup de ces individus qui viennent boire pendant la nuit, au débit de consolations, vont la finir dans la rue, en se couchant au coin d'une borne ; il y en a, d'ailleurs, auxquels il serait impossible de trouver un autre domicile.

Afin de pouvoir satisfaire aux exigences et aux fatigues de son commerce, ordinairement le marchand de liqueurs est marié, car il ne se repose que sur lui et sa femme du soin de débiter ses petits verres. A huit heures du soir le mari va se coucher, il dort jusqu'à une heure du matin ; alors il se relève, et vient au comptoir remplacer sa femme qui va dormir pendant qu'il veille toute la nuit. Voilà deux époux qui ne doivent pas se rencontrer souvent dans la couche nuptiale, et qui vivent ensemble absolument comme le soleil et la lune.

LE CANON DU PALAIS-ROYAL.

Ce méridien est dans le jardin, au bout du grand carré de verdure près de la nouvelle galerie d'Orléans. Un verre placé sur la lumière d'un petit canon posé sur une borne royale y met le feu à midi... quand il y a du soleil.

Lorsque le temps est beau, le jardin du Palais-Royal est toujours très fréquenté. On vient y lire les journaux, qu'on trouve à louer dans deux pavillons établis pour cela à chaque extrémité du jardin.

Il y a des chaises à votre disposition. Vous pouvez lire en vous promenant, lire debout ou vous asseoir, seulement il vous faudra payer votre chaise.

Quand vient l'heure de midi et que le soleil donne, vous voyez les amateurs arriver et se ranger près du méridien.

C'est un particulier qui n'a pas de montre et qui n'est pas fâché de savoir l'heure qu'il est.

C'est un monsieur qui a une montre et qui est bien aise de s'assurer si elle va bien, et de la mettre sur le méridien du Palais-Royal, afin de pouvoir dire avec fierté : Je vais comme le soleil.

C'est un provincial qui n'a jamais vu de canon partir par la chaleur du soleil, et qui s'est bien promis de ne pas manquer ce spectacle lorsqu'il viendrait à Paris. Cependant il a fait cette course trois jours de suite et s'est rendu inutilement dans le jardin du Palais-Royal; le temps n'a pas permis au méridien de partir. Notre provincial a écrit à son épouse que le soleil avait raté; et celle-ci a répondu à son mari : Si c'est là tout ce que tu vois de beau à Paris, je ne te conseille pas d'y séjourner long-temps; mon cadran solaire va mieux que ton méridien.

Mais enfin le temps s'est mis au beau, et le provincial accourt de nouveau dans le jardin du Palais-Royal, se flattant cette fois de pouvoir écrire autre chose à sa femme.

Puis voilà des gamins auxquels cela est bien égal de savoir l'heure qu'il est, mais pour qui c'est toujours un grand plaisir d'entendre partir un coup de canon, parce que cela fait du bruit.

Et puis ce sont des flâneurs, des gens qui n'ont rien à faire, qui se trouvent là par hasard, ou par habitude, et qui restent jusqu'à ce que le canon parte, parce que c'est toujours cela de vu et un moment de passé.

Enfin ce sont les bonnes avec les enfants. Les petits garçons veulent absolument entendre le canon, parce que leur papa leur a dit que cela les rendrait capables d'aller à la guerre. Les petites filles au contraire ne veulent pas rester près du méridien; elles crient, elles pleurent, elles tirent leur bonne par sa jupe pour qu'elle s'éloigne du canon; mais si la bonne voit parmi les spectateurs et flâneurs un individu qui lui lance des œillades, elle ne manquera pas de rester et donnera une tape à la petite fille, en lui disant :

— Nous allons rester, parce qu'il ne faut pas que les enfants soient poltrons... et quand vous aurez entendu partir le canon, vous n'aurez plus peur des voleurs ni du vent.

Et pendant que la bonne fait ce beau raisonnement, des industriels en montres, en foulards, en tabatières, qui cherchent toujours l'occasion de mettre à profit leur adresse, ne manquent pas de se joindre aux personnes rassemblées devant le méridien.

Tout le monde est dans l'attente... Tout d'un coup, et lorsqu'on commence à perdre l'espérance, la détonation se fait entendre.

Alors vous voyez le gamin sauter de joie, le monsieur qui tient sa montre sourire avec satisfaction, en s'écriant : Je vais juste comme le canon!... J'ai le soleil dans ma poche.

Une dame qui passait dans le jardin, et ne songeait nullement au méridien, jette un cri d'effroi et manque de se trouver mal. Elle dit en balbutiant :

— Ah mon Dieu! qu'est-ce que c'est que cela?

Un vieux rentier qui, en entendant le coup, vient de tirer sa montre de son gousset, fait la grimace en s'apercevant qu'elle marque midi moins dix minutes et s'écrie :

— Comme le soleil avance!

Enfin la bonne, qui a voulu rester avec la petite fille, ne s'est pas aperçue qu'au moment où le canon est parti, son mouchoir partait aussi de la poche de son tablier, et qu'un monsieur s'éloignait avec. Elle emmène l'enfant en lui disant :

— Hein!... il est joliment parti! j'espère qu'à présent tu n'auras plus peur des voleurs!

LES BLAGUEURS.

On est prié de ne point confondre avec les floueurs : quoique les deux mots soient nés en France à peu près à la même époque, il y a une grande distinction à faire entre les personnages.

Les floueurs sont à peu de chose près des escrocs, tandis que l'on peut être blagueur et fort honnête homme du reste.

La manie de blaguer s'est répandue à Paris d'une façon déplorable : maintenant la plupart des jeunes gens s'imaginent que blaguer c'est avoir de l'esprit ; que quelqu'un qui blague avec facilité sur le sujet le plus sérieux, qui a le talent de faire ce que l'on appelle *poser* pendant des heures entières, est un personnage supérieur, qui doit être fort recherché dans la société.

Les gens qui n'ont ni gaîté, ni finesse, ni esprit naturel, ni bon sens se font blagueurs. En tournant en ridicule tout ce que disent et ce que font les autres, ils croient empêcher que l'on ait plus d'esprit, plus de talent, plus de mérite qu'eux.

Les blagueurs ne sont pas gais, et ils troublent la gaîté des autres; ils n'ont pas d'esprit, et ils veulent se moquer de ceux qui en ont; ils ne savent rien inventer, mais ils critiquent, c'est-à-dire ils blaguent tout à tort et à travers; ils veulent tourner en dérision les choses les plus saintes, les affections les plus douces : ils blaguent le compliment d'un enfant pour la fête de son père, les souhaits de fin d'années, les époques, les souvenirs; ils blaguent en voyant passer un cortége; ils blaguent à une cérémonie de baptême, de mariage ou d'enterrement. Ils s'écrient : Comment, cette dame pleure parce que son mari a *claqué!*... Pourquoi donc ne va-t-elle pas au *Malabar?*

Les blagueurs ont remplacé les mystificateurs, mais au moins ceux-ci étaient connus; ils se faisaient presque une profession de l'habitude qu'ils avaient prises. On se disait dans une soirée, dans une réunion :

— Monsieur un tel est attendu : il doit mystifier quelqu'un, c'est convenu, c'est arrangé, ce sera bien amusant.

Maintenant il y a des blagueurs partout, dans les salons du faubourg Saint-Germain, de la Chaussée d'Antin et de la rue Saint-Denis; au bal d'un banquier et à celui d'un petit marchand; aux spectacles, aux concerts, aux cafés, aux promenades les blagueurs pullulent. Il y en a dans les faubourgs, dans les ateliers, dans les mansardes; le gamin blague le bourgeois, l'ouvrier blague son maître, l'employé blague son chef; on blague dans toutes les classes de la société, ce qui prouve déjà que ce n'est pas une chose difficile, et que cela ne demande pas un grand fonds d'esprit, d'étude, ni de jugement.

Vous rencontrez un monsieur de votre connaissance, il vous arrête; après les premiers compliments d'usage, il s'écrie d'un ton larmoyant :

— A propos, vous savez ce qui est arrivé à ce pauvre X... En vérité, j'en ai le cœur navré... Quand on m'a dit cela hier, cela m'a fait un chagrin... C'est un si bon garçon!... Mais c'est toujours à ceux-là que cela arrive...

— Mais non, je ne sais rien! dites-vous avec impatience. Contez-moi donc cela?

— Hier, il était sorti en cabriolet avec sa femme et son fils : dans le bois de Boulogne son cheval s'est emporté, il a fait deux ou trois culbutes avec le cabriolet. X... a été jeté à cinquante pas, sa femme a été retrouvée sur un arbre, et son fils dans un buisson... Le petit garçon est borgne, sa femme est boiteuse...

— Eh! mon Dieu! et X... est-il blessé?

— Parbleu! le malheureux a été relevé sans nez... Il n'a plus de nez; ce qui le gênera extrêmement pour se moucher. C'est d'autant plus désagréable qu'il est souvent enrhumé du cerveau.

Cette dernière phrase commence à vous faire présumer que l'on vient de vous conter une *blague*. Vous regardez votre monsieur, qui s'éloigne en partant d'un éclat de rire, enchanté de vous avoir fait poser.

Trouvez-vous cela bien spirituel?

Voulez-vous avoir une idée de la manière de dialoguer de ces messieurs, entrez dans un café, écoutez un monsieur qui vient d'aborder un blagueur impitoyable :

— Veux-tu faire une partie de billard?

— Non... et toi? — As-tu déjeuné?

— Pourquoi faire?

— As-tu vu la pièce nouvelle?

— Quelquefois.

— Qu'est-ce que tu penses du mariage de mademoiselle de B....

— Est-ce qu'on se marie encore?

— La rente est toujours en hausse... Me conseilles-tu d'acheter?

— Je l'aime autant à la sauce qu'à l'huile.

— Sais-tu que ce pauvre G..... s'est tué parce que ses affaires allaient mal!... Le malheureux s'est pendu!

— Au cou de sa maîtresse?

— Et non, avec une corde.

— Sans balancier?

Il n'y a pas de raison pour que cela finisse; le blagueur vous répondra ainsi pendant une heure; ordinairement c'est vous qui en avez bientôt assez et qui abandonnez la conversation.

Dans un salon, le blagueur commence par attendre qu'une conversation intéressante soit bien établie. Lorsqu'il s'aperçoit que l'on écoute avec attention une personne qui raconte comment un mari a découvert que sa femme le trompait, il s'avance au milieu du cercle, et s'écrie en interrompant le narrateur:

— Monsieur ne vous dit pas tout!... C'est que l'amant de la dame était ci-devant grand visir de la Porte; qu'il était venu incognito à Paris pour renouveler son sérail, et que l'on a trouvé dans la cave de son hôtel dix-neuf jolies femmes qu'il avait mises au frais pour les emmener ensuite en Turquie.

Tout le monde se regarde; les uns rient, les autres se demandent ce que cela veut dire : on ne sait plus même si l'on doit croire ce que racontait l'autre personne, qui s'éloigne en haussant les épaules, et le blagueur est enchanté parce qu'il a fait de l'effet.

Les blagueurs de bonne compagnie ont ordinairement une mise très soignée, ou très négligée. Au bal d'un modeste bourgeois, qui aura fait beaucoup de frais pour bien traiter son monde et qui a eu soin de faire mettre sur ses lettres d'invitation : *On dansera*, afin que l'on vienne en costume de bal, le blagueur arrive tard avec un vieil habit, un vieux pantalon, des bottes mal cirées, des cheveux mal peignés, et répandant au loin une odeur de pipe qui vous annonce que ce monsieur sort de l'estaminet.

Vous croyez que, honteux de son négligé, au milieu d'une société parée, il va se tenir à l'écart sans souffler mot ; détrompez-vous ! Il se promène, il se pavane dans les salons, souriant d'un air moqueur en regardant une vieille dame, riant au nez d'un papa qui danse, puis s'écriant :

— Tiens! on danse comme ça ici!... Pus que ça de chic!... Merci, j'aime mieux autre chose... Ah! cette toque!... Ah! cette figure!... C'est le musée des antiques ici... Ah! cet orchestre! deux pianos et un galoubet... c'est donc joli ça?... Voulez-vous des bougies, on en a mis partout!... même sur l'étagère de madame... Soignée l'étagère : je donnerais bien neuf sous de tout ce qui est dessus... Voyons ce punch... Ah! pouah!... il sent l'ognon... Tiens! du punch à l'ognon, c'est une innovation... Je ne connaissais pas encore ça. S'il n'y a pas de souper, je m'en vais tout de suite... Je demande qu'on me rende mon argent... je m'amuse trop...

On devrait en effet prier ce monsieur de s'en aller bien vite ; ce serait un service à rendre à la société. Mais à Paris on a la bonté d'être poli, même avec les gens qui ne le sont pas : c'est une duperie.

Ce monsieur qui blague tout, se jette cependant sur les gâteaux et sur les glaces. Au souper il trouve tout détestable, mais il mange comme quatre.

A chaque mets qu'on lui présente il fait la grimace, en disant :

— *Quéque* c'est que ça!... un plat de famille... Je me méfie de ces plats-là... C'est au moins du cheval mariné!... Qu'est-ce qui peut me passer du soi-disant madère?... Dire que l'on ose appeler cela du madère!... C'est du jus de pruneaux tout au plus... Des biscuits de Savoie!... bon genre... les portières n'en veulent plus! On a mis des verres à champagne sur la table... quelle fatuité... C'est de l'eau de Seltz... Je préfère la limonade gazeuse... Nous allons sans doute avoir aussi des liqueurs de famille... Après la fortune du pot et un concert d'amateurs, c'est ce que je redoute le plus au monde.

Faites donc des frais, donnez-vous bien de la peine pour recevoir du monde... voilà comme ces messieurs vous remercient.

Le blagueur vous surprend au moment où vous vous attendez le moins à être le but de ses plaisanteries. Il vous aperçoit vous promenant sur le boulevart; il vient se planter devant vous, vous fait un petit salut de tête sans desserrer les dents, mais vous regarde très fixement et comme si vous aviez quelque chose de singulier dans votre personne.

Ennuyé de vous voir examiner si long-temps, vous lui dites :
— Eh bien! qu'est-ce que vous avez donc à me regarder ainsi; est-ce que j'ai quelque chose d'extraordinaire aujourd'hui?

Le blagueur est quelque temps sans vous répondre; enfin il vous prend la main, vous la serre avec force, en murmurant :

— Mon ami, ça me fait bien de la peine... Je n'aurais jamais cru cela de vous.

Puis il s'éloigne, et vous laisse ayant la bonté de vous creuser la tête pour chercher à deviner ce qu'il a voulu vous dire, quand vous n'êtes pas habitué aux blagues de ce monsieur.

Au spectacle, le blagueur est insupportable pour le bon public qui est venu dans le désir d'écouter la pièce et de se laisser aller à ses émotions. Lorsqu'il voit une dame attendrie par une scène dans laquelle un personnage exprime sa misère et la position de sa famille qui n'a pas de pain, il s'écrie :

— Ça ne l'empêchera pas de souper en rentrant et de se donner encore une indigestion de homards... Cet acteur est très sujet aux indigestions... C'est peut-être pour cela qu'on lui fait jouer les affamés.

Si une actrice, remplissant le rôle d'une jeune fille séduite, fait venir des larmes dans vos yeux, en disant à son père que l'on a abusé de son innocence. Le blagueur est là, à vos oreilles, qui ne manque pas de vous dire :

— Elle est jolie son innocence!... Tous ces jeunes gens qui sont dans l'avant-scène de droite ont été ses amants!... Elle en ruine un par mois... Elle va bien...

Dans le peuple, le blagueur est censé un bel esprit, jusqu'à ce qu'il ait reçu quelques volées de coups de bâton ou de coups de poing par un poseur peu endurant; cela arrive quelquefois.

Un bon bourgeois qui n'est jamais sorti de son quartier (il y en a comme cela à Paris) se trouve obligé d'aller à une autre extrémité de la ville : après avoir marché long-temps il a peur de s'égarer, et il s'adresse à un gamin assis sur une borne et jouant des castagnettes avec deux morceaux d'assiette cassée.

— Mon ami, la rue des Brodeurs ?
— Hein ?

— La rue des Brodeurs.

— De quoi?...

— La rue des Brodeurs...

— Ah! pardon, excuse... C'est que je m'apprends la *cache-ton-chat*... Lasavez-vous danser?

— Je vous prie de m'indiquer la rue...

— Ah! c'est juste ; c'est que si vous ne la saviez pas, je pourrais vous l'apprendre ; je donne des leçons à six liards le cachet... c'est pas cher.

— Si vous ne voulez pas me répondre, il est inutile que...

— Si fait... si fait... La septième à gauche, la huitième à droite, puis toujours à gauche et à droite... vous finirez par y être.

Le bourgeois s'éloigne, ne sachant pas s'il doit croire à ce renseignement, et le petit blagueur lui tire la langue en se tapant le derrière de la tête avec la paume de sa main.

Il y a des blagueurs parmi les anciens troupiers : ceux-là aiment à faire aller les *pékins*. Quand on les met sur le chapitre de leurs campagnes, c'est alors qu'ils se donnent carrière. Leur salon est ordinairement aux Champs-Elysées, la Petite-Provence des Tuileries, ou un banc de pierre des boulevarts. Approchez, et vous pourrez entendre de fort bonnes blagues débitées par des militaires aux badauds, qui écoutent la bouche béante et le cou tendu.

Un troupier est en train de raconter une bataille; quand il voit son auditoire prendre un vif intérêt à son récit, il s'écrie :

— A la première bordée de canon que nous lâchèrent les ennemis, j'eus la tête emportée par un boulet?

— La tête emportée... et vous voilà encore! dirent les auditeurs avec surprise.

— Parce qu'à la seconde bordée de canon mon corps fut jeté à cent pas, et justement où était ma tête, laquelle se trouva replacée si justement sur mes épaules, que j'en fus quitte pour porter mes cols moins hauts.

Les badauds gobent cela, et le troupier s'éloigne en promettant de raconter d'autres faits aussi merveilleux à la réunion suivante, et il se caresse la moustache en se moquant de ceux qu'il a fait poser.

LES ROMAINS.

Les romains de Paris n'ont rien de commun avec les habitants de la ville aux sept collines. Ce ne sont point des *Brutus*, des *Horace*, des *Néron*; ils n'ont pas le cœur féroce : ce sont des hommes qui ne veulent des succès et des victoires que dans l'intérêt de vos plaisirs. Leur champ de bataille, c'est le parterre d'un théâtre; leurs héros, ce sont les acteurs et les actrices ; leurs dieux sont les auteurs, la scène est l'autel, et leurs mains consomment les sacrifices. En un mot, les romains sont ces mêmes hommes que l'on nommait vulgairement autrefois des *claqueurs*, parce qu'ils se chargent d'applaudir les pièces, de les soutenir autant que possible, et quelquefois d'enlever un succès... à la force du poignet.

Beaucoup de gens crient après les romains ! Certes ceux qui demandent leur abolition ne sont pas auteurs dramatiques, sans quoi ils sauraient que c'est surtout au théâtre qu'*un peu d'aide fait grand bien*. Et ne croyez pas que les auteurs en renom, que ceux qui ont journellement les plus grands succès sur la scène, dédaignent l'emploi des romains; bien au contraire, ils les choient, ils les prient, ils se recommandent à eux comme de simples débutants dans la carrière. Il leur en faut des phalanges nombreuses! Ils n'en ont jamais assez.

C'est que l'auteur dramatique sait que la pièce la mieux faite, la mieux écrite, peut paraître froide et ennuyeuse devant un public impassible, qui craint de se compromettre en applaudissant.

On vous dira : S'il n'y avait point de romains, le vrai public et vos amis applaudiraient.

C'est absolument comme si l'on vous disait : Votre pièce réussira, si elle ne tombe point.

Vos amis!... Comme on profane ce mot! L'amitié est une chose si rare!... Est-ce qu'un ami véritable ira voir votre pièce pour chercher à la critiquer?... Est-ce qu'il sera enchanté de trouver l'occasion de dire un bon mot aux dépens d'une de vos situations?... Est-ce qu'il voudra montrer plus d'esprit que vous en refaisant votre intrigue à sa manière, et disant : C'eût été bien mieux ainsi?... Est-ce qu'il bâillera ou aura l'air de s'endormir pendant une scène un peu longue de votre pièce?... Est-ce qu'il lui échappera un sourire moqueur s'il entend un coup de sifflet?

Voilà cependant ce que font au spectacle la plupart de ceux à qui vous avez donné des billets, parce que vous les croyez vos amis, tandis que vous deviez les regarder comme de simples connaissances.

Quant au public, il se compose en grande partie de gens qui attendent l'opinion des autres pour en avoir une : ce sont toujours les moutons de Panurge. Ils entendent applaudir, ils disent : C'est charmant! S'ils entendaient siffler, ils diraient : Il est certain que c'est bien mauvais.

Revenons aux romains : cet état a quelque chose de comique, qui s'augmente encore par la singulière prétention de la plupart de ceux qui l'exercent.

Un chef de romains, c'est-à-dire celui qui a l'entreprise des succès d'un théâtre, est un homme prépondérant, un homme avec lequel on est bien aise d'être en bonne relation; ajoutons à cela que ce peut être encore un fort brave et fort honnête homme. Paris en compte plusieurs qui, dans les moments difficiles où se trouvent quelquefois les auteurs dramatiques, ont été pour eux des banquiers et non des usuriers ; et ce ne sont jamais ces banquiers-là qui ont fait faillite.

Un chef de romains a des lieutenants, ou, si vous l'aimez mieux, des hommes chargés de commander aux différents groupes placés dans le parterre; car le chef principal ne peut pas être partout, et ensuite, lorsqu'une pièce est bien établie, il abandonne le service à ses lieutenants, et ne se donne plus la peine de venir.

Un jour de première représentation, il faut voir avec quel art le chef distribue les romains dans le parterre. Il en place une masse énorme au centre. La partie de cette masse qui touche au public payant s'appelle la *lisière*; c'est celle qui doit être toujours la mieux composée, vu son contact avec le public.

Il y a ensuite d'autres groupes placés çà et là, et dirigés par les lieutenants. Puis on envoie quelques romains en *solitaire*, c'est-à-dire qu'on permet à ceux-là de se placer seuls au milieu des payants. La place de *solitaire* est très enviée, parce qu'elle vous donne tout-à-fait l'air d'une personne qui a pris son billet au bureau et qui applaudit par conviction; mais pour avoir droit à cette faveur, une mise très soignée est de rigueur.

Avant qu'on ne commence la pièce, le chef dit à ses romains :

— Vous *ferez* madame B..... (*faire* ici veut dire applaudir ou soigner). Vous ferez mademoiselle D.....; vous laisserez en plan monsieur X..... (cela signifie vous ne l'applaudirez pas); vous irez doucement au premier acte, vous *rigolerez* un peu au second, mais vous rirez aux éclats au troisième et vous enlèverez le dénouement. L'auteur est un client, sa dernière pièce a été un peu *polissonnée* (sifflée)! Il s'agit de lui donner une revanche pour celle-ci! Ne *lavez* (vendez) aucune contremarque qu'après le second acte, et encore que ce ne soit qu'à des pratiques.

Il y a des romains amateurs, c'est-à-dire des personnes qui, ne voulant pas payer le prix entier d'un billet de parterre et ayant très envie de voir le spectacle, sont admises dans les cohortes moyennant une demi-tasse, ou un petit verre dont ils paient le prix à quelque lieutenant qui ne consomme pas. Le service des amateurs est ordinairement un peu mou, mais cela fait nombre, et quelquefois le chef est bien heureux d'en trouver, parce que ses romains, ennuyés de voir cinquante, soixante fois de suite la même pièce, désertent souvent leurs drapeaux.

Écoutez quelques romains causant entre eux après la première représentation d'une pièce qui, malgré tous leurs efforts, a été considérablement *polissonnée*.

— Le premier acte allait. Mais pourquoi fait-on reparaître la duègne au second?... Toutes les duègnes devraient mourir au premier acte.

— Qu'est-ce que tu penses? Bertrand, tu ne dis rien?

— Je pense que lorsqu'on a du linge blanc et un chapeau neuf, on pourrait bien être placé à la *lisière*. Pas du tout, on me flanque dans le centre à côté de deux novices qui applaudissaient à tort et à travers, même quand un figurant apportait une lettre... J'avais beau leur dire : Fichttre! taisez-vous donc! Attendez le commandement! ils allaient toujours... Pas moyen de travailler avec ces gens-là.

— Et moi donc, qui avais fait une toilette soignée... eau de cologne sur mon mouchoir, comptant être en *solitaire*, et on me met dans le groupe à gauche... Faites donc des frais de costume!

Pendant que les romains causent entre eux, leur chef est monté sur le théâtre ; il aperçoit l'auteur causant avec le directeur ; ni l'un ni l'autre n'ont l'air content : il s'avance avec courtoisie.

— Cela n'a pas été bien du tout, dit le directeur.

— On nous a un peu égayés, dit l'auteur... Il me semble que vous n'avez guère applaudi?

— Guère applaudi! reprend le chef des romains avec assurance. Ah! monsieur... mais demandez plutôt à tout le monde!... On n'entendait que moi!

Le directeur ne peut s'empêcher de rire de la réponse. L'auteur se pince les lèvres, et le romain reprend :

— Au reste, soyez tranquille! ce n'est pas là une pièce tombée!... Vous verrez la seconde comme ça ira... et je *ferai* tous les acteurs! même ceux qui ne me donnent pas de billets.

LES CHAMPS-ÉLYSÉES.

C'est une charmante promenade, qui commence à la place de la Concorde, et s'étend presque jusqu'à la barrière de l'Étoile. Cependant on ne devrait appeler Champs-Élysées que le côté qui longe le faubourg du Roule : la partie qui s'étend le long de la Seine est le *Cours-la-Reine*; mais il est maintenant d'usage de confondre ces deux côtés sous la même dénomination.

En 1670 les Champs-Élysées étaient encore couverts de maisons. C'est seulement à cette époque que l'on commença à planter des arbres ; cette nouvelle promenade reçut le nom de *Grand-Cours*, pour ne point le confondre alors avec le *Cours-la-Reine*.

Depuis ce temps les plantations furent souvent renouvelées. Aujourd'hui les arbres des Champs-Élysées sont grands, forts, touffus, et leur ombrage garantit de l'ardeur du soleil les nombreux promeneurs qui se donnent rendez-vous sous leur feuillage.

Les Champs-Élysées sont la seule promenade champêtre que les

Parisiens aient conservée dans leur ville, où tous les arbres disparaissent pour faire place aux pierres et aux moellons. La longueur des Champs-Élysées est d'environ 400 toises; vous voyez qu'il y a de la place pour se promener; aussi les habitants de la grande ville viennent-ils souvent aux Champs-Élysées se délasser, se reposer du tracas des affaires. Cette promenade est aujourd'hui pour les Parisiens ce qu'était le *Pré aux Clercs* pour leurs aïeux.

Le Pré aux Clercs embrassait l'espace où se trouvent aujourd'hui les rues Jacob, de Verneuil, de l'Université, des Saints-Pères, des Petits-Augustins, etc. C'était une vaste prairie, coupée en deux par le canal appelé la *Petite-Seine*, qui commençait à la rivière et allait ensuite remplir les fossés de l'abbaye Saint-Germain-des-Prés. C'est pourquoi il y avait le grand et le petit *Pré aux Clercs*. Les écoliers de l'Université allaient s'y divertir les jours de fête, comme aujourd'hui les étudiants vont s'amuser aux Champs-Élysées; le Pré aux Clercs servait aussi de lieu de rendez-vous pour les duels : nos Champs-Élysées sont plus pacifiques : on ne se bat guère sous leurs arbres, et les *raffinés* d'honneur de notre temps se donnent la peine d'aller jusqu'au bois de Boulogne quand ils ont une querelle à vider.

Il est difficile de se faire une idée de tout ce que l'on trouve maintenant réuni aux Champs-Élysées en jeux, en divertissements, en récréations, en plaisirs de toute espèce. D'abord les restaurateurs n'y manquent point : le restaurateur est indispensable dans tous les points de réunion, il est l'âme d'une fête, c'est presque toujours chez lui qu'elle se termine.

Les traiteurs des Champs-Élysées ont des petits jardins, des petits cabinets entourés de verdure; tout cela leur donne un aspect semi-champêtre qui fait que l'on se plaît chez eux, où l'on se croit à la campagne, quoiqu'on paie tout aussi cher que dans l'intérieur de la ville, et souvent davantage. Il y a ensuite des cafés ; ils ne sont pas brillants et dorés comme dans les rues de Paris, mais on peut s'y reposer, y causer, et à la rigueur on peut s'y rafraîchir.

Une charmante salle de spectacle d'équitation vient de s'élever dans les Champs-Élysées; elle mérite que nous lui consacrions un article particulier; en attendant, nous devons dire que la présence du Cirque attire constamment la foule dans cette partie des Champs-Élysées pendant toute la belle saison.

Promenons-nous un moment sous ces arbres : ici c'est un homme qui montre la lanterne magique : pour un sou il vous fait voir la *pièce curieuse*. Les bonnes, les enfants, les gamins, les tourlouroux

se pressent pour voir cette pièce-là ; on les enferme sous un rideau de toile bleue, où ils sont très serrés les uns contre les autres, ce qui ne les empêche pas d'avoir beaucoup d'agrément, à en juger par les exclamations de joie, les cris de surprise et une foule d'autres cris qui sortent de dessous le rideau. Heureux ceux qui, pour un sou, éprouvent tant de plaisir! C'est une bien belle chose que la pièce curieuse!... Nos théâtres nous montrent rarement cette pièce-là.

Après la lanterne magique vous apercevez un bateleur, ou joueur de gobelets; les Champs-Élysées fourmillent de saltimbanques, de banquistes, ce qui n'empêche point que l'on en trouve encore assez dans les rues de Paris.

Voilà un paillasse qui marche sur la tête, voilà une femme qui porte sur sa poitrine un tabouret sur lequel un homme est assis, et l'homme tient encore un petit garçon dans ses bras, et le petit garçon tient un lapin par les oreilles; c'est surprenant, c'est merveilleux, c'est étourdissant. Par ici c'est un homme qui avale des épées; par là c'en est un autre qui joue avec une barre de fer rouge comme s'il tenait dans ses mains un bouquet de violette, et tout cela est accompagné de musique, et quelle musique!... Une grosse caisse, une petite caisse, des cymbales, des clarinettes, des cors de chasse, des triangles, des pavillons chinois! Si votre tympan en réchappe, c'est qu'il est à l'épreuve, et vous pouvez assister sans danger à l'exercice du polygone de Vincennes.

Mais peut-être n'aimez-vous pas cette musique, peut-être n'éprouvez-vous pas un grand plaisir à voir une femme porter des poids de 200 livres sur son estomac. Vous recherchez des tableaux plus doux; avancez alors. De tous côtés des enfants jouent, courent, se cachent, se jettent des balles ou s'exercent au volant; tandis que leur bonne, assise un peu plus loin contre un arbre, écoute, les yeux baissés, la conversation d'un jeune soldat qui doit nécessairement être son *pays*. La bonne d'enfant aime beaucoup l'uniforme; le troupier est fort dangereux pour son cœur, et la promenade des Champs-Élysées est bien commode pour le sentiment.

Cela vous ennuie peut-être de recevoir dans vos jambes les balles de ces moutards et les petits chevaux de bois que l'on pousse dans votre chemin; mais un peu plus loin vous allez voir jouer de grands enfants, de vieux enfants même : car les amateurs de boule ne sont pas tous de la première jeunesse.

Le jeu de boule est très cultivé dans les Champs-Élysées : c'est là que s'exercent les grands joueurs; on y fait de belles parties, et beaucoup de flâneurs, de rentiers, d'invalides vont passer leur journée aux Champs-Élysées pour voir jouer aux boules.

On s'exerce aussi au ballon. Prenez garde à vous, promeneurs imprudents qui ne remarquez pas ce gros ballon en peau blanche qui traverse les airs avec la rapidité d'une bombe; le joueur qui voit un beau coup à faire accourt tout en sueur de votre côté..... rangez-vous... il en est temps.... Vous ne vous êtes pas rangé... Tant pis pour vous, le jeune homme en manche de chemise s'est jeté contre vous, et vous a rudement repoussé de côté, afin de recevoir et de renvoyer le ballon qui venait droit sur votre tête; comme vous ne vous attendiez pas à ce choc violent, vous avez perdu l'équilibre, et vous roulez sur le gazon... Tout le monde rit de votre chute, et je vous conseille d'en faire autant, car le joueur était dans son droit, et vos plaintes seraient mal reçues.

Quelques amateurs choisissent aussi les carrés des Champs-Élysées pour faire des parties de paume. La raquette serrée renvoie la balle avec force; elle siffle dans l'air, vous la perdez presque de vue... Mais prenez encore garde, si vous dirigez vos pas du côté des joueurs de paume, il peut vous arriver là une aventure du même genre qu'au jeu de ballon; seulement, ici, on ne vous jettera pas par terre, mais c'est un coup de raquette que vous pourrez recevoir dans le nez : c'est beaucoup plus dangereux.

Promenez-vous encore, vous allez voir des jeux de bagues, des balançoires russes, des théâtres de marionnettes, des quilles, des écoliers qui jouent aux barres.... prenez toujours garde à vous : l'écolier qui se voit sur le point de faire *barre* ne respecte rien; il se jettera sans y faire attention sur le promeneur qui se trouvera sur son chemin, et alors vous pourriez bien rouler encore sur le gazon, sans que l'on vous ait même crié gare! Mais ce sont des jeunes gens qui s'amusent, et vous auriez très mauvaise grâce à vous fâcher. Vous allez peut-être trouver que cette promenade des Champs-Élysées que je vous dépeins comme si attrayante, offre à chaque instant des dangers que vous ne voulez pas courir. Rassurez-vous, il y a bien assez de place dans ces vastes allées, dans ces carrés de verdure pour que vous puissiez vous promener à votre aise sans craindre les ballons, les coups de raquette et les joueurs de barres.

Si vous aimez la solitude, dirigez-vous du côté de l'allée des Veuves : c'est par là, dit-on, que se donnent les rendez-vous amoureux ; vous y trouverez encore un traiteur, et de plus un bal où vous pourrez faire sauter votre belle, si elle n'est point effarouchée par cette danse badine appelée vulgairement le *Cancan*.

Enfin, quand vous serez las de la promenade, quand vous aurez assez joui du coup d'œil de tous ces jeux, assez admiré ces charmantes maisons bâties vers l'approche de la barrière, *villa* délicieuses, habitées en partie par de riches banquiers, des étrangers et des marchands de chevaux, redescendez les Champs-Élysées du côté de la ville, vous trouverez des chaises où viennent se reposer les promeneurs, et où ils peuvent sans fatigue passer à leur tour en revue les personnes qui se promènent, et jouir du coup d'œil des équipages et des cavaliers qui se rendent au bois.

Cette entrée de Paris par la barrière de l'Étoile est magnifique! une route superbe, parfaitement entretenue, des équipages brillants, variés, dans lesquels se montrent des femmes gracieuses et parées, des cavaliers mis avec goût et caracolant sur de fiers coursiers, des maisons bâties avec élégance et coquetterie, des promeneurs flânant avec délices de chaque côté de la route; enfin les Champs-Élysées avec toute leur magie, la place de la Concorde avec son obélisque, ses pilastres, ses fontaines, ses lanternes dorées. Quel coup d'œil, et quelle idée doit concevoir de Paris celui qui, venant pour la première fois dans la grande ville, y entre par cette barrière!

A coup sûr ses pensées ne seraient pas les mêmes, si, au lieu d'arriver à Paris par les Champs-Élysées, il y entrait par la barrière de la Chopinette, ou par la barrière des Rats.

LE CANAL.

On l'appelle souvent *Canal Saint-Martin* : il n'a pas plus de droit maintenant au nom de Saint-Martin qu'à celui des autres quartiers qu'il traverse. Le canal part du bassin de la Villette ; il passe entre l'hôpital Saint-Louis et le boulevart ; il traverse le faubourg du Temple, les rues de Ménilmontant, du Chemin-Vert, et se termine à la place de la Bastille, non compris l'écluse de garde de la Gare.

Le canal est fort bien entretenu, il est revêtu de maçonnerie, il a un double chemin de hallage ; enfin on a planté sur ses bords une rangée de peupliers qui ont l'air de vouloir bien venir, parce qu'ils sont près de l'eau et que le gaz ne les poursuit pas encore.

Le côté du midi s'appelle quai Valmy, le côté nord est le quai de Jemmapes ; ils n'ont pas d'autres noms sur toute la longueur du canal.

Ces quais achèvent de se paver. Le long du canal on bâtit des maisons. Ce quartier sera peut-être dans quelques années aussi peuplé, aussi commerçant, aussi gai que les quais qui sont sur les bords de la Seine, mais ce temps n'est pas encore venu, et lorsque vous allez plus loin que la rue de Ménilmontant en marchant du côté de la Bastille, ou si vous dépassez la rue Grange-aux-Belles en remontant du côté de la Villette, vous vous trouvez encore sur un quai triste, fort peu habité; vous ne croiriez pas être dans Paris, cela n'en a ni l'aspect, ni le mouvement, ni le bruit.

Mais comme il y a des promeneurs qui recherchent la solitude, nous leur conseillons les bords du canal. Les amoureux s'y donnent fréquemment rendez-vous. L'endroit est en effet favorable pour les tendres entretiens : on peut y causer tranquillement sans être à chaque instant dérangé par les voitures. Le voisinage des bateaux à charbon et des bateaux de blanchisseuses n'est pas bien incommode, et l'on voit venir de loin les importuns et les jaloux.

C'est en été, quand le jour est sur son déclin, que vous voyez passer le long du canal de ces couples heureux d'être sur une promenade peu fréquentée. C'est un jeune commerçant ou employé, qui tient sous son bras une jolie grisette, et qui de temps à autre ne se gêne pas pour passer ce bras autour de la taille de sa maîtresse et la lui serrer fort tendrement; la grisette fait un petit mouvement comme si elle voulait se dégager, en murmurant, d'une voix qui n'a rien de sévère :

— Eh bien! qu'est-ce que vous faites donc?... est-ce qu'on se tient ainsi en se promenant?... êtes-vous fou?

— Quel mal faisons-nous? répond le jeune homme; et d'ailleurs il ne passe personne... on est par ici comme à la campagne.

Un peu plus loin c'est encore un couple amoureux, mais ce sont des ouvriers. L'homme a une blouse qui n'est pas d'une entière blancheur; sa casquette est posée sur l'oreille, ce qui annonce le tapageur; ses mains sont noires et calleuses, ce qui ne l'empêche pas d'être très enflammé. Sa belle est vêtue d'une petite jupe brune très courte, elle a une camisole à taille, en indienne, un fichu sur la tête et des souliers dont le quartier est réduit depuis long-temps à l'état de pantoufle.

Son amant ne se contente pas de lui presser la taille; de temps à autre il la prend dans ses bras et veut l'embrasser; la jeune fille s'écrie alors d'une voix enrouée :

— As-tu bientôt fini tes bêtises!... je ne veux pas qu'on m'embrasse dans la rue!

— Est-ce que c'est la rue... le canal? Allons, voyons, ne fais pas ta tête, ce ne sera pas la première fois que je t'embrasserai.

— Mais comme ça... en plein air...

— Eh ben... les oiseaux s'embrassent bien en plein air, et on ne les en empêche pas!...

— Mais devant ce bateau de charbon!...

— Eh! il ne passe personne...

— Si tu ne finis pas, je te flanque une gifle!... je te bats... je te griffe !

— Oh! ça m'est égal... je me risque.

Le baiser est pris, et l'ouvrier n'est pas battu.

Quelquefois on aperçoit aussi sur les bords du canal une femme fort bien mise et d'une tournure élégante, s'appuyant sur le bras d'un petit-maître à gants jaunes et à lorgnon. A coup sûr ce couple-là n'habite pas dans le quartier, et pour se trouver si loin de ses pénates il faut qu'il ait de fortes raisons pour rechercher la solitude. Sans doute on veut se dérober aux regards d'un jaloux, d'un tyran, d'un homme qui ne sait pas vivre, et pour cela on s'est donné rendez-vous sur les bords du canal. Là on se croit loin de Paris, là on regarde les marchands, les habitants comme des sauvages qui n'ont jamais voyagé vers la Chaussée-d'Antin, et qui par conséquent ne reconnaîtront pas ceux qui l'habitent; on pourra donc s'y promener sans crainte.

Aussi ce couple amoureux ne se gêne-t-il pas pour se regarder tendrement, pour se tenir les mains en poussant de brûlants soupirs; le monsieur prend la taille de la belle dame, sans qu'elle en paraisse offensée comme la grisette; le monsieur lui dérobe des baisers, sans qu'elle se défende comme la maîtresse de l'ouvrier. C'est que ce monsieur et cette dame se croient là en pays étranger, et s'inquiètent fort peu de l'opinion des indigènes.

Mais n'allez pas croire que les bords du canal ne soient vers le soir fréquentés que par des amoureux!... vous n'oseriez plus y passer avec votre femme ou votre fille. Rassurez-vous, honnêtes et pudiques citadins!... rassurez-vous, les bords du canal sont aussi la promenade favorite de ceux qui demeurent dans les maisons nouvellement construites dans ce quartier, et il n'est pas probable que tous les habitants soient amoureux; cela serait trop beau, et les logements s'y loueraient trop cher.

Voyez plutôt ce monsieur et cette dame qui se dirigent le long des peupliers. Le monsieur a passé la cinquantaine, il est devenu obèse : son ventre ne veut plus rester captif dans son pantalon, ce qui a forcé ce monsieur à renoncer à l'emploi des bretelles, et à préférer la boucle qui se lâche à volonté; il la lâche tellement, que sa chemise se montre et forme une espèce de ceinture bouffante qui sépare le pantalon du gilet, mais du moins ce monsieur est à son aise, et c'est tout ce qu'il désire: Son pantalon à pieds est entré dans des pantoufles vertes; il a une robe de chambre de bazin, une cravate nouée en Colin et un grand chapeau de paille sur la tête. Ce monsieur pourrait presque passer pour un colon, mais il n'a pas du tout l'air d'un amoureux.

La dame qui est pendue à son bras est presque aussi volumineuse que lui. Elle est vêtue d'un grand peignoir qui ne marque aucune taille, ce qui d'ailleurs serait difficile sur cette masse de chair; elle a trois mentons qui redescendent par étages, elle soufle en marchant, et n'a sur sa tête qu'un petit chapeau de paille appelé *bibi*, et dont la passe très courte ne couvre pas la moitié de son front.

Certes ce n'est pas là un couple qui cherche la solitude. Ce sont de bons époux, d'anciens marchands retirés du commerce qui demeurent sur les bords du canal, et descendent le soir, après une journée brûlante, pour se promener à la fraîche, dans le simple costume qu'ils portent chez eux ; ce qu'ils n'oseraient pas faire, sous peine d'être montrés au doigt, s'ils habitaient tout autre quartier de Paris.

Un peu plus loin voilà un père de famille avec ses deux enfants et un chien que l'on va faire baigner; c'est encore un des immenses agréments que l'on se procure sur les bords du canal : on y fait baigner son chien, et pour peu que ces animaux aient du penchant pour la natation, ils doivent être bien heureux dans ce quartier-là.

Les enfants courent devant leur père, le chien court après les enfants; le père double le pas pour rejoindre les coureurs ; c'est un tableau de famille très animé.

Enfin le monsieur s'arrête devant la berge, il enjambe par dessus la chaîne, les enfants passent dessous et le chien saute par dessus. Le monsieur ramasse un morceau de bois et regarde son griffon; celui-ci a le museau tendu, les oreilles dressées, l'œil fixé sur son maître. Le morceau est lancé dans le canal, et le chien se précipite dans l'eau. Les enfants suivent avec anxiété le fidèle quadrupède qui nage comme un poisson. Toutes les personnes qui passent alors sur les bords du canal s'arrêtent pour regarder nager le chien; le

moindre spectacle a de l'attrait pour le Parisien, qui semble saisir avec empressement toutes les occasions qui se présentent de flâner, et se montre de ce côté aussi enfant à cinquante ans qu'à douze.

Mais le griffon est parvenu au morceau de bois; il l'a saisi avec ses dents, et revient triomphant près de son maître, qui l'attend sur le bord. Le maître prend l'objet que lui rapporte son chien ; vous croyez alors qu'il va aider la pauvre bête à sortir de l'eau. Pas du tout, il l'anime encore du regard, du geste, et rejette le morceau de bois au milieu de l'eau, où le chien va de nouveau le chercher pour le rapporter encore. Ce petit exercice se renouvelle souvent jusqu'à cinq ou six fois de suite ; on souffre pour ce pauvre chien, qui doit être bien las de nager, mais son maître fait le beau sur la berge et n'a pas l'air fatigué du tout.

Le canal a vingt mètres de largeur ; cela ne pourrait pas se sauter comme un fossé ; aussi a-t-on construit des ponts à des distances assez rapprochées. Ces ponts peuvent se tourner pour faire passage aux grands bateaux chargés qui ne pourraient point passer dessous ; ils ont chacun un gardien. Le faubourg du Temple étant très populeux, très fréquenté, et les laitières de Belleville, de Romainville et de Noisy-le-Sec descendant chaque jour par ce faubourg pour apporter leur lait dans Paris, on a construit deux ponts à l'endroit où il a été coupé par le canal.

Mais quelquefois, et cela arrive ordinairement lorsque vous êtes pressé, les ponts sont tournés pour le passage d'un bateau quand vous arrivez pour traverser et gagner l'autre rive. Il vous faut alors attendre que le grand bateau ait effectué son passage, et quand il est chargé, il n'avance que très lentement.

Alors les deux bords du canal se couvrent de monde, de piétons, de voitures, de gens à cheval, forcés d'attendre que le pont ait repris sa place. Lorsque cette circonstance se présente aux ponts du faubourg du Temple, en un instant une file de voitures, de charrettes, de laitières avec ou sans âne, se prolonge jusqu'au boulevart ; puis vous voyez les gamins, les ouvriers et quelquefois les gens qui devraient être raisonnables se précipiter sur le pont avant qu'il n'ait opéré sa jonction avec l'autre rive, afin d'être les premiers à passer, avant même que la chaîne ne soit ôtée.

Mais partout, en tout temps, en toute chose les hommes veulent se devancer entre eux, c'est à qui arrivera le premier et laissera les autres en arrière; le passage d'un pont du canal n'est qu'un faible aperçu de ce qui se fait dans toute la ville.

LECTURE DU JOURNAL.

Vous êtes retenu dans votre lit par une légère indisposition ; votre médecin vous a défendu de lire, parce que cela vous fatigue les yeux et la tête, et puis qu'en lisant il faut nécessairement sortir un peu son bras de dessous sa couverture, et que l'on peut prendre du froid.

Mais vous avez un petit garçon de neuf à dix ans qui lit très couramment Télémaque et Robinson ; il n'est pas à sa pension parce que c'est jeudi. Vous allez le faire lire près de vous, cela vous distraira et ne vous fatiguera pas.

Vous appelez votre petit garçon, et vous lui dites :

— Tu vas me faire la lecture, mon ami. Ah !... j'espère que tu es content... Faire la lecture à son père pendant qu'il est indisposé..., voilà un emploi dont tu dois être fier.

Votre petit garçon n'a pas du tout l'air content : il préférerait le bilboquet ou les quilles à l'emploi dont vous le gratifiez.

Cependant il se résigne, et il répond en faisant la moue :

— Qu'est-ce que vous voulez que je vous lise, mon papa?

— Tiens, prends le journal qui est là-bas sur la table... Je ne serai pas fâché d'être un peu au courant des nouvelles. Lis-moi le journal, cela t'amusera aussi.

Votre petit bonhomme va prendre le journal, il le développe, va s'asseoir contre votre lit, et commence la lecture :

— *Assurance sur la vie humaine... Bénéfices certains...*

Votre fils s'arrête, en s'écriant :

— Ah! mon papa... est-ce que c'est vrai cela... on assure la vie des gens?... Alors quand on est malade... on n'a pas peur de mourir... Fais-toi assurer, mon papa... comme ça, tu pourrais manger quand même le médecin le défendrait... Tu ne craindrais pas les indigestions... Ah! je voudrais bien être assuré, mon papa.

Vous avez beaucoup de peine à faire comprendre à votre fils que l'assurance sur la vie n'empêche personne de mourir. Vous le priez de vous lire autre chose ; il lit :

— *Capsules préparées au cubèbe et au copahu ; odeur agréable n'occasionnant ni nausées, ni coliques, et guérissant promptement, sans rechute, les...*

Vous arrêtez votre lecteur, en lui criant :

— Assez ! assez ! Je n'ai pas besoin que tu me lises cela...

— Oh! mon papa, mais il paraît que c'est bien bon ces capsules-là... Ce n'est donc pas comme celles que l'on met sur un fusil pour servir d'amorce?

— Non, non, c'est autre chose.

— Oh! mon papa, je voudrais bien en manger de ces capsules-là... Voudrez-vous m'en acheter pour me régaler?

— Veux-tu te taire, imbécile... Ce n'est pas tout cela qu'il faut lire... Vois donc plus loin...

Votre petit garçon fait encore la moue et se remet à lire :

— *Topique contre le farcin, les glandes ; baume astringent contre le piétin, crapaud, crevasses, javart...*

Vous vous retournez avec humeur dans votre lit, en vous écriant :

— En voilà assez!... Tu m'ennuies... Je ne veux pas en entendre davantage. Tu me lis des choses dégoûtantes!

— Dame, mon papa, je vous lis le journal. Vous m'aviez dit que cela m'amuserait... mais cela ne m'amuse pas du tout.

— Ni moi non plus, va-t'en, j'aime mieux dormir.

Assistons maintenant à la lecture du journal chez une dame du faubourg Saint-Germain.

C'est une vieille marquise fort riche qui a fait élever un de ses neveux, dont elle prend soin, dans les principes les plus sévères : elle le destine à l'état ecclésiastique, et, lorsque par hasard il n'est pas au séminaire, il ne faut pas qu'on prononce devant son neveu un mot un peu gai : il ne faut pas que l'on s'entretienne d'histoires, d'aventures où il est question d'amour. Enfin, il faut éviter de parler de la moindre chose qui pourrait attirer sa pensée sur des objets qui s'écarteraient de la plus sévère décence.

La vieille marquise est dans son salon, assise sur un divan ; elle souffre d'un rhumatisme qui l'empêche de se remuer.

Son neveu est à dix pas d'elle, assis sur le tout petit bord d'une chaise, tenant ses yeux baissés sur le parquet, et ne répondant à sa tante que par des monosyllabes. La vieille dame qui s'ennuie beaucoup, et que la conversation de son neveu ne distrait pas de ses souffrances, lui dit enfin :

— Prenez le journal qui est sur ma causeuse... Je n'ai pas pu lire aujourd'hui... Je ne puis pas me remuer... Faites-moi un peu la lecture. Mon journal est grave... il est dans les bons principes, et sa lecture ne saurait être dangereuse pour vous.

Le jeune homme s'incline, se lève, va prendre le journal, revient s'asseoir sur le bord de sa chaise, et lit d'une voix haute et intelligible.

— *Des hémorroïdes : moyen de les traiter, de les guérir, de les prévenir même, sans employer de suppositoires. Les hommes en étant plus généralement affecté que les femmes, et le frottement de leur pantalon occasionnant sur cette partie...*

— Finissez !... finissez bien vite ! s'écrie la vieille marquise en s'agitant sur son divan... O mon Dieu ! qu'est-ce que c'est que cela ?

— Je vais finir, ma tante ; il n'y a plus que quelques lignes, reprend le jeune homme, et il poursuit :

— *Occasionnant sur cette partie délicate de leur personne...*

— Mais assez, monsieur ; taisez-vous bien vite !... Est-il possible de me lire des choses pareilles !...

— Ma tante, c'est sur le journal... C'est vous qui m'avez dit de vous le lire.

— Je ne conçois pas cela ! Il faut que ce soit une erreur commise par l'imprimeur !... Passez, monsieur... Lisez-moi bien vite autre chose, que j'oublie ce vilain article.

Le jeune homme reprend à haute voix :

— *Clyso-pompe d'un emploi aussi utile qu'agréable, qui tient entièrement dans une boîte et que l'on peut porter sur soi pour aller en société. La manière de s'en servir est aussi simple que commode; vous vous mettez à cheval sur une chaise et vous introduisez le canon...*

Les gémissements de la vieille dame interrompent encore le jeune homme; il regarde sa tante, qui essaie de remuer les bras et de frapper du pied, en balbutiant :

— Mais voulez-vous bien vous taire, mon neveu! Comment osez-vous lire ces affreux détails... C'est odieux! c'est révoltant !

— Ma tante, c'est le journal... Je n'invente rien, moi... je lis...

— Dans quel siècle vivons-nous! Mettre de telles choses sur un journal que j'estimais... Je n'en reviens pas...

— Voulez-vous que je passe à autre chose, ma tante?

— Je ne sais si je dois encore vous écouter...

— Voici un autre article, ma tante, qui vous fera peut-être plaisir.

Et le jeune homme lit ;

— *Traité de la syphilis. Depuis que le trop fameux Christophe Colomb nous a rapporté en Europe cette...*

Ici la marquise pousse de véritables hurlements, et malgré son état de souffrance, elle retrouve assez de force pour se lever, aller à son neveu, lui arracher le journal des mains et le jeter au feu.

Voyons maintenant chez de bons bourgeois du Marais. Ils ont une petite fille de huit ans, fort gentille, fort espiègle, et qui, comme on dit vulgairement, apprend tout ce qu'elle veut. La petite fille a bien voulu apprendre à lire, afin de savoir de ces beaux contes, de ces belles histoires qui vous font peur le soir quand on mouche la chandelle. Mais l'enfant a déjà dévoré tous les livres qu'on lui a donnés, et elle demande toujours à lire, si bien que la maman, qui fort souvent n'a pas le temps de regarder le journal auquel son mari est abonné, a dit à sa petite fille :

— Tu me liras le journal tous les soirs, pendant que ton père ira à son café.

La petite a sauté de joie, parce qu'on lui a dit que le journal était rempli d'histoires, d'assassinats, de vols, d'incendies, enfin de choses très divertissantes et fort capables de lui faire encore peur le soir. Elle attend avec impatience le moment de remplir ses fonctions de lectrice.

Enfin, après le dîner, le papa sort suivant son habitude pour aller à son café ; la petite fille reste avec sa mère et sa grand' maman, bonne femme de soixante-dix-sept ans qui est un peu en enfance ; elle s'empresse de prendre le journal ; sa mère a pris sa tapisserie, la grand'maman s'est fait donner son tricot auquel elle croit travailler, sans s'apercevoir que depuis cinq ans elle fait toujours le même bas, et l'enfant entame la lecture du journal :

— *Maison d'accouchements, tenue par une sage-femme qui a reçu des leçons des premiers accoucheurs de Paris. Les personnes de famille qui ont une faiblesse à cacher peuvent se présenter voilées et...*

La maman interrompt la petite fille, en lui disant :

— Ma chère amie, c'est fort ennuyeux ce que tu nous lis là ! Je n'y comprends rien... Passons... passons à autre chose...

La vieille grand'mère, qui croit qu'il s'agit d'une table d'hôte, dit en branlant la tête :

— Je sais ce que c'est!... On y va pour cinquante sous... On a trois plats et du dessert... J'y ai été souvent... Mais on y donnait toujours du haricot de mouton, et je n'aime pas cela...

La petite fille, qui est fort espiègle, regarde sa grand'mère d'un air malin, en disant :

— Est-ce que vous aviez une faiblesse à cacher, bonne maman?

— Vous êtes une petite sotte, ma fille, dit la maman ; vous parlez de ce que vous ne comprenez pas!... Vous ne devez rien entendre à ce que vous venez de lire... Cela regarde les médecins... Une faiblesse veut dire un défaut de conformation dans les personnes.

— Oui, oui, reprend la vieille, j'en ai caché beaucoup de ces pauvres petits... moi ; c'était les carlins que j'aimais ; à présent on préfère les épagneuls, je ne sais pas pourquoi! Les carlins sont bien plus aimables... J'en portais toujours un sous mon châle quand je sortais.

La petite fille fait une mine fort drôle, comme si elle voulait dire à sa mère : Je comprends très bien ce que j'ai lu. Puis elle reprend le journal et lit :

— *Bandages, ceintures d'un nouveau genre pour les hernies et descentes, par brevet d'invention : les hommes qui vont souvent à cheval et qui ne portent pas de...*

— Ah! qu'est-ce que tu nous lis encore là! s'écrie la maman qui a rougi pour sa fille. Les journaux deviennent donc des amphithéâtres d'hôpitaux à présent!... Je ne comprends pas alors qu'ils puissent trouver des lecteurs!...

— Maman, il est question de ceintures d'un nouveau genre, dit la petite fille. Mais, est-ce que les hommes portent des ceintures... Je croyais qu'il n'y avait que les femmes qui en mettaient par dessus leur robe. Qu'est-ce que c'est donc que ces ceintures-là? Où donc les mettent-ils, les hommes?... Veux-tu m'en acheter une pour mettre le dimanche quand nous irons promener sur les boulevarts?

— Eh! non, ma chère amie, ceci regarde les bossus; c'est pour les redresser, et voilà tout.

— Oui, dit la grand' maman, j'en ai porté long-temps, moi; ça m'allait très bien... et des caleçons aussi.

— Mais vous n'étiez pas bossue, grand' maman?

— Allons, ma fille, assez de réflexions... Lisez-nous autre chose... dit la maman, qui commence à se repentir d'avoir donné le journal à sa fille.

La petite reprend sa lecture :

— *Dartres, maladies de peau, maladies cutanées et autres affections chroniques résultant de galanteries qui...*

La maman n'en veut pas entendre davantage; elle ôte le journal des mains de sa fille, et le déchire en morceaux en s'écriant :

— En voilà bien assez, mon enfant; désormais je te jure que tu ne me liras plus le journal.

— Pourquoi donc, maman! s'écrie la petite fille. On annonçait des galanteries... cela doit être bien gentil... Ce sont sans doute des messieurs qui font des cadeaux aux dames... et vous ne voulez pas que je finisse?

— Je sais ce que c'est, dit la grand' mère en secouant la tête : j'en ai eu une douzaine au moins... C'était la mode alors... On les garnissait de fourrures du haut en bas.

Tout ceci est exact : nous n'avons fait qu'indiquer par quelques mots ce que l'on trouve maintenant tout au long sur les annonces qui remplissent une grande partie des journaux de Paris. On ne permettrait pas à une jeune personne de regarder sur les murs, si elle pouvait y lire des choses pareilles... et on les met sur les journaux qui vont dans les salons, dans les ateliers et dans l'intérieur des familles.

Et ces personnes qui lisent cela tous les jours sans en ressentir le moindre dégoût, se voilent le visage ou jettent les hauts cris lorsqu'un auteur emploie dans ses romans quelques uns de ces bons vieux mots comiques et vrais que Molière semait à profusion dans ses pièces. Elles crieront au scandale, en voyant afficher le second titre de *Sganarelle*.

Paris fourmille de cabinets de lecture où vous pouvez, moyennant quatre sous par séance, vous installer dès huit heures du matin et rester jusqu'à onze heures du soir. Mais dans cet espace de temps, il est encore impossible de lire tous les journaux qui paraissent dans la journée.

Dans les peines auxquelles on condamne les malfaiteurs on en a oublié une qui serait cependant bien dure : c'est la lecture des journaux à perpétuité.

LE JARDIN DU LUXEMBOURG.

C'est un vieux jardin qui a bien souvent changé de face ; c'est un vieux palais qui a bien souvent changé de nom. On l'a nommé palais du Luxembourg, puis Palais d'Orléans, du Directoire, du Consulat, du Sénat-Conservateur, et enfin palais de la Chambre des Pairs.

Il a été habité par mademoiselle de Montpensier et la duchesse de Guise, qui le céda à Louis XIV. Il fut la demeure de la duchesse de Brunswick et de mademoiselle d'Orléans. Louis XIV le donna à *Monsieur*, son frère. En quatre-vingt-treize on en fit une prison. En quatre-vingt-quinze le Directoire s'y installa ; il fut remplacé par le Sénat. C'est aujourd'hui le palais de la Chambre des Pairs, et il vient d'être embelli, restauré tout récemment ; les travaux, exécutés par nos premiers peintres, font le plus grand honneur au talent de ces artistes. Le musée du Luxembourg renferme aussi une magnifique collection de tableaux de nos anciens maîtres et de nos artistes contemporains.

Si l'aspect du palais du Luxembourg a quelque chose de sévère, le jardin n'est pas non plus fait pour vous égayer : il est vaste, uniforme; il a une longue avenue, des allées bien droites ; un grand parterre, au milieu duquel est un bassin. Tout cela est beau, correct, soigné, mais triste.

Il semble que les personnes qui font du Luxembourg leur promenade favorite y apportent aussi un aspect sérieux, des pensées graves ou mélancoliques. Est-ce l'effet du jardin, du quartier, ou plutôt de la profession à laquelle se livrent la plupart des habitués de cet endroit?

Et en effet, c'est le quartier des hommes graves, studieux, réfléchis ; beaucoup de juges, de conseillers logent dans les environs du Luxembourg. Les écoles de droit et de médecine n'en étant pas éloignées, c'est aussi dans ce jardin que viennent souvent rêver les jeunes gens qui suivent les cours.

Dans cette allée voyez-vous ce jeune homme au teint pâle, mais à l'œil animé, qui, tout en marchant, gesticule et quelquefois parle tout haut avec vivacité, avec chaleur? C'est un avocat stagiaire qui vient enfin de trouver une cause à défendre. Il est venu se promener au Luxembourg pour y faire son plaidoyer; il peut y rêver, l'apprendre, le graver dans sa mémoire, et même le réciter tout à son aise, comme s'il était au Palais; rien ne le gêne, rien ne l'interrompt... S'il en faisait autant dans le jardin du Palais-Royal ou sur les boulevarts, on le regarderait comme une curiosité.

Plus loin un jeune étudiant en médecine va méditer dans l'allée

qui fait face à l'Observatoire, sur la thèse qu'il est en train de faire pour être reçu docteur. Souvent il passe là plusieurs heures, consultant des livres et grignotant un petit pain qui compose tout son modeste déjeûner. Mais il se contente de ce maigre repas : on est sobre quand on est studieux ; et d'ailleurs l'avenir le récompensera. L'avenir! toujours si beau pour ces jeunes médecins qui aiment leur profession, la gloire et l'humanité.

Vous rencontrez aussi dans ce jardin de vieux militaires, des vétérans de nos armées que le voisinage du Val-de-Grâce et de l'Hôtel des Invalides amène souvent au Luxembourg, et qui se promènent lentement au soleil dont les rayons réchauffent leurs corps couverts de nobles cicatrices.

Puis, toujours des bonnes promenant des enfants, cette génération en herbe pour laquelle tous les endroits sont charmants pourvu qu'ils y trouvent de l'air, des camarades et de la liberté ; trois choses que les hommes aiment toujours, même lorsqu'ils ont cessé d'être enfants.

N'allez pas croire cependant que le Luxembourg ne puisse pas quelquefois offrir des tableaux plus gais, et que l'on n'y aille absolument que pour étudier, méditer, promener des enfants ou visiter le Musée.

C'est dans ce jardin que se réunissent les étudiants-viveurs, ceux qui ont reçu des fonds de leur famille, et qui ne peuvent se décider à suivre les cours tant qu'ils ont les goussets bien garnis. Ces messieurs se rendent le matin au Luxembourg pour y décider de l'emploi de leur journée.

— Qu'est-ce qu'on peut faire de bon aujourd'hui, Messieurs? — pas de pièce nouvelle à voir, — pas de femme à souffler à son ami, — pas de farces à faire à un jobard, pas de créanciers à promener, — moi, j'ai payé mon dernier hier...

— Ah! fameux le calembourg.

— Moi, je vais bien plus vous surprendre, je ne fais jamais de dettes.

— Ah! la belle malice, parce que personne ne veut lui faire crédit.

Pendant que les jeunes gens rient aux éclats de cette répartie, une jeune femme passe près d'eux ; elle est mise avec élégance, il y a quelque chose de gracieux dans sa démarche, enfin sa tournure est séduisante.

— Messieurs! s'écrie l'un des jeunes gens, c'est mademoiselle X... de l'Odéon.

— Tu crois?

— J'en suis sûr. Bonjour, je la suis.

— Pourquoi faire? elle ne t'écoutera pas ; elle a un prince Danois.

— C'est égal, on ne sait pas.

— Nous allons t'attendre au café en jouant au billard, tu viendras nous dire le résultat. — C'est convenu.

Et le jeune homme suit les pas de la dame, décidé à tenter une aventure, tandis que ses camarades s'éloignent en fumant leurs cigares.

Ces jeunes demoiselles qui vont fréquemment danser à la Chaumière, ces habituées du théâtre de *Bobino*, donnent aussi des rendez-vous dans le Jardin du Luxembourg, dont les allées solitaires devraient être très recherchées par les couples amoureux.

Voyez cette jolie grisette, assise seule sur un banc de pierre; elle semble s'impatienter, en portant fréquemment ses regards vers l'allée qui conduit à la grille d'entrée du côté de l'Odéon. Enfin un jeune homme paraît; mise un peu négligée, une espèce de toque sur la tête, le cigare à la bouche et les deux mains dans les vastes poches de son pantalon à plis. Il s'avance gaîment, lestement, fièrement, et vient se poser devant la grisette, en lui disant :

— On y est un peu à ce rendez-vous !

— Oui, c'est bien aimable, il y a deux heures que j'attends !

— Chère amie, ça te comptera pour une faction... Tu le diras à ton sergent-major.

— Toujours des bêtises... Mais moi, je ne veux pas qu'on me fasse attendre comme ça...

—Qu'est-ce que c'est, on se révolte!.. Fifine, vous me faites bien de la peine!.. J'irai sans toi ce soir à la Chaumière.

— Je voudrais voir... Méchant monstre! Je vous déteste!...

— Allons donc! voilà que nous redevenons gentille.. Voyons, prends mon bras.. fais ton bonheur!

La grisette se pend au bras de son étudiant, et tous deux s'éloignent presqu'en dansant, tandis que les enfants trébuchent en courant après une balle, que le vieil invalide va doucement en s'appuyant sur sa canne, que l'avocat continue de se promener avec agitation, en répétant sa plaidoirie, et que l'étudiant qui *étudie* feuillette ses livres et grignote son petit pain.

MONSIEUR EST OCCUPÉ.

Il y a dans Paris une foule de personnes qui n'ont rien à faire et qui veulent paraître occupées; chez celles qui sont riches, c'est purement vanité.

Quand on a vingt mille livres de rentes, vous comprenez bien qu'on ne veut pas avoir l'air de s'ennuyer, de ne savoir que faire de soi, de bayer aux corneilles toute la journée.

Chez celles qui n'ont point de fortune, c'est calcul; on veut tâcher de faire croire que l'on est accablé d'affaires, de travail, de visites, enfin c'est une manière très usitée de se faire *mousser*.

Vous allez chez un homme d'affaires que vous ne connaissez point encore, mais que l'on vous a recommandé comme habile et surtout très employé, très occupé; à Paris la vogue passe presque toujours pour du mérite.

L'homme d'affaires, qui n'a aucune affaire pour le moment, mais qui veut faire croire qu'il en est accablé, est tout seul dans son cabinet, assis devant son bureau... bâillant devant un journal, et s'amusant avec son canif à faire de petites entailles sur son pupitre.

Tout à coup on sonne : mais la domestique a le mot d'ordre.

C'est un monsieur qui se présente, en disant :

— Monsieur X...., s'il vous plaît?

— C'est ici; mais c'est que monsieur est occupé.

— Ah! je voudrais pourtant bien lui parler pour affaire... le consulter.

— Si monsieur veut entrer et attendre dans le salon.

La personne est introduite dans un salon; on la prie de s'asseoir et on la laisse là.

Trois quarts d'heures... une heure s'écoule, pendant laquelle l'homme d'affaires est toujours dans son cabinet, se dandinant sur sa chaise, ou tailladant son pupitre avec son canif, comme s'il voulait exécuter une gravure sur bois.

La personne qui attend commence à s'ennuyer; elle tousse, elle crache, dans l'espérance qu'on viendra... On vient enfin! mais c'est la domestique qui a oublié un plumeau sur une chaise et va l'emporter. Celui qui attend l'arrête en lui disant :

— Est-ce que monsieur X.... sera encore long-temps occupé?.. c'est que... j'ai des courses à faire... si vous pouviez aller le lui dire...

— Je vais tâcher de lui parler, monsieur.

La domestique va trouver son maître dans son cabinet, et lui dit en souriant :

—Ce monsieur qui attend depuis une heure commence à s'embêter là dedans...

—Je m'en moque pas mal!.. Quelle espèce d'homme est-ce? est-il déjà venu ici?

—Non, monsieur... je ne le connais pas.. ça a l'air de quelqu'un de province.

— Alors il ne me verra pas aujourd'hui; il faut le faire revenir.

Allez lui dire que je suis trop occupé en ce moment pour lui parler, que je le prie de m'excuser et de revenir demain.

La domestique retourne au salon et s'acquitte de sa commission. Celui qui a attendu plus d'une heure est fort contrarié et s'écrie :

— Comment!.. je ne pourrai pas voir votre maître aujourd'hui?

— Oh! non, monsieur.. il n'y a pas moyen... monsieur est trop occupé...

— C'est désolant!..

La personne s'éloigne en disant : « A demain alors! » et persuadée qu'un homme qui est toujours si occupé doit avoir immensément de mérite et de capacité.

Une autrefois, un jeune homme nouvellement marié et dont la

femme est malade, se rendra chez un médecin qu'on lui a enseigné.

Le docteur, qui n'a pas encore pu se faire une clientèle, est enfermé dans son cabinet, où il se figure qu'il déjeûne avec une panade dont il a quelque peine à avaler les dernières cuillerées. Sa domestique frappe par une petite porte dérobée. Le docteur lui crie sans lui ouvrir :

— Qu'est-ce qui est là ?

— C'est moi, monsieur.

— Qu'est-ce que vous voulez ?

— C'est un monsieur qui demande à vous parler pour sa femme qui est malade.

— Dites que je suis en grande consultation... qu'il attende.

La bonne va trouver le jeune homme et lui dit :

— Monsieur est en grande consultation... il vous prie d'attendre.

— Mon Dieu... ma femme qui souffre...

— Asseyez-vous, monsieur.

— Savez-vous si ce sera long?

— Ah! dame... *quéquefois* c'est long!

— A-t-il beaucoup de confrères avec lui?

— Mais... oui... il a tout plein de choses avec lui.

— Alors je vais attendre... mais ne laissez passer personne avant moi, je vous en prie.

— Oh! il n'y a pas de danger, monsieur!

Et en effet il n'y a aucun danger, puisque le jeune homme est seul à attendre. Après une bonne demi-heure qui semble éternelle à celui dont la femme est souffrante, la domestique revient enfin dire : Vous pouvez entrer, monsieur.

Vous pensez bien que le docteur a eu le temps de se préparer. Il a l'air d'achever sa toilette ; il met sa cravate ; il va et vient dans son cabinet, il n'est pas un moment sans remuer, et au milieu de ce mouvement perpétuel, il semble avoir à peine le temps de répondre à la personne qui lui arrive.

— Monsieur... je viens pour ma femme...

— Ah! pardon, monsieur, mille pardons... je vous ai fait attendre... mais je suis toujours tellement occupé...

— Monsieur, ma femme est malade depuis hier...

— Très bien... très bien... enfin je n'ai pas le temps de m'habiller... je n'ai pas le temps de manger... c'est cruel... je n'ai pas encore pu déjeûner aujourd'hui.

— Monsieur, voulez-vous bien venir avec moi...

— A présent... Oh! c'est impossible!... c'est impossible!... On m'attend... tenez... je devrais déjà y être... chez la comtesse de Flaqueville, et ensuite une consultation chez un Anglais, un pair de la Grande-Bretagne.

— Mais, monsieur, ma femme qui a tout un côté enflé...

— Très bien, très bien... ce ne sera rien... j'irai la voir... laissez-moi votre adresse, j'irai dans une heure... mais à présent cela me serait impossible.

— Dans une heure... mais vous me le promettez, monsieur.

— Oui, oui... Oh! je vais vous inscrire sur mon carnet... j'ai dix-neuf visites à faire ce matin; mais je vous donne le numéro trois.

Le jeune homme laisse son adresse et s'éloigne, persuadé qu'un médecin qu'on a tant de peine à avoir doit posséder à fond tous les secrets de son art; il va dire à sa femme de prendre patience; et notre docteur se remet à manger sa panade.

Entrons maintenant dans ce superbe hôtel. Un monsieur affligé de soixante mille francs de rente et d'autant d'années s'est posé dans le monde en protecteur des artistes, en Mécène des talents naissants; il dit à chacun : Venez me voir... nous causerons, je vous pousserai...

L'artiste se présente chez ce monsieur avec confiance, mais le domestique qui lui ouvre la porte lui dit :

— Monsieur ne peut pas vous recevoir en ce moment... il est occupé.

— Ah! diable... mais c'est lui-même qui m'a engagé à venir le voir... allez donc lui dire mon nom; je suis sûr qu'il vous donnera l'ordre de me laisser entrer tout de suite.

Quelquefois le domestique ce décide à faire cette commission. Il se rend près de son maître qui est profondément endormi sur un divan, et qui, au bruit que fait son valet, s'éveille en s'écriant avec humeur :

— Qu'est-ce qu'il y a donc?.. je ne vous ai pas sonné... qui vous a prié d'entrer chez moi?

— C'est un jeune artiste, monsieur.... qui prétend que vous l'avez engagé à venir vous voir...

— Qu'il aille donc se faire... lanlaire! celui-là... C'est pour cela que vous m'éveillez, imbécile! allez lui dire que je suis très occupé... mais que je le recevrai une autrefois.

Chez nos lions, nos dandys du jour, il n'est pas rare de recevoir la même réponse; l'un ne veut pas absolument se déranger s'il est en train de faire ses ongles, ou de chercher une nouvelle manière de nouer sa cravate. Un autre veut faire croire qu'il est en bonne fortune, et à l'ami du jour qui se présente chez lui le valet de chambre vient dire d'un air mystérieux :

— Monsieur est bien fâché... mais il lui est impossible de vous recevoir dans ce moment : il est... trop occupé...

— Comment, moi... son ami!.. son Pylade...

— Mon Dieu, monsieur, vous seriez son... tailleur, que vous n'entreriez pas en ce moment.

— Ah ça, mais... il a donc une occupation bien sérieuse... bien importante.

— Oh! oui, monsieur!

— Tu souris, coquin! ah! je devine... j'y suis... ton maître est en bonne fortune!.. Il est avec quelque joli minois qui sera venu le trouver en cachette! le séducteur! le mauvais sujet!... N'est-ce pas que j'ai deviné... hein?

— Dame, monsieur... il est certain que mon maître n'a pas envie de quitter ce qu'il tient...

— Suffit! suffit!... j'en sais assez... Allons, je m'éloigne... Oh! je comprends alors qu'il n'y a pas moyen de le déranger.

L'ami s'éloigne en se disant :

— L'heureux mortel! je voudrais bien être occupé comme lui.

Or, savez-vous ce que fait le lion qui vient de défendre sa porte? il se sert maintenant de cet instrument qui a causé tant de tribulations à M. de *Pourceaugnac*.

PLUIE D'ORAGE.

C'est un coup d'œil curieux à Paris, lorsque par une belle journée d'été les habitants de la grande ville ont voulu se donner le plaisir de la promenade, de voir le changement, le bouleversement, la révolution causée par une pluie d'orage qui fond tout à coup sur les promeneurs, les flâneurs et les marcheurs.

Les dames songent à leur chapeau qui sera perdu; elles cherchent des yeux un abri, un auvent, une porte cochère ou une voiture... Elles se mettent à courir... Il faut voir comme les moins lestes se retroussent et sautent les ruisseaux.

Dans un pareil moment, on s'inquiète peu si on montrera le bas de son jupon, le haut de son mollet, et même la couleur de sa jarretière... Pour les amateurs de jambes, une pluie d'orage est l'incident le plus heureux qui puisse arriver; il y a des études délicieuses à faire.

Les hommes dont la toilette est fraîche, dont le chapeau est neuf ne se soucient point non plus de recevoir l'averse; ils courent d'un côté, les dames d'un autre; les enfants en font autant, mais cela les amuse; les marchands ambulants tâchent de courir avec leur boutique. Les habitants de la grande ville ont l'air alors de se disputer le prix de la course.

Les portes-cochères ouvertes sont bientôt tellement encombrées que les premiers arrivés sont forcés de reculer et de recevoir la pluie qui tombe dans la cour. Les derniers venus reçoivent encore la pluie de la rue, et tous ces gens-là ont l'agrément d'être dans un courant d'air fort dangereux pour des personnes qui viennent de courir.

Le désagrément de cette situation n'empêche pas toutes les personnes qui ont trouvé cette espèce d'abri de rire et de se moquer de ceux qui passent trempés par la pluie, et qui, pour arriver jusqu'à eux, ne peuvent plus traverser le ruisseau, qui en peu de minutes est devenu un torrent.

Vous voyez un bon bourgeois qui a tiré son mouchoir de sa poche et l'a mis par dessus son chapeau, en ayant soin de bien tenir les deux bouts pour qu'il ne s'envole pas. En moins d'une minute le mouchoir est parfaitement trempé; c'est égal, ce monsieur se figure que cela lui sert de parapluie.

Voilà quelques dames qui, pour garantir leur tête, ne craignent pas de dégarnir et d'enrhumer une autre partie de leur personne. Elles courent cachées sous leur robe, qu'elles ont retroussées sur leur tête. C'est le tableau de *Paul et Virginie* mis en action; mais les *Virginie* sont seules.

En ce moment l'observateur peut encore faire d'utiles réflexions sur le danger de se fier aux apparences.

Cette dame qui avait une robe de soie très élégante vient de montrer un jupon sale.

Celle-ci, qui porte des fleurs et des dentelles sur sa tête, a une jupe toute rapiécée et des trous à ses bas...

« *Vanitas vanitum, et omniâ vanitas!* »

C'est en ce moment que les omnibus sont courus, recherchés. Du plus loin qu'on les aperçoit, on leur fait des signes, on les appelle... Mais l'omnibus dédaigné il n'y a qu'un instant, parce que le temps était superbe, est déjà encombré de voyageurs... la plaque fatale est levée... Vous pouvez lire le mot : *Complet!* et malgré cela vous vous obstinez à faire des signes au conducteur et à courir après la voiture.

Ah! qu'il est heureux alors celui qui, par une prévoyance bien méticuleuse, s'est muni d'un parapluie; celui qui s'est dit : Il fait trop chaud aujourd'hui, nous aurons de l'orage!

Comprenez-vous que son parapluie est devenu le mouchoir qu'il peut jeter à ces odalisques surprises par l'averse; il n'a que l'embarras du choix. En ce moment, un homme qui offre à une dame la moitié de son parapluie est toujours bien reçu, lors même qu'il serait affreux de figure, mal bâti, borgne et boiteux.

Et vous comprenez encore tout le parti que l'on peut tirer de la circonstance : il est permis d'être fort aimable, fort galant sous un parapluie... A Paris, les averses ont donné naissance à bien des aventures.

Mais, en général, ce ne sont pas les jeunes gens qui ont la pensée d'emporter un parapluie dans la prévoyance d'une averse; les hommes mûrs, les séducteurs sur le retour se chargent de ce soin. Quand on a passé l'âge où l'on plaît par sa tournure, il n'est pas défendu de chercher à plaire par son parapluie.

LE BITUME.

Ce liquide noir et inflammable que vomissent les volcans est devenu notre terrain habituel. Le Parisien, qui jadis faisait le voyage de Naples et gravissait le mont Vésuve pour voir bouillonner ce bitume, foule maintenant aux pieds cette matière qu'il ne regardait autrefois qu'avec crainte et respect, et, tout en se promenant sur les boulevarts, il peut encore voir bouilloner le bitume, non pas sur la bouche d'un cratère, mais dans une grande chaudière de fer placée sur une espèce de poêle, dans lequel des individus fort noirs entretiennent un grand feu, en ayant soin de remuer avec une pelle le liquide visqueux qui répand au loin une fumée épaisse et une odeur fort désagréable.

Les gamins, les badauds ne manquent jamais de s'arrêter autour de la chaudière, et vous entendez là de ces réflexions, de ces dialogues qui peignent tout de suite le caractère et l'humeur d'une nation.

— Qu'est-ce que c'est donc que ce vilain fricot, qui sent si mauvais et qui chauffe dans cette grande chaudière?... dit une espèce de provincial à une vieille portière.

— Ça, mon cher monsieur, c'est des pavés qu'on fait cuire pour daller notre pauvre boulevart qui s'en serait ben passé!... Demandez-moi un peu si la promenade n'était pas plus gentille quand on marchait sur la terre comme dans un jardin. Quand il avait un peu plu!... on enfonçait dans la crotte, c'est vrai... mais au moins on avait l'agrément de marcher sur la terre.

— Comment, on va paver avec cette bouillie noire qui fume... pas possible...?

— Je vous assure, mon cher monsieur, que l'on va étaler ça sur le boulevart, comme des confitures sur du pain... et on marchera ensuite dessus, ni plus ni moins que si c'était du parquet bien frotté.

— Mais on se brûlera les pieds...

— Ah! mon cher ami, je ne vous ai pas dit que ça serait toujours chaud comme à présent. Ça se refroidit en séchant. Mais c'est si uni que l'on croirait marcher sur une glace... c'est horriblement glissant... en hiver par le verglas ce ne sera pas tenable... et c'est dangereux de glisser... surtout pour les femmes!... vous comprenez!... Les hommes encore ont des pantalons... mais nous autres... c'est bien vétilleux!...

— Ohé! ohé! La friture!... s'écrie un gamin en accourant près de la chaudière. Tiens! *qué que* c'est que ça... ça se mange-t-il?... J'ai envie de laisser tomber mon pain là dedans et de le lécher ensuite, pour voir si c'est bon...

— Ah! polisson! ne vous en avisez pas! s'écrie la vieille femme; vous vous mettriez le feu dans le corps.

— C'est dommage! ça ressemble à du raisiné.

— Quelle invention baroque! s'écrie un grand monsieur à bézicles; ça ne vaudra rien, cela ne durera pas... cela fondra au soleil.

— Moi, j'avais une idée bien meilleure, dit un autre, c'était du plomb!

— Comment votre idée était du plomb... Je n'y suis pas!

— Vous ne comprenez pas? plomber tout le boulevart...

— C'eût été trop coûteux!

— Mais non, des feuilles de plomb fines... Comme ce qui enveloppe le chocolat... c'eût était très joli et très brillant.

— Moi, dit un petit homme, j'aurais préféré le zinc... Il fallait zinguer toute la voie publique... Il n'y a rien au dessus du zinc; dans quelques années je vous parie que toutes les maisons seront bâties en zinc : c'est bien plus léger que le moellon.

— Et pourquoi, dit une autre personne, n'aurait-on pas plutôt étamé les boulevarts comme on étame les casseroles... moi je suis pour l'étain!

— C'est juste! répond en riant un jeune homme, et puis les boulevarts n'auraient pas pris le vert de gris.

Un vieillard qui tient une canne, dont il frappe le sol, dit à son tour, en s'arrêtant presque à chaque mot :

« Oh! si l'on m'avait consulté... moi!... j'aurais trouvé bien
« mieux que tout cela!... d'abord... c'était bien facile... j'y avais
« pensé.... j'aurais trouvé tout autre chose... »

Comme le vieux bonhomme ne peut pas parvenir à dire ce qu'il aurait trouvé, la foule s'écoule et le laisse parler tout seul en gesticulant avec sa canne.

Et malgré tout ce que l'on a pu dire, le bitume s'est établi sur les boulevarts, qui, grâce à lui, sont devenus propres et unis comme des trottoirs; et on ne glisse pas plus souvent sur ce terrain que l'on ne glissait sur tout autre, mais c'est le sort de toutes les améliorations d'avoir d'abord des détracteurs.

LES ARTISTES.

Il y a artiste et artiste, comme il y a fagot et fagot. Et d'abord il y a une foule de gens à Paris qui se disent artistes pour tâcher d'être quelque chose, et pour cacher qu'ils ne sont rien; il y en a d'autres qui se croient vraiment artistes parce qu'ils ont la volonté, le désir de l'être, comme si la volonté pouvait être réputée pour le fait.

A Paris, du moment que l'on fait quelque chose, que l'on exerce la profession la plus minime, on se dit artiste, on l'imprime, on le fait écrire en lettres de dix pouces sur son magasin, sa boutique ou son échoppe.

Ainsi il y a dans la grande ville des artistes tailleurs, des artistes coiffeurs, des artistes qui peignent des enseignes et qui font également le portrait ou le bâtiment, rien ne leur est étranger; des artistes pour la chaussure. Puis viennent ensuite des artistes décrotteurs, des artistes tondeurs de chiens, des artistes qui font votre profil à la silhouette avec du papier et une paire de ciseaux ; des artistes qui jouent de la clarinette dans la rue, d'autres qui chantent, d'autres qui dansent! C'est à n'en plus finir. Tous ces gens-là se disent artistes.

Souvent au coin d'une rue un homme qui porte un habit râpé et un chapeau crasseux, s'approchera de vous en murmurant à votre oreille :

— Veuillez obliger un pauvre artiste sans ouvrage... que le malheur poursuit... et qui en sera bien reconnaissant.

Tout en fouillant à votre gousset, vous dites à cet homme :

— Vous êtes artiste... et dans quel genre?

— Monsieur, j'ai *t'écrit* plusieurs ouvrages pour des théâtres que je leur *z'y ai* offert et que les cabales m'ont repoussé.

Vous n'en demandez pas davantage, et vous laissez là cet artiste après lui avoir fait l'aumône.

Une autre fois, c'est un monsieur qui se présentera chez vous, en se disant artiste-peintre; il vous propose de faire votre portrait en une heure pour la modique somme de dix francs; il vous garantit la ressemblance; il vous fera à l'huile ou à l'eau, comme il vous sera agréable; quant à lui, vous vous apercevez qu'il est déjà au vin.

Vous n'avez pas besoin de votre portrait, mais ce monsieur vous fait entendre qu'il a une famille, beaucoup d'enfants et très peu de pain à leur donner. C'est une chose fatale à Paris que ces gens qui n'ont que très peu de pain, aient toujours une grande quantité d'enfants. Vous vous laissez attendrir; vous demandez à cet artiste à voir quelques uns de ses portraits; mais il n'en a jamais sur lui, et pour cause.

Vous consentez à prêter votre visage; l'artiste se met à l'œuvre; il vous a demandé une heure, il y est depuis plus de quatre; vous

vous impatientez, vous allez regarder la toile; vous apercevez une espèce de lune, au milieu de laquelle ce peintre, qui ne sait pas les premières règles du dessin linéaire, cherche à faire des yeux et un nez sans pouvoir y parvenir. Vous en avez assez; vous donnez à l'artiste vos dix francs, en lui déclarant que vous ne poserez pas davantage; il vous assure que cela *allait venir* et que vous auriez été très ressemblant; mais vous le mettez à la porte avec votre portrait que vous lui abandonnez, bien certain qu'on ne vous reconnaîtra pas.

Parfois encore vous voyez entrer chez vous un homme déguenillé; il a un pantalon percé en plusieurs endroits, un habit troué, râpé, privé de boutons, un gilet en loques, et tout cela ne l'empêche pas de vous dire, en s'exprimant avec beaucoup de prétentions :

— Je suis maître ès-arts, bachelier ès-lettres... artiste par goût, professeur par nécessité... Je montre une foule de choses... le latin, le grec, l'écriture, la philosophie... la rhétorique... Vous avez des enfants, je leur montrerai tout cela...

Vous vous rappelez alors une anecdote semblable, et vous vous hâtez de donner cinq francs à ce monsieur, en l'engageant à aller s'acheter une culotte pour ne point s'exposer à montrer encore autre chose à ses élèves.

Parmi les véritables artistes il y en a beaucoup à Paris qui affectent une coiffure, une mise originale; c'est une faiblesse qu'il faut pardonner au talent. Mais, en général, ce ne sont pas les plus grands talents qui aiment à se singulariser par leurs dehors.

Du reste, personne n'est plus libre à Paris qu'un artiste: il fait ce qu'il veut, s'habille comme bon lui semble, travaille quand cela lui plaît, flâne tant qu'il en a l'envie; à un dîner il se fait attendre, à un rendez-vous il arrive plus tard que les autres; dans une réunion il dit tout ce qui lui vient par la tête. On lui passe, on lui pardonne tout, pourvu qu'il ait du talent.

Il en est qui abusent de la permission. L'un vous donnera dix rendez-vous sans s'y trouver, l'autre se dira malade pour ne pas vous recevoir, qui sera tout occupé d'un pas *chicard* qu'il veut danser dans une soirée de *Lorettes*. Celui-ci affecte les manières et le ton d'un grand seigneur, comme si l'on ne connaissait pas son origine ; celui-là se pose en réformateur, en puritain, qui dans la rue ne saluera pas un pauvre diable dont les débuts n'ont pas été heureux.

A Paris les artistes peintres qui ont de grands ateliers y reçoivent une foule d'autres artistes de tous les genres, de tous les pays.

Rien n'est vraiment plus artiste que la réunion de l'atelier : vous y voyez le compositeur écoutant une charge que raconte un peintre ; le poëte écrivant quelques vers que lui inspire une belle étude ou un grand tableau ; le statuaire jouant à l'impériale avec un rapin ; un jeune élève cherchant à faire une niche à un modèle, et pour cela allant coudre les manches de l'habit que celui-ci vient d'ôter, de façon qu'au moment où il voudra se rhabiller on lui fera croire qu'il est prodigieusement enflé, et que c'est pour cela qu'il ne peut plus entrer dans son habit.

De ce côté un jeune élève de l'école moderne se drape dans un grand châle, et roulant une serviette autour de sa tête, se fait Turc ; puis, s'asseyant les jambes croisées, se met à fumer dans une grande pipe, en essayant de faire ressortir la fumée par ses narines.

Plus loin un acteur de nos premiers théâtres danse le cancan avec un violoniste célèbre, tandis qu'un jeune comique d'un théâtre des boulevarts fait semblant de les accompagner, et mettant le bout d'un rotin dans sa bouche, fait courir ses doigts sur sa canne comme s'il jouait de la clarinette.

Un sculpteur chante une complainte nouvelle sur l'air consacré de Fualdès. Un graveur prend un cor de chasse et sonne un hallali ; un auteur de vaudeville se barbouille la figure de rouge et de noir en braillant un grand air d'opéra ; tandis que deux élèves du Conservatoire s'exercent à chanter en *duo* : *Femme sensible* avec *J'ai du bon tabac*. Ici on déclame, là on dessine, plus loin on danse, on fait des armes, on tire le bâton ou la savate, on raconte des charges, on en trouve de nouvelles ; partout enfin de la folie, de la joie, des calembourgs, des pointes, des bêtises, de l'esprit, et toujours la plus franche liberté.

Voilà l'intérieur du véritable artiste à Paris, car il est ordinairement chez lui comme dans son atelier.

LES GRISETTES AU SPECTACLE.

Les grisettes de Paris adorent le spectacle et les acteurs : elles ont aussi un doux penchant pour les auteurs, parce qu'ils font des pièces, qu'ils vont sur les théâtres, et enfin qu'ils sont ce qu'elles appellent de la *boutique* (la boutique pour ces demoiselles signifie le théâtre), et elles aiment tellement la *boutique*, que tout ce qui en approche, y tient, y touche, a des droits à leur affection.

Pour ces demoiselles un acteur est un dieu, un auteur un demi-dieu, un danseur un quart de dieu; ensuite les décorateurs, musiciens, machinistes, contrôleurs, lampistes, habilleurs, allumeurs, souffleurs et pompiers attachés au théâtre ont aussi leur petite portion de divinité.

Avec un billet de spectacle, à Paris, on est vite dans les bonnes grâces d'une grisette, surtout si c'est un billet qui ne paie point de droit; mais les acteurs n'ont pas besoin de donner des billets pour faire la conquête de ces demoiselles : du moment que l'on monte sur les planches, que l'on joue des rôles, que l'on se costume, que l'on fait les amoureux, les traîtres, les seigneurs, les bergers ou les comiques, le cœur d'une grisette vole au devant de l'heureux mortel qu'elle a vu un jour en Espagnol, une autre fois en Turc, en chevalier ou en Polonais; car en prenant un acteur pour amant, elle se figure être aussi la maîtresse d'un Polonais, d'un Turc ou d'un Espagnol... Et c'est si gentil d'aimer une personne qui n'est pas toujours la même!... De ce côté-là nous pensons un peu comme les grisettes : *In varietate voluptas.*

A la promenade, dans la rue, sur les boulevarts, en quelque endroit enfin que se trouve une grisette, si un acteur passe près d'elle, sa figure s'anime, ses yeux brillent et deviennent très agaçants; si elle est seule, elle ralentira sa marche et se retournera plusieurs fois pour regarder l'artiste, et lui faire comprendre qu'elle l'a reconnu ; si elle est avec une amie, elle lui donnera un grand coup de coude dans les côtes, en disant de manière à être entendue de l'acteur :

— Tiens! voilà ce monsieur qui joue si bien.... dans le dernier drame que nous avons vu au théâtre de *la Gaîté*... où nous avons tant pleuré...; il faisait le comique.... il était en vieux.... et il est tout jeune... oh! que c'est drôle... comme il se grime bien.

— Mais ce n'est peut-être pas lui, ma chère, répond l'amie en tâchant de donner du velouté à sa voix.

— Oh! que si... oh! j'en suis sûre... je le reconnais bien... il a un pied de femme, ça m'a sauté aux yeux.

L'acteur auquel tout cela s'adresse ne peut s'empêcher de sourire : si les grisettes sont jolies, il leur adresse quelquefois la parole; celles-ci sont enchantées et fières de causer avec un acteur; la connaissance sera bientôt faite.

En général les grisettes affectionnent le drame, les pièces où il y a de fortes émotions à éprouver. Et puis à *l'Ambigu*, à *la Gaîté*, aux *Folies-Dramatiques*, au *Cirque*, les femmes sont admises au parterre, et la grisette voltige du parterre à la seconde galerie; il en est quelques unes qui montent à la troisième galerie, mais ce sont les grisettes du dernier ordre, ou plutôt ce sont de fausses grisettes, de malheureuses ouvrières coiffées d'un fichu, qui ne comprennent pas toute la portée d'un mélodrame, et qui se mettent à casser des noix au moment le plus épineux de la pièce. Quant à l'amphithéâtre ou paradis, les grisettes qui se respectent n'y vont jamais; elles abandonnent cette place aux gamins, aux marchandes de marrons, aux vendeurs de contremarques, aux parents des figurantes, aux gardes municipaux et aux employés aux trognons de pommes ; ceux-ci sont bien obligés par leurs fonctions de se tenir au dernier amphithéâtre pour surveiller le public de l'endroit, dont un des principaux amusements est de lancer sur le parterre ou dans les loges des coquilles de noix, des noyaux de cerise dans la saison, mais surtout des trognons de pomme, car il paraît que ce fruit doit toujours donner de mauvaises pensées aux habitants du paradis.

La grisette qui va au spectacle ne dîne pas, ou dîne à la hâte; le plaisir qu'elle éprouve lui ôte l'appétit, et d'ailleurs elle sait bien qu'elle se dédommagera pendant les entr'actes.

Elle arrive de bonne heure, elle veut tout voir, et puis elle veut être bien placée : si elle va à la seconde galerie, elle veut être sur le premier rang. Si elle choisit le parterre, elle tâchera de se placer tout contre l'orchestre; d'abord parce que là elle pourra voir les acteurs de plus près, ensuite parce qu'on peut s'appuyer sur la séparation, ce qui est très commode et délasse un peu, et il est bien permis de chercher les positions qui délassent lorsqu'on entre dans une salle de spectacle à cinq heures pour y rester quelquefois jusqu'à minuit passé.

Mais la grisette va rarement seule au spectacle; il faut avoir avec soi une amie pour lui communiquer les émotions que l'on éprouve, pour causer de la pièce, des acteurs, des actrices; s'il fallait être toute une soirée sans causer, le plaisir ne serait pas complet; aussi ces demoiselles vont-elles presque toujours en compagnie; elles se rendent souvent à un théâtre par bande de quatre, cinq et six, et quelquefois davantage. Elles franchissent les escaliers avec une rapidité effrayante; vous les entendez avant de les voir. Elles arrivent à la seconde galerie; pendant que l'une d'elles donne les billets à l'ouvreuse, les autres sont déjà entrées, et franchissent les banquettes en s'écriant :

— Tiens, mettons-nous là.... — Non, non, Dédelle, là-bas plutôt, nous serons mieux. — Ah! mesdemoiselles, pourquoi donc ne pas nous mettre en face, il y a de la place. — Non, le lustre gêne, il vaut mieux être de côté. — Ah! cette bêtise, n'est-ce pas, Louise, que le lustre ne gêne pas. — Je vous dis que nous serons bien ici.

Enfin ces demoiselles se sont placées de côté sur le devant, mais bientôt la galerie se remplit, il vient du monde derrière les grisettes, puis encore d'autres personnes sur le troisième banc. Et pour voir, quand on est sur le côté et que l'on n'est pas sur les premiers rangs, il est rare que l'on ne soit pas obligé de se pencher en avant.

Aux troisièmes galeries et au paradis on a l'habitude de mettre une espèce de rampe en fer qui permet aux personnes placées au second rang de s'appuyer en se tenant debout et sans gêner le premier banc : par exemple, les derniers venus qui occupent le troisième rang ne se gênent pas pour s'appuyer sur les personnes qui se reposent sur la rampe. C'est un coup d'œil curieux que de voir tout ce monde groupé, entassé, ramassé; des têtes sortent de dessous un bras, d'autres se faufilent entre les jambes, et on éprouve un sentiment d'effroi en songeant que si la rampe de fer venait à se briser, tous ces gens-là dégringoleraient dans le parterre.

Mais à la seconde galerie, comme il n'y a pas de rampe, les personnes qui sont de côté, sur le derrière, se lèvent ou se penchent en avant, et les grisettes sont presque sans cesse en querelles avec leurs voisins.

— Monsieur, vous me gênez; vous vous appuyez sur mon dos... ne vous avancez donc pas comme ça.

— Mais, mademoiselle, je ne vois pas.

— Qu'est-ce que ça me fait à moi....

— Je n'ai pas payé pour ne rien voir.

— Il fallait faire comme nous, venir plus tôt pour être devant!...

— Dites donc, madame, avez-vous fini de vous mettre sur moi?.. que vous m'étouffez, sans compter que vous chiffonnez tout mon bonnet!..

— Eh! mon Dieu! vous faites bien de l'embarras avec votre bonnet de quinze sous!...

— Ah! dis donc, Virginie, entends-tu cette madame Ragotin, qui dit que j'ai un bonnet de quinze sous!

— Ça lui va bien, avec son vieux chapeau vert gras... la passe a été faite avec quelque éventail... et cette fourrure au collet de sa robe... Ah! ah! la queue de notre chat qu'elle a subtilisée.

— Sont-elles insolentes ces chipies-là?... Mesdemoiselles, si vous ne vous taisez pas, je vais aller chercher le commissaire.

— Eh bien! allez-y donc... nous verrons si vous avez le droit de vous pencher comme cela sur nous.

— Dis donc, Georgina, et ce vieux monsieur qui est debout derrière moi, et qui me pleure sur la tête, comme c'est amusant.

— Il n'a donc pas de mouchoir ce vieux-là!...

— Il y a des gens bien embêtant au spectacle!... D'autant plus que je crois qu'il pleure avec son nez... Je demande à changer de place.

— Merci, je sors d'en prendre.

Les personnes que ces disputes impatientent, crient de temps à autre : — Silence donc!... — Paix donc, mesdemoiselles! — Vous troublez le spectacle!

— Qu'est-ce que c'est? Qu'est-ce qu'il dit celui-là?... Nous troublons le spectacle... Qu'il commence donc par se taire, ce monsieur.
— On nous vexerait, et nous ne répondrions pas, ce serait un peu drôle!... — Il est gentil ce monsieur, je le reconnaîtrai!... Je le retiens pour la walse.

— Ah! j'ai faim, moi, et toi, Georgina?
— Moi j'ai soif, je boirais bien volontiers du coco... Ah! si je

tenais en ce moment un verre de coco, comme je le savourerais!...

— J'aime pas cette boisson-là, moi, je préfère le punch.

— Ah! dites donc, mesdemoiselles, elle n'est pas dégoûtée.

— Moi, j'ai été dernièrement avec mon cousin le tourneur.... qui se laisse pousser des moustaches.... qui sont blondes, rougeâtres... que ça ne lui va pas bien du tout... que même je lui ai conseillé de les astiquer avec du noir de fumée et du vernis, parce que je connais des jeunes gens qui s'en sont mis, et que c'est très joli et ça ne déteint pas...

— Dis donc, as-tu fini?... Quand elle est sur l'article de son cousin, celle-là, il n'y a plus de raison pour que ça finisse. Qu'est-ce que cela nous fait qu'il ait des moustaches rousses ou jaunes?... Moi, j'ai manqué d'épouser un homme qui avait des favoris bleus... J'en ai eu peur... J'ai dit : il me fera peut-être comme dans l'histoire... il me pourfendra, si j'ai le malheur d'entrer dans le moindre petit cabinet noir...

— Mesdemoiselles, silence donc! on n'entend pas!...

— Tiens, cette bêtise... on danse la *Cachucha* pour le présent. Est-ce qu'il veut entendre le bruit des entrechats, ce monsieur?... Oh! cette boule... C'est au moins un charcutier qui ne peut pas se défaire de ses saucisses!

— Mesdemoiselles, pour en revenir à mon cousin, il m'a menée dans un café, où il m'a fait prendre quelque chose de sucré au vin blanc... c'était froid, mais c'était bien bon... avec des ronds de citron dedans.

— Ah! je sais ce que c'est... c'est du... du chose... j'en ai pris plusieurs fois... une boisson allemande. — Du *groge*? — Eh non, c'est anglais le *groge*, ça je te dis que c'est allemand... du *pichope*. C'est ça!... — Tiens, tu sais l'allemand, toi, Adrienne. — Oui, j'en sais des mots comme *pichope* et chou croûte. — Ah! ben alors dites donc, mesdemoiselles, nous irons boire de la bière dans l'entr'acte... — Ah! oui, et nous achèterons de la galette — et du flan.

—Ah! moi j'ai déterré un petit pâtissier qui en donne de bien plus grosses parts que les autres pour deux sous. Je vous y mènerai.

Et dès qu'un acte est fini, ces demoiselles se lèvent, montent sur les banquettes, s'appuient sur toutes les épaules qui se trouvent sur leur passage, et sortent pour aller se rafraîchir et acheter des provisions.

Elles reviennent quelquefois lorsque la pièce est déjà commencée; alors elles se poussent, elles se pressent, elles se font jour à travers les spectateurs. Peu leur importe de marcher sur des pieds, des souliers, de déranger le monde, il faut qu'elles regagnent leur place; elles y arrivent enfin avec leur morceau de flan ou de galette enveloppé dans du papier et qu'elles tiennent à leur main. Elles s'asseyent, elles écoutent et mangent; lorsque la pièce a des situations attendrissantes, une des grisettes dit à une autre :

— Prête-moi donc ton mouchoir... j'ai de la frangipane dans le mien. — Je veux bien, mais ne te mouches pas dans les coins au moins.. — Qu'elle est bête... c'est pour pleurer... d'ailleurs je ne prends pas de tabac, moi.

Et l'acte fini, vous croyez que ces demoiselles vont se tenir tranquilles à leur place; non vraiment, elles sortent encore; elles sortent à chaque entr'acte; après avoir bu, elles ont besoin d'autres choses, et elles ne sont pas filles à se gêner.

Les grisettes qui vont se placer au parterre ont en général plus de tenue; elles veulent même quelquefois singer les femmes comme il faut. Elles tâchent de se mettre tout contre l'orchestre, parce que c'est mieux composé que dans le centre et aux entrées du parterre; puis de loin, comme on ne voit pas bien la séparation, on peut croire qu'elles sont à l'orchestre. Dans les entr'actes, comme elles sortent beaucoup moins souvent qu'aux secondes galeries, elles ont sans cesse les yeux attachés sur les entrées de l'orchestre, parce que c'est là que paraissent les acteurs, les auteurs, les journalistes; lorsque tous ces personnages qui tiennent au théâtre viennent faire un tour dans la salle, ils ne s'asseyent jamais, mais perchent quelques minutes sur les marches de l'entrée, avancent la tête, regardent sur la scène, jettent un coup d'œil dans les loges, aux galeries, à l'orchestre; échangent quelques saluts avec des connaissances, et disparaissent aussi subitement qu'ils sont entrés; ce sont des oiseaux de passage qu'il faut saisir au vol, aussi les grisettes les guettent constamment, et sont toujours les premières à les apercevoir.

Quand un acteur paraît à l'entrée de l'orchestre, la grisette qui a sans cesse un œil sur la scène et l'autre de ce côté, l'aperçoit sur-le-champ, et cela lui cause de grandes distractions : elle joue de la prunelle, de manière que si l'acteur jette les yeux de son côté, il est impossible qu'il ne rencontre pas les siens, puis elle dit à son amie :

— Tiens, voilà X..... à l'entrée de l'orchestre à gauche...: tiens, il se penche... il a une redingote noisette à la propriétaire...

— Ah! oui, je le reconnais... il cause avec un grand brun que je vois souvent ici... Qu'est-ce que c'est donc que ce grand-là?

— Un journaliste ou un auteur... il a toujours un lorgnon à la main... c'est un genre...

— Ah! ma chère, on peut être un myope, ça n'est pas défendu. Moi j'ai eu un amant qui l'était tellement, que le soir, dans la rue, il prenait les hommes pour des chevaux, et les femmes pour des bornes; je me suis fâchée avec lui parce qu'un soir il a renversé deux vieilles femmes en croyant sauter par dessus un banc de pierre; je me suis dit : Certainement un soir il voudra m'escalader aussi.

— Ah! voilà X..... qui regarde de notre côté...

— Il sourit...

— Tu crois ?

— Oui... il m'a souri.

— A toi!... par exemple!... c'est à moi.

— Pourquoi serait-ce plutôt à toi qu'à moi ?... Elle est étonnante cette Alphonsine! Elle croit que les hommes ne peuvent reluquer qu'elle; chacune a son petit mérite, vois-tu.

— Mon Dieu! je ne prétends pas rabaisser le tien, ma chère! seulement je dis que ce ne serait pas la première fois que X..... m'aurait regardée : il me connaît bien... une fois à la queue il m'a protégée, et fait passer par l'entrée des loges louées.

— Oh! c'est différent!... Tu m'en diras tant... mais il paraît qu'il t'a assez vue, car il est parti.

La conversation cesse, et ces demoiselles écoutent la pièce; dans l'entr'acte un garçon de théâtre se glisse par derrière le rideau, et vient accrocher un tapis sur les planches de la scène.

— Oh! il va y avoir une décoration avec un tapis, dit une grisette... Moi, j'adore les pièces où il y a des tapis, c'est bien bon genre... C'est pour cela que j'aime beaucoup le Gymnase.

— Moi, j'aime mieux les décors champêtres... et les pièces espagnoles... Oh! les pièces espagnoles!... Quand les hommes ont des toques et des haut-de-chausses en soie, je trouve que c'est toujours bien plus intéressant.

Mais la pièce se joue, les grisettes sont tout oreilles, surtout s'il n'y a plus personne de la *boutique* à l'entrée de l'orchestre. Quelquefois un ouvrier en casquette, un homme du peuple assis près d'elles, leur adresse la parole et semble avoir envie de faire leur connaissance; mais elles le reçoivent fort mal, et souvent ne lui répondent pas; pour faire la conquête de ces demoiselles, il faut être artiste, ou tout au moins porter un chapeau rond et un pantalon à sous-pieds.

UNE LOGE D'ACTRICE.

O vous qui n'êtes ni directeur, ni auteur, ni acteur, ni musicien, ni actionnaire, ni souffleur, ni pompier, et qui n'avez pas vos entrées sur le théâtre, où cependant vous brûlez de vous glisser, pour voir les actrices de près... au risque de perdre vos illusions, ce qui pourrait fort bien arriver, je vous en préviens... venez... je vais vous introduire non pas sur le théâtre, mais dans la loge d'une de ces dames, ce qui est une faveur bien plus précieuse encore.

Nous n'irons pas dans un théâtre du premier ordre, car dans la plupart des loges de ces dames vous trouveriez de l'élégance, du luxe, de riches portières cachant les portes, des meubles du meilleur goût, des glaces superbes, des divans, des tapis moelleux, des lampes d'albâtre; puis une société choisie, des hommes de lettres, des journalistes, des célébrités dans tous les genres qui viennent faire leur cour à l'actrice que le public applaudit. Vous vous croiriez là dans un salon de la Chaussée d'Antin, et cela n'aurait rien de piquant à vos yeux.

Nous entrerons dans un théâtre du second ordre; c'est moins élégant, moins riche, mais c'est plus original. Non pas que dans les théâtres du second ordre, quelques unes de ces dames n'aient aussi des loges fort coquettement décorées... Il en est même qui peuvent rivaliser de luxe avec celle d'une célébrité de nos premiers théâtres, et du reste cela n'a rien de surprenant, puisque quelquefois c'est la même personne qui a fait décorer les deux.

Mais nous choisirons la loge d'une actrice dont la renommée ne fatigue pas chaque jour la réclame et les lecteurs de journaux.

La propriétaire de cette loge joue dans la seconde pièce; elle arrive au moment où l'on commence la première. Elle n'a pas trop de temps devant elle, parce qu'il faut qu'elle se fasse coiffer.

Elle entre par cette petite porte qui est ordinairement derrière le théâtre. En passant devant la concierge, elle s'arrête, avance la tête, et dit : « Il n'y a rien pour moi? » Car beaucoup de ces dames attendent toujours quelque chose, même lorsqu'elles ont tout ce qu'il leur faut. Quand la réponse est négative, la figure de l'actrice se rembrunit légèrement, parce qu'il est très flatteur de recevoir des déclarations d'amour et des billets doux, alors même qu'on n'a pas l'intention d'y répondre. On montre cela à ses camarades, à ses rivales, cela les fait enrager, et c'est toujours fort agréable.

L'actrice a monté l'escalier; elle arrive au couloir où sont les loges des dames, qui ordinairement ne se trouvent pas à côté de celles des hommes : ce qui vous fait savoir que la décence se glisse partout, même dans l'intérieur d'un théâtre; mais on les a tant calomniés ces pauvres comédiens!... Cependant il y a des théâtres où les sexes sont mêlés.

L'actrice passe devant les loges de ses camarades; la plupart ne sont pas fermées, car l'une appelle l'habilleuse, l'autre attend le coiffeur, celle-ci va demander du rouge à l'une de ses voisines, tandis que celle-là va lui emprunter du blanc.

Après quelques bonsoirs, quelques petits mots échangés, l'actrice entre dans sa loge; elle la possède à elle seule, et c'est déjà quelque chose, parce que beaucoup de ces dames n'ont qu'une loge pour deux et quelquefois pour trois, ce qui amène toujours des désagréments et des querelles. Cependant du moment que l'on est sortie des utilités, il est rare que l'on n'ait pas une loge pour soi seule; à moins cependant que d'un commun accord, et pour en avoir une plus vaste, on ne la partage avec une camarade dont on est l'amie. Mais au théâtre, comme partout, l'amitié est bien fragile! pour qu'elle soit de quelque durée entre ces dames, il faut surtout qu'elles ne jouent point le même emploi.

Une loge pour une personne n'est pas grande dans les théâtres du boulevart. Figurez-vous un espace de six pieds carrés à peu près, dans lequel il faut que vous fassiez tenir une glace, ou un grand miroir, une espèce d'armoire basse comme un petit buffet qui tient tout un côté de la muraille, et dont le dessus sert de table et de toilette, puis quelquefois une véritable toilette; ensuite un coffre, un ou deux cartons, deux ou trois planches sur lesquelles on met des pots de rouge, de blanc, de bleu, de pommades, de pâtes, de savons, d'essences, d'huiles antiques, de poudres, d'opiat, de gomme, et une infinité d'autres cosmétiques; un porte-manteau après lequel on pend la robe de ville et quelques costumes de théâtre, deux ou trois chaises, un divan, ou tout au moins une banquette, ou un fauteuil, ou un tabouret. Puis une moitié de poêle, ou un simple tuyau qui est censé donner de la chaleur, et enfin un bec de gaz qui va ordinairement trop fort, ou n'éclaire pas assez, et que l'actrice n'ose jamais tourner elle-même de peur de voir la flamme s'élever jusqu'au plafond.

Quand trois personnes sont réunies dans une de ces loges, vous comprenez qu'il y en a une assise dans un petit coin sur le coffre, le divan ou une chaise, et à laquelle il est défendu de bouger; il n'est même pas nécessaire de le lui défendre.

L'actrice entre dans sa loge qui est éclairée. Elle commence par jeter de côté son chapeau, son châle, ou sa pelisse, par se débarrasser du fichu qui est noué autour de son cou, et en faisant tout cela, elle murmure :

— Ah! que cela sent mauvais ici... ce gaz infecte... cela prend à la poitrine... Je voudrais que le diable emportât leur gaz... ce bec va trop fort aussi.

Elle sort de sa loge et entre dans celle qui est à sa gauche, où l'actrice qui fait les ingénuités cause mystérieusement avec un auteur au sujet d'un rôle, ou sur tout autre sujet.

Celle qui vient d'arriver dit, en apercevant l'auteur dans la loge de sa camarade :

— Ah! pardon, je vous dérange...

— Mais non, du tout! tiens, par exemple, c'te bêtise!... (répond l'ingénuité, tout en se retournant pour attacher sa jarretière); je causais avec X...... au sujet de la pièce qu'il a lue ce matin, et je lui demandais de me ralonger un peu mon rôle... et de m'ajouter deux ou trois couplets, car enfin je chante... j'ai de la voix... eh bien, faites-moi donc chanter!... Ils sont étonnants ces auteurs... quand ils ont une actrice qui chante bien, ils ne lui mettent que des morceaux d'ensemble, des bouts de sortie, des riens du tout, quoi!...

— Votre rôle n'est pas joli peut-être, s'écrie l'auteur en haussant les épaules avec impatience?

— Je ne dis pas cela, mon petit; si, il est gentil... Ce n'est pas un de ces rôles étourdissants... qui enlèvent un public, mais enfin je ne me plains pas du rôle.

— C'est heureux. .

— Mais je me plains du chant... je n'ai que de vieilles rangaines... et l'amoureuse a tous les jolis morceaux... Comme il me semble que j'ai au moins autant de voix qu'elle, je dis que ce n'est pas juste.

Celle qui vient d'arriver, et que cette discussion n'intéresse pas, parce qu'elle ne joue point dans la pièce en question, s'écrie:

— Je voudrais bien baisser mon gaz, moi; il va trop fort, mais je n'ose pas y toucher... il n'y a donc pas un garçon de théâtre par ici... Te connais-tu à cela, toi?

— Moi, toucher à leurs becs de gaz... ah! le plus souvent...

Et l'ingénuité va dans le couloir, et se met à crier avec une voix de premiers rôles:

— Madame Rot!... madame Rot!...

Madame Rot est l'habilleuse de ces dames; on entend de quelques loges plus loin sa voix qui répond:

— Qu'est-ce qui appelle?

— Eh ben! c'est moi... je ne suis pas lacée, dites donc...

— Je vais venir.

L'actrice qui vient d'arriver, et que nous nommerons Zizi, s'écrie à son tour :

— Madame Rot! si vous voyez Bichet, le coiffeur, envoyez-le-moi. Ah!... voilà Pierre... Pierre! venez donc me baisser mon gaz... c'est effrayant comme ça flambe dans ma loge.

Le garçon de théâtre entre dans la loge de mademoiselle Zizi; il rétablit l'équilibre dans la lumière, et l'actrice se remet à se déshabiller.

Elle est en train de mettre la chaussure du personnage qu'elle représente, lorsqu'on entr'ouvre sa porte. C'est l'actrice qui joue les comiques; elle est costumée en servante d'auberge, et avance sa tête en disant :

— Es-tu seule?

— Oui, oui; viens donc cancaner un peu.

— Ma chère, je suis furieuse!

— Qu'est-ce qu'il y a de nouveau?

— Tu n'étais pas à la lecture de ce matin?

— Non, puisque je ne joue pas dans la pièce de X..... Il ne me donne jamais de rôle, ce grand serinard-là... Au reste je n'y tiens pas! elles ne sont pas si bonnes ses pièces!... c'est spirituel comme mon genou!

— Oh! ma chère, figure-toi qu'il vient de me donner une panne, mais tout ce qu'il y a de plus panne!.. un bouche-trou jouerait cela!.. Et encore avant la lecture, quand je lui demandais si je jouerais dans sa pièce, est-ce qu'il n'a pas eu le front de me répondre : Oui, oui, vous avez un rôle et vous serez contente!... Mais je ne le jouerai pas son rôle... oh! par exemple, j'aimerais mieux rompre mon engagement!...

Pendant que la première comique parle, mademoiselle Zizi tourne, retourne, et bouleverse tout sur l'armoire qui fait toilette, en murmurant :

— Qu'est-ce qu'ils ont fait de mon lacet de soie?... j'en avais un tout neuf hier que j'avais laissé là-dedans... mais on vous prend tout ici ; il n'y a pas moyen de retrouver quelque chose.

— Comprend-on cela ?... moi, enfin, ce n'est pas pour me faire valoir, mais tout le monde sait que je suis aimée du public... Je ne dis pas que j'ai du talent... mais je fais rire... voilà! eh bien, qu'ils tâchent donc de faire rire, les autres qui en ont tant de talent... voilà !

Zizi, retourne dans le couloir et crie à tue-tête :
— Monsieur Bichet!... mais je vous attends... venez donc me coiffer... Ah! quel ennui que cet être-là... il faut toujours attendre après lui...

— Si encore on me donnait un rôle court... mais qui eût une jolie scène... quelques mots comiques... je ne dirais rien, parce que je sais bien que tous les rôles ne peuvent pas être de six cents!.... mais pas un mot drôle!.. pas un effet à faire... je défie à qui que ce soit de faire de l'effet dans ce rôle-là.

La voix du régisseur se fait entendre dans le couloir, et crie en faux bourdon :

— Mademoiselle Tonton! c'est à vous!

L'actrice qui se nomme Tonton sort précipitamment de la loge en disant :

— Ah! tiens, c'est vrai... j'allais manquer mon entrée, moi... pour me faire empoigner... Oh! non... le public m'aime trop... j'aurais dit quelque bêtise en entrant, et ils auraient ri... On le tient un peu son public... Ah! dis donc, Zizi, j'ai un fameux cancan à te conter au sujet de Marinette.

— Ah bien! tu reviendras.

— Oui... ah! ah!... tara... a a a a a... hum! Ah! j'ai un chat dans la gorge.

Mademoiselle Zizi a fini de se chausser et de mettre ce vêtement de dessous indispensable aux femmes lorsqu'elles montent sur un théâtre.

Le coiffeur arrive; c'est un jeune homme fort gentil et qui oppose le plus grand flegme à la vivacité de ces dames.

— Ah! monsieur Bichet, que vous êtes cruel, voilà une heure que je vous attends...

— Avez-vous un ruban?

— Oui... Ensuite je suis obligée de me dépêcher pour m'habiller... Je vous ai appelé dix fois.

— Avez-vous de la pommade?

— Oui... Vous savez pourtant bien que je commence l'autre pièce... moi, ça me fait mal de m'impatienter!

— Avez-vous des épingles noires?

— Oui… Il y a des gens qui sont heureux! que rien n'émeut… n'inquiète… Toujours des anglaises, vous savez?

— Oui, oui.

Il n'y a pas deux minutes que le coiffeur tient la tête de mademoiselle Zizi, lorsqu'on cogne doucement à la porte de sa loge.

— Entrez! crie l'actrice sans se déranger.

On tourne la clef, et un monsieur dont la figure est encadrée dans des favoris noirs très épais, et les mains emprisonnées dans des gants jaunes d'une extrême fraîcheur, se glisse dans la loge avec son chapeau sur la tête et sa canne à pomme d'argent dans la poche de son léger paletot.

— Est-ce que je puis entrer? dit le monsieur en souriant fort agréablement. Et l'actrice, qui n'a pas pu tourner la tête, mais qui a reconnu le jeune homme dans la glace qui est devant elle, lui répond d'un ton très familier:

— Pourquoi pas? Ah! venez donc un peu qu'on vous parle; vous êtes aimable!… me faire attendre deux heures chez moi ce matin, pour ne pas venir… Tenez, mettez-vous là… Prenez garde de vous asseoir sur ma ceinture, malheureux!… Allons, bon, j'en étais sûre, il est déjà dessus…

— Mais non, mais non! calmez-vous… la voilà votre ceinture..

Et le monsieur, après avoir débarrassé une chaise d'une foule d'objets et être parvenu non sans peine à se faire une petite place, s'asseoit dans un coin, regardant coiffer mademoiselle Zizi.

— Voyons, répondez-moi donc, pourquoi n'êtes-vous pas venu ce matin?

— Parce qu'il m'est survenu un déjeûner avec deux amis.

— Ah! ouiche!.. comme je donne là-dedans… ce n'est pas à moi qu'il faut dire ces choses-là… Monsieur Bichet, les touffes un peu plus relevées.

— Oui, mademoiselle.

— Vous aviez quelque femme à promener probablement.

— Quelle idée..... et qu'y a-t-il d'étonnant à ce que l'on ait un déjeûner d'hommes?

— Vous m'avez dit cent fois que vous n'aimiez pas les déjeûners, que cela vous faisait mal... Très bien... le front plus découvert... c'est cela.

— Voulez-vous me donner des épingles?

— Tenez... En avez-vous assez?

— Oui.....

— Que cela tienne bien surtout, que cela ne fasse pas comme à Palmyra qui a perdu une de ses anglaises l'autre soir en scène, au moment où on l'arrache des bras de son père... que l'on mène au supplice.. Ah! a-t-on ri!

— Mademoiselle Palmyra avait voulu se coiffer elle-même... elle n'a que ce qu'elle mérite... Voilà, mademoiselle.

— Merci, monsieur Bichet.

Et le coiffeur, qui vient d'en finir avec mademoiselle Zizi, sort de la loge pour aller prendre une autre tête. La jeune actrice s'assied devant sa glace, et commence alors à mettre son rouge tout en causant avec le monsieur qui est dans un coin.

— A propos, que disiez-vous donc hier dans les coulisses à mademoiselle Astasie?

— Moi... ma foi, nous causions de choses et d'autres.

— Cela a duré bien long-temps... pour une conversation de choses et d'autres!.. j'ai idée que ce n'était pas d'autres que vous parliez!...

— Vous savez qu'Astasie est assez moqueuse : elle me faisait remarquer un de vos jeunes premiers qui a toujours le même geste...

— Eh bien, si son geste est gentil, il a raison d'y tenir... Écoutez, Kouzikoff, je vous ai prévenu que j'étais jalouse... cela m'ennuie de vous voir causer dans les coulisses avec Astasie... si je vous vois encore près d'elle, je lui ferai une drôle de scène...

— Vous êtes folle.

— C'est possible, mais enfin vous voilà prévenu ; faites-y attention.

— Ne croyez-vous pas que je suis amoureux d'Astasie?

— Amoureux, je ne dis pas... mais les hommes sont si indignes! il suffira d'un costume baroque pour leur donner des idées anacréontiques... Ah! bien... voilà que je me mets du rouge sur le nez! c'est adroit.

En ce moment on frappe deux petits coups à la porte. Monsieur Kouzikoff fronce le sourcil, en disant :

— Qui est-ce qui vous arrive là?... C'est insupportable! on ne peut pas être deux minutes tranquilles!

Une voix masculine dit dans le couloir :

— Mademoiselle Zizi, est-ce qu'on peut vous présenter son hommage?

L'actrice fait un mouvement d'impatience en murmurant : Ah! c'est B... Est-ce qu'il vient encore m'ennuyer, cet auteur-là... avec son lorgnon?

— Il vous fait la cour?...

— Lui! par exemple... vous allez voir comme je vais le recevoir... Restez derrière la porte, il ne vous verra pas.

Mademoiselle Zizi entrouvre la porte de sa loge, et se tient à l'entrée, de manière à ce que la personne qui est dans le couloir ne puisse pas voir M. Kouzikoff.

Un monsieur qui a beaucoup de désinvolture dans la démarche s'apprête à entrer dans la loge de mademoiselle Zizi, qui l'arrête en lui disant :

— Ah! c'est vous, monsieur B...? pardon, c'est que je m'habille.

— Je serais désolé de vous déranger... Je voulais savoir si vous alliez ce soir au bal d'artistes qui a lieu...

— Moi, aller au bal! oh! jamais... est-ce que je vais au bal?... Je vais rentrer bien sagement me coucher quand j'aurai joué.

— Comment, vous n'aimez donc pas le plaisir, la danse?...

— Non; la danse n'est pas ce que j'aime... Madame Rot... je vous attends.

— Me voilà! — Allons donc!

— Bonsoir, mademoiselle Zizi.

— Bonsoir, monsieur B...; je vous souhaite bien du plaisir au bal.

— J'en aurais eu beaucoup, si je vous y avais rencontrée.

— Vous êtes trop aimable.

Mademoiselle Zizi rentre dans sa loge, en disant à M. Kouzikoff :

— Eh bien, vous avez entendu notre conversation... j'espère que c'est bien innocent.

— C'est-à-dire qu'il espérait vous mener au bal.

— Non; il me demandait seulement si j'y allais... parce qu'on lui a dit que je valsais bien et qu'il adore la valse.. Ah! voilà madame Rot! enfin...

L'habilleuse entre dans la loge. C'est une grande et forte femme de trente-cinq à cinquante ans, à l'abord un peu grenadier, et dont la mise est fort négligée, qui a été jolie, qui a été coquette, qui a fait des conquêtes, mais qui ne songe plus qu'à habiller ces dames, à leur vendre des bouteilles de blanc, à faire leurs commissions dramatiques, et à leur rapporter parfois ce qu'un homme comme il faut et bien couvert lui a dit pour elles. Du reste, l'habilleuse est la discrétion même, et lorsqu'elle trouve un monsieur dans la loge d'une de ces dames, c'est absolument pour elle comme si elle ne voyait rien.

— Faut-il que je m'en aille? dit M. Kouzikoff en voyant entrer l'habilleuse.

— Non, non: vous pouvez rester... je suis habillée en dessous... ce n'est que la robe à me passer.. Tenez, pour vous occuper, noircissez-moi une épingle noire à cette chandelle que je vais allumer.

— Pourquoi faire?

— Vous le verrez... Dépêchons-nous, madame Rot, j'ai peur d'être en retard; où en est-on?

— Voilà Astasie qui va s'empoisonner.

— Ah! bon, j'ai le temps alors... Tâchez donc que cela me pince mieux de la taille... C'est trop large cela!.. ces dames du magasin sont terribles pour me faire des robes qui bâillent du dos...

— Nous mettrons des épingles, et demain on leur fera refaire cela.

— Ah! oui, je vous en prie; vous serez bien gentille... Dites donc, est-ce vrai que dans la pièce que l'on joue après demain Palmyra sera poudrée?

— Mais oui... une perruque... coiffure Régence.

— Ah! grand Dieu!... de la poudre avec sa petite figure chafouine... Je louerai une loge pour voir cela, si on ne me donne pas de billets.... Avons-nous du monde ce soir?

— Oui... une belle chambrée.

— Tant mieux : je n'aime pas à jouer devant les banquettes, moi ; ça me démonte tout de suite.

M. Kouzikoff, qui tient une épingle noire dans la flamme d'une chandelle, pousse un cri parce qu'il vient de se brûler. Mademoiselle Zizi part d'un éclat de rire, en disant :

— Ah! est-il douillet... Mais on ne noircit que la tête... Allons, c'est bien... mettez-la ici... Ah! un coup de pistolet... voilà la pièce qui finit... Merci, madame Rot...

L'habilleuse a fini, elle s'en va; mademoiselle Zizi, qui a un costume de paysanne, se regarde du haut en bas, puis dit au monsieur qui est là :

— Comment me trouvez-vous?

— Toujours charmante.

— Oh! je ne demande pas de compliments... pourvu que vous ne me préfériez pas mademoiselle Astasie!

— Que vous êtes enfant!

— Mon petit bonnet est-il bien posé?

— Comme un ange.

— Eh bien! qu'est-ce qu'il a donc à sonner celui-là?... est-ce qu'ils ne veulent pas faire d'entr'actes aujourd'hui?... Ah! mon épingle, voyons.

Mademoiselle Zizi prend l'épingle noire que l'on a tenue à la flamme de la chandelle; elle s'approche de la glace, puis avec la tête de l'épingle noircie, elle se fait légèrement un petit trait noir dans le coin de l'œil du côté de la tempe.

— A quoi sert ce que vous faites là? demande M. Kouzikoff.

— Mon cher ami, cela grandit les yeux.

— Les vôtres n'ont pas besoin de cela.

— Oh! c'est égal, au théâtre, voyez-vous, il y a de ces choses qu'il ne faut jamais négliger... Ah! mon blanc à présent... par exemple, voilà une petite bouteille que madame Rot m'a vendue... c'est du blanc liquide à la rose... cela lui revient bien à trois sous,

et elle me l'a fait payer trois francs. Mais je ne serai plus si bête...
je m'en ferai moi-même maintenant, il n'y a rien de si facile.

Pendant que mademoiselle Zizi se met une couche de blanc sur les bras et les mains, on ouvre la porte de sa loge, et mademoiselle Tonton entre en s'écriant :

— Ah! ma chère... je n'en peux plus... ai-je ri!... Ah! bonsoir, monsieur Kouzikoff!... Ah! il n'y a qu'ici qu'on voit des choses pareilles.

— Quoi donc?

— Palmyra qui vient de faire faire une annonce.

— Ah! bah!... et parce que?...

— Parce que soi-disant elle a été très malade ce matin... elle a encore des crampes... elle est enrouée...

— Ah! bah! c'est une envie d'éternuer rentrée qu'elle aura eue...

— Et elle a fait réclamer l'indulgence du public...

— As-tu fini!...

— Mais le plus joli, c'est notre régisseur, qui a pataugé en faisant l'annonce. Quand il a eu fait ses saluts au public, il a dit : « Messieurs, mademoiselle Palmyra ayant des *rampes* dans l'estomac, elle craint que cela ne la gêne pour chanter, et elle réclame toute votre indulgence... »

— Oh! délicieux!

— Alors il y a un titi qui s'est écrié : j'crois ben que ça doit la gêner... En v'là une blague!...

— Ah! ah ah! Mais à propos, Tonton, tu avais un autre cancan à me conter... Ah! qu'il est ennuyeux avec sa sonnerie, celui-là.

— Voilà ce que c'est : d'abord, il y a deux jours, il y avait un article superbe dans un journal de théâtre pour la petite Marinette.

— Oh! mon Dieu!... Marinette, qui ne sait pas dire quatre mots de suite.

— Tu sais que dans la dernière pièce, Marinette... Ah! encore quelqu'un.....

Le régisseur entr'ouvre la porte de la loge en disant :

— Êtes-vous prête, mademoiselle Zizi.

— Oui; vous pouvez frapper.

Le régisseur referme la porte et disparaît. La jeune comique reprend.

— Marinette fait une petite paysanne qui dit seulement au seigneur qui veut l'embrasser : Je ne veux pas vous écouter, monseigneur !

— Eh bien, le journal a mis : « On a remarqué dans cette pièce une jeune et jolie personne, nommée Marinette, qui s'acquitte d'un petit rôle avec une grâce et une gentillesse toute particulière. Nous ne doutons pas que les auteurs ne s'empressent de lui confier des rôles plus importants, car il y a dans cette jeune actrice tout ce qui décèle un grand talent et un bel avenir. »

— Ah! ah! c'est trop fort... et elle ne peut pas ouvrir la bouche sans être huée!...

— Dame! voilà ce que c'est que d'avoir un amant journaliste!

— Ah! elle en a donc un... et sa mère qui ne la quittait pas.

— Oui; on sait ce que tout ça veut dire. Moi, je ne suis pas une prude, certainement, mais il y a de ces choses qui me font mal... Ainsi, quand je voyais la mère de Marinette suivre sa fille jusque sous le théâtre, dans la pièce où elle descend par une trappe... je disais : Tout ça....

Une grosse voix crie dans le couloir :

— On va commencer la seconde pièce!

— Je vais me déshabiller, dit Tonton. Bonsoir, monsieur Kouzikoff.

— Bonsoir, mademoiselle.

— Et moi, je vais jouer, dit mademoiselle Zizi, en sortant de sa loge, suivie du monsieur qui vient enfin de quitter son petit coin.

— Kouzikoff, vous n'allez pas venir sur le théâtre; vous allez vous placer dans la salle... entendez-vous ?...

— Mais...

— Oh! point de mais.. Allez vous mettre à l'avant-scène, et si vous faites des yeux à Astasie... je le verrai bien.

— C'est que je la sais par cœur cette pièce-là... j'aimerais autant aller au café.

— Du tout! du tout! je veux vous voir à l'avant-scène; au moins je verrai ce que vous faites, et j'espère que vous viendrez me chercher après, pour me reconduire.

— Quelle question!

— Ah! mon Dieu! je crois qu'on lève la toile... et je suis en scène au lever du rideau... Mon bouquet. Ah! Dieu! j'allais l'oublier...

Mademoiselle Zizi va prendre un bouquet dans sa loge, et court précipitamment sur le théâtre.

M. Kouzikoff redescend l'escalier qui mène dans la rue, pour rentrer ensuite dans la salle, par la porte du public.

Mademoiselle Zizi qui se trouve en scène avec celle de ses camarades qu'elle soupçonne d'être sa rivale, lui lance des regards foudroyants pendant que l'on joue l'ouverture, si bien que mademoiselle Astasie lui dit d'un petit air assez impertinent :

— Ah ça, dis donc, Zizi, est-ce que tu voudrais me fusiller avec tes yeux? on dirait que tu as envie de me faire peur.

— C'est bon... nous verrons... Ah! je sais vos intentions à l'égard de Kouzikoff... vous voudriez bien me le souffler, mais vous en serez pour vos œillades! il vous trouve horrible!

— Ah! je m'en fiche pas mal de votre Moscovite: je n'aime pas les hommes du nord, moi, c'est trop froid.

— Vous cherchiez pourtant bien à le réchauffer...

— Vous mentez...

— Impertinente!..

En ce moment le rideau se lève; dans la pièce ces deux dames jouent deux sœurs qui s'adorent. Après s'être fait la grimace derrière la toile, elles se regardent bien tendrement devant le public et chantent un petit duo où elles ne cessent de se répéter :

— Ma seule amie, — ma tendre sœur, — ton amitié charme ma vie! — tu suffis seule à mon bonheur :

Mais elles trouvent moyen d'entremêler cela d'épithètes fort peu honnêtes, qu'elles s'adressent à voix basse, et elles se pincent en ayant l'air de s'embrasser.

L'acte finit; la querelle recommence, le régisseur est obligé de séparer ces dames. Mademoiselle Zizi retourne dans sa loge en s'écriant qu'elle va se trouver mal : mais c'est tout simplement pour remettre son rouge et regarder si son costume n'est pas chiffonné.

Quant à mademoiselle Astasie, elle va revêtir un costume d'homme dans lequel elle est fort gentille, et tout, en se disposant à mettre sa perruque, se sourit dans la glace, en disant :

« Dans deux jours Kouzikoff aura planté là mademoiselle Zizi!... et je sais bien pour qui. »

LE BAL DE L'OPÉRA.

Il ne s'agit plus du bal de l'Opéra où l'on ne dansait pas, parce que c'était mauvais genre; où les dames n'allaient qu'en domino, les hommes tout en noir et le claque sous le bras, comme à une soirée chez un grand fonctionnaire; où l'on se promenait gravement, causant fort bas et toujours sous des formes de bonne compagnie avec la personne qui venait vous intriguer; où le foyer était le rendez-vous de toute l'aristocratie du bal, où jamais enfin un mot libre n'effarouchait l'oreille des dames. Ce n'est plus cela du tout! nous sommes en mil huit cent quarante-deux, et c'est le bal de l'Opéra tel qu'il est maintenant que nous allons vous montrer.

Déjà les abords de l'Opéra ne sont plus les mêmes : vous trouvez plus de monde, plus de mouvement dans la rue, votre voiture est obligée de suivre la file, et depuis le coin du boulevart, des hommes en veste, en blouse, et même en habit, sautent à la portière en vous criant :

—Des billets de dame! mon bourgeois... voilà!.. Voulez-vous des billets de dame?

Vous n'avez pas attendu ce moment pour vous en procurer, et vous avez aussi votre billet d'homme que vous avez payé beaucoup moins cher qu'au bureau. Rien de plus facile que de se procurer des billets de bal; il y a des restaurants, des cafés où l'on en trouve toujours : vous demandez *un mariage*, et l'on vous donne sur-le-champ des billets pour un cavalier et pour une dame. Il faut être extraordinairement étranger aux usages de Paris pour prendre son billet au bureau.

Mais la foule se précipite sous le péristyle; on se pousse, on se presse pour entrer... il semble que l'on ne sera jamais assez tôt dans le sanctuaire... Vous y voilà enfin!... Que de monde autour de vous... quel bruit!.. quel air de fête, d'ivresse chez tous les masques qui courent vers l'escalier... Vous n'êtes pas dans la salle, et il vous semble déjà que vous vous sentez tout autre, que vous avez laissé raison, sagesse, convenance à la porte. C'est qu'il y a dans cette enceinte une ivresse, une gaîté, un laisser-aller et presque un dévergondage qui se communique par l'air, par le bruit, par la musique, par la danse, par la foule, par la chaleur, par tout ce qui vous entoure.

L'escalier est orné de fleurs naturelles; vous le gravissez, précédé, suivi de dames, d'hommes plus ou moins travestis et d'autres qui ne le sont pas du tout. (Nous parlons des hommes, car les femmes ne sont reçues que déguisées au bal de l'Opéra.) Vous arrivez au premier étage; à peine si l'on peut marcher dans le couloir, tant il y a de monde. Déjà vos yeux ont remarqué des masques de différents caractères. Il y a quelques costumes élégants, soignés, bien portés, mais il y en a une grande quantité de fanés, de négligés et de mesquins. Les femmes en homme, dans le costume de *titi* du bon ton (quoiqu'elles n'aient pas bon ton du tout) sont en majorité. Puis voilà des débardeurs, des hussards, des gardes française... Ce sont des femmes, toujours des femmes ; il paraît qu'elles se trouvent plus à l'aise sous le costume de l'autre sexe, pour se livrer à cette ardeur de plaisir, de folies, dont leurs yeux semblent embrasés.

Devant la porte du foyer, il est fort difficile de passer, c'est là que pour arriver il faut faire queue, se pousser ; mais cette cohue n'a rien d'effrayant : pouvez-vous avoir peur d'être étouffé quand vous êtes entouré de gens qui rient, qui se tutoient, se disent mille plaisanteries ; enfin vous avez réussi à conduire un joli domino dans

un endroit que la foule semble respecter encore. Là, vous essayez d'entamer l'entretien, et vous voudriez garantir votre conquête des dangers, des familiarités auxquels une femme est exposée dans une cohue; si vous vous tourmentez pour cela, n'allez pas au bal de l'Opéra, vous y seriez trop malheureux.

Un postillon vous pousse par derrière; quelques jeunes gens qui ne sont pas déguisés vous barrent le passage, parce qu'ils viennent de s'arrêter pour causer avec des bayadères. Une paysanne vous marche presque sur les talons; votre petit domino que vous tenez sous le bras est pressé par des *titis* et des débardeurs. Il y a des moments où vous ne bougez plus, où vous ne pouvez plus faire un pas ni en avant ni en arrière. Si vous avez le malheur de montrer de l'humeur, de la contrariété d'être ainsi foulé, ce sera bien pis, on se moquera de vous.

— Fifine!.. dérange-toi donc, pour laisser passer monsieur et madame!...

— Tiens! il fait son nez celui-là... Est-ce que madame ton épouse t'a fait des traits, cher ami! elle en est bien susceptible, n'est-ce pas?

— Elle aurait joliment raison, quand on a sous le bras un vilain Chinois de ton espèce... on doit lui en faire de ces queues.

— Dérangez-vous donc, vous autres! vous ne voyez pas que c'est un prince qui est ici incognito avec sa cuisinière!...

— Tu crois, tourlourou!... moi je l'avais pris pour un marchand d'allumettes chimiques! Quant à son objet masqué, je gagerais qu'elle est vilaine comme cette dame qui vient là bas... en camargo. Bonjour, madame!

Après bien des mouvements de flux et de reflux, vous êtes enfin sorti de la foule; si vous n'y avez pas perdu votre compagne, vous devez encore vous trouver heureux.

Vous désirez vous placer dans une loge; pas moyen : elles sont toutes louées. En prenant le matin plusieurs billets au bureau, on a droit à une loge; c'est une faveur dont on ne jouit pas lorsqu'on achette des billets au rabais.

Les loges qui ne sont pas louées sont encombrées de monde. Pas une seule place de libre; il en est de même au balcon.

Vous montez un étage; on marche un peu plus facilement dans le couloir, excepté vers le milieu qui a vue sur l'entrée du foyer. Il y a là des banquettes qui sont toujours occupées et très désirées, c'est encore un des endroits où l'on cause, où l'on s'arrête, où l'on se donne rendez-vous, et par conséquent où il y a foule.

Vous vous adressez aux ouvreuses de loges... c'est comme aux premières... pas de place.

Vous montez encore un étage. Ici on se promène à l'aise; on n'est pas gêné, il y a peu de monde, excepté pourtant dans les loges qui sont encore fort bien garnies. Vous ne pouvez obtenir des places que sur le second banc. Vous ne vous trouvez pas bien, et vous montez au dernier étage pour voir si vous serez mieux.

Le couloir des quatrièmes et de l'amphithéâtre est presque désert; c'est là que viennent causer quelques couples qui recherchent la solitude ou qui veulent échapper aux regards jaloux qui les poursuivent.

C'est aussi là qu'une laitière vient remettre sa coiffure dérangée, qu'une sultane rattache son voile qu'elle a manqué de perdre en galopant; tandis qu'un Turc s'y promène avec son turban sous le bras, absolument comme s'il portait un tricorne. Un domino fatigué de son masque, vient l'ôter dans ce couloir et prendre l'air quelques instants à visage découvert. Un Espagnol cause dans un coin avec une Suissesse à laquelle il offre à souper; puis loin deux amants qui ne sont venus au bal de l'Opéra que pour se retrouver, se parlent avec feu et ne voient plus rien de ce qui les entoure.

Après vous être placés un moment dans une loge ou sur les banquettes de l'amphithéâtre, ce coup d'œil extraordinaire, ces mille bougies, cette musique délicieuse, ce brouhaha continuel vous étourdit; vous pensez qu'il vaut mieux être avec ceux qui s'amusent que de les regarder de loin, comme un enfant que l'on met en pénitence, tandis que ses camarades se divertissent, et vous vous hâtez de redescendre, pour vous mêler aux saturnales, aux bacchanales de la salle.

En passant de nouveau devant le foyer, votre petit domino vous témoigne le désir d'y entrer; c'est là qu'il faut affronter les masses, qu'il faut de la force pour passer les portes. Vous voilà dedans... vous pensiez alors être moins foulé, au contraire vous l'êtes davantage. On met quelquefois plus d'un quart d'heure pour faire toute la longueur du foyer.

Aux deux extrémités, dans ces jolies petites rotondes entourées de divans, vous voudriez bien trouver une place... C'est fort difficile; il faut les guetter deux heures au moins... et encore! Il y a des personnes qui vont s'asseoir là dès que le bal est ouvert, et qui n'en bougent plus jusqu'à ce qu'on le ferme. C'est la place favorite de quelques hommes à bonnes fortunes, ou qui du moins ont la prétention de l'être. Ils vont se placer là en ayant l'air de dire à tous les dominos qui passent :

— Intrigue-moi donc... tu me feras bien plaisir.

Après avoir cru vous promener dans le foyer, vous désirez en sortir; c'est aussi difficile que pour y entrer; enfin vous êtes dehors.

Dans les couloirs les aventures s'offrent à vous sous tous les costumes.

— Paie-moi donc une limonade, je meurs de soif! dit un petit domino fripé à un jeune lion dont il vient de saisir le bras. Celui-ci toise le domino du haut en bas et lui répond :

— Je te paierai tout ce que tu voudras, mais tu ôteras ton masque auparavant.

— Non, je l'ôterai après!

— Merci! j'aurais trop peur d'être volé!

— Malhonnête!

— Tiens, adresse-toi à ce grand jobard qui passe là-bas... il a l'air de soupirer après une bonne fortune; il sera assez bon enfant pour te payer même à souper, sans que tu te sois démasquée.

— Tu as raison... il a une tête à ça!

Et le petit domino quitte le jeune lion pour aller attaquer le jobard, mais il a été prévenu par un débardeur qui vient de s'emparer du bras de ce monsieur.

— Il est pris! s'écrie le domino avec colère, c'est encore Atala... qui vient de me le souffler... Au bal de samedi dernier, elle m'a déjà fait manquer deux soupers! mais je me vengerai! je ne lui rendrai pas le jupon qu'elle m'a prêté.

Pendant que tout ceci se passe, vous parvenez à une des entrées de la salle. Vous ne descendez pas l'escalier... la foule vous porte, et ordinairement vous vous trouvez en bas sans avoir posé le pied à terre.

C'est dans la salle que la folie la plus délirante a établi son séjour. Là, l'éclat des lumières vous éblouit, la musique vous captive, vous séduit, vous enivre. Quelle musique en effet! plus de cent musiciens excellents et qui sont conduits par le fameux *Musard*..

Voyez-le... il est là... debout... il donne le signal... Quel vigueur, quelle énergie, et comme ses airs sont dansants, entraînants, émoustillants. Comme ils marquent la mesure, comme ils mettent en train tout ce monde qui désire se livrer à la danse. Aussi, c'est depuis que Musard conduit l'orchestre des bals de l'Opéra que ces bandes joyeuses sont venues y établir leur séjour.

Mais déjà le signal est donné, tous les quadrilles s'agitent... Quelle danse... vous en êtes tout surpris... vous ne pouvez d'abord le croire... Eh quoi! on danse au bal de l'Opéra comme à la Chaumière, comme au salon de Flore, le *cancan* et quelquefois pis encore. Vous n'en revenez pas... mais vous regardez toujours... Vous vous dites que c'est fort mal, que c'est profaner le sanctuaire des arts... mais vous ne cessez pas de regarder ; le temps passe avec une rapidité effrayante pendant que vous contemplez ce malheureux cancan, et un quadrille n'est pas plus tôt terminé que vous avez hâte d'en voir recommencer un autre.

Faut-il donc en convenir?.. c'est que le cancan est une danse fort piquante, fort attrayante et infiniment plus amusante que notre antique, glaciale, sérieuse et monotone contredanse d'autrefois.

Mais entendons-nous, nous parlons du cancan exécuté gracieusement, avec des gambades, des charges plus ou moins drôles, et non pas de ces danses lascives, indécentes, quelquefois même ignobles, auxquelles des hommes et des femmes ne craignent pas de se livrer en public; au lieu d'amuser, une telle danse révolte les spectateurs. Malheureusement dans cette cohue, plus ou moins déguisée qui s'escrime dans cette salle, électrisée par les accords de l'orchestre, il y a beaucoup trop de gens qui croient être drôles en étant dégoûtants, et qui, ne sachant pas danser le cancan avec esprit et avec grâce, se figurent avoir du mérite en vous faisant baisser les yeux.

Arrêtez-vous devant un quadrille que l'on peut regarder sans rougir : voyez cette femme en débardeur figurant devant une petite vivandière; elles rivalisent de mouvements gracieux, de petites poses comiques, ceci est le cancan que l'on a du plaisir à regarder; et lorsque à cette grâce, à cette légèreté ce débardeur femelle joint de beaux yeux, une figure mutine; si cette vivandière a la taille bien prise, le pied mignon, la jambe fine, résistez donc à tout cela lorsqu'un orchestre énivrant vous anime, lorsque la danse vous échauffe, que vous pouvez tutoyer toutes ces jolies femment qui sautilles autour de vous; lorsque dans tous les yeux, sur tous les visages, vous voyez briller la joie, le plaisir, la gaîté, la volupté! et que vous songez aux intrigues qui se nouent, se forment, se dénouent dans cette enceinte, aux rendez-vous, aux soupers qui en seront la suite.

Prenez garde, cependant, ô vous que le charme du cancan a cloué devant ce quadrille, et qui ne pouvez vous lasser d'admirer les mouvements gracieux d'une femme couverte d'un joli domino rose, la danse est bien trompeuse aussi quelquefois!... nous avons vu des personnes fort laides et qui dansaient avec une légéreté, une vivacité, une grâce ravissantes.

Mais vous n'y résistez pas : le quadrille à peine fini, vous vous approchez du domino dont la danse vous a séduit, vous lui adressez des compliments sur la manière dont elle exécute le cancan, et vous faites sur-le-champ une déclaration d'amour : au bal de l'Opéra on va très vite en besogne, on sait que l'on n'a que jusqu'au jour pour nouer des intrigues et l'on veut en profiter.

Le domino auquel vous dites une foule de chose plus ou moins spirituelle, vous examine avec attention. Si vous êtes jeune, joli garçon, si vous avez la tenue d'un lion ou d'un étranger riche, il est très probable qu'on vous écoutera et que l'on acceptera même assez vite votre bras.

Le dialogue ordinaire s'établit entre vous, à quelques mots près.

— Tu dois être charmante.

— Ah! tu crois!

— J'en suis sûr.

— A quoi juges-tu cela?

— A ta tournure, à ton joli menton... à tes yeux, à ta voix.

— Tu pourrais te tromper : il ne faut pas se fier aux apparences.

— Oh! quand on danse aussi bien que toi, il est impossible qu'on ne soit pas jolie.

— Tu es fou!

— Démasque-toi, je t'en supplie.

— Oh non... je ne veux pas... quoique... je ne craigne cependant pas d'être vue.

— Tu ne le crains pas! je le crois bien! c'est que tu sais que tu es charmante... Allons, cède-moi... oh! tu le veux bien...

— Mon Dieu, il faut faire tout ce que vous voulez!

Le domino ôte son masque... Le jeune homme reste pétrifié... il a vu une figure horrible, repoussante, vieille et prétentieuse. Il ne sait plus que devenir... il voudrait être dans un étui de flageolet.

Mais quel nouveau délire s'est emparé de tous ces danseurs? Les voilà qui courent deux à deux, en se poussant, en criant, en paraissant en proie aux transports d'une ivresse frénétique; c'est le galop qui vient de commencer... le galop qui maintenant termine chaque quadrille... Rangez-vous, vous qui ne dansez pas!... laissez passer les galopeurs... C'est comme un torrent qui déborde autour de la salle... les uns frappent du pied, les bras en l'air... en agitant bonnet, toque, chapeau, en poussant des cris de joie, en accompagnant de leurs chants l'orchestre de Musard. Ne faites point de faux pas, jeune paillasse que l'exemple entraîne, et qui venez de prendre le bras d'une Alsacienne et de vous lancer avec elle dans le galop; si vous tombez, tant pis pour vous, le torrent ne s'arrête pas, il va toujours et on galopera sans façon sur votre dos. Quel tableau!... quelle danse!... quel délire... Il faut voir cela pour s'en faire une idée. Un poète a dit : « Il faut voir le carnaval de Venise et puis mourir. » Nous disons, nous : « Il faut voir un galop au bal de l'Opéra de Paris... et puis, aller se coucher. »

UNE FAMILLE DANS LE PEUPLE.

Ce que vous trouverez souvent à Paris, si toutefois vous voulez vous donner la peine de visiter les faubourgs et d'entrer dans la demeure des gens du peuple, c'est une famillle comme je vais vous en tracer le tableau.

Une femme qui n'a que trente ans habite dans une maison du faubourg Saint-Antoine; elle occupe, dans le fond d'une cour assez sombre, un petit appartement au quatrième étage et composé seulement de deux pièces.

Cette femme est veuve depuis trois années, et son mari, ouvrier ébéniste, lui a laissé quatre enfants à élever.

Les ouvriers de Paris se marient sans posséder souvent d'autre fortune que leurs bras et leur santé; ordinairement leur femme a aussi un état: ils travailleront chacun de leur côté, et ils pensent qu'ils gagneront toujours assez pour être heureux, d'autant plus qu'ils se marient par amour. Ce n'est plus guère que parmi le peuple que l'on fait de ces mariages-là.

Mais ce qui arrive le plus vite chez ces jeunes ménages d'ouvriers, ce sont les enfants.

Pourquoi les enfants viennent-ils plus promptement et sont-ils plus nombreux dans les basses classes que chez les riches?... C'est probablement encore la suite des mariages d'amour.

Dans la haute société, avec trente mille francs de rente, un homme fait souvent la grimace quand sa femme lui annonce un troisième enfant; il dit :

— J'avais déjà un garçon et une fille, c'était bien assez... Il me faudra dépenser de l'argent pour l'éducation de mon fils... Il m'en faudra ensuite pour marier ma fille!... Je n'avais pas besoin qu'il m'arrivât encore un enfant... Celui-là est de trop... C'est très fâcheux?... c'est un cadeau dont je me serais bien passé.

Dans la classe ouvrière, où l'on vit au jour le jour, le plus modeste ménage ne se plaint pas quand la providence lui envoie un enfant de plus. Les pauvres gens craindraient d'offenser Dieu en murmurant contre les suites naturelles de leur amour, et lorsque la femme vient en rougissant annoncer à son mari que bientôt ils auront un troisième ou un quatrième gage de leur tendresse, le mari embrasse sa femme en lui disant :

— Un enfant de plus... eh bien! je travaillerai avec plus d'ardeur encore!... Je me leverai avant le jour, je me coucherai plus tard, et nous trouverons bien encore de quoi nourrir celui-là!

— Eh d'ailleurs! répond la mère, on est bien dédommagé de ses peines... de ses fatigues, lorsque l'on a près de soi un enfant de plus à caresser, lorsque l'on voit sa petite figure qui vous sourit et qui demande un baiser.

Vous voyez que tout cela ne ressemble pas aux réflexions du monsieur qui a trente mille francs de rente.

Il en était arrivé ainsi dans le ménage de l'ouvrier ébéniste. Sept années seulement s'étaient écoulées depuis qu'il avait épousé la femme de son choix, et déjà celle-ci l'avait rendu père trois fois, et elle portait encore dans son sein un nouveau fruit de leur union, et ces gens-là ne se plaignaient pas; ils se trouvaient très heureux, parce que le mari avait toujours du travail; que la femme, tout en soignant ses enfants, trouvait encore le temps de faire de petits ouvrages dont le produit lui permettait de donner quelques douceurs à ses marmots, et enfin parce que sa petite famille venait à ravir, et que les joues de l'enfant du peuple sont presque toujours fermes et roses, tandis que l'on a souvent bien de la peine à faire vivre celui qui est déjà riche en naissant.

Par exemple, pour trouver dans le produit de son travail de quoi soutenir son ménage et élever ses enfants, il fallait que l'ouvrier n'allât pas à la guinguette le dimanche et le lundi; il fallait aussi qu'il passât sans s'y arrêter devant les marchands de vin et les débits de consolation. C'est ce qu'il faisait, et il ne s'en trouvait pas moins heureux; il est même présumable qu'il l'était davantage que s'il se fût abandonné à l'ivrognerie et à la fainéantise; car dans le peuple, comme dans les hautes classes de la société, il y a des âmes pures qui savent apprécier les jouissances qui ne laissent après elles ni dégoût ni remords.

Mais la bonne conduite, la probité, l'amour du travail ne mettent pas à l'abri des coups du sort. A la vérité, s'il en était ainsi, probablement tout le monde se conduirait bien et il n'y aurait aucun mérite à être vertueux.

L'honnête ouvrier, atteint d'une maladie grave, mourut lorsque sa femme venait depuis quelques jours seulement de mettre au monde leur quatrième enfant.

Cette femme perdait un époux qu'elle adorait et qui la faisait vivre; elle restait veuve avec quatre enfants dont le plus âgé n'avait que sept ans. Pour bien des femmes c'eût été un motif de désespoir, de découragement, et le découragement mène quelquefois aux résolutions les plus funestes; mais la veuve de l'ouvrier regarda ses enfants qui n'avaient plus qu'elle pour subsister : elle comprit qu'avant tout il fallait avoir de la force d'âme, du courage; elle comprima sa douleur, renfonça ses larmes, et ne s'occupa plus qu'à se procurer assez de travail pour pouvoir donner du pain à sa famille.

Il y a dans le peuple de ces âmes nobles et fortes que la peine, les privations, le travail le plus rude ne sauraient effrayer, et qui prennent sans murmurer toutes les misères que le ciel leur envoie, comme si le malheur leur était dû.

Un grand courage vient toujours à bout de ce qu'il veut entreprendre. A force de travail, cette pauvre veuve accomplit sa tâche ; elle se lève au point du jour, elle veille fort tard devant une lampe fumeuse qui l'éclaire à peine ; dans la journée, elle ne perd pas une minute, une seconde de son temps ; constamment assise contre sa fenêtre, elle travaille à l'aiguille, et sa main la fait aller avec une agilité surprenante ; elle est devenue assez habile pour faire à elle seule l'ouvrage de deux ouvrières, mais aussi ses enfants ne manquent de rien ; et à force d'ordre, de soins, d'économie, elle trouve encore moyen de donner à son modeste intérieur un aspect de propreté, de rangement qui ressemble presque à de l'aisance.

Pour cette femme il n'est ni fête, ni dimanche ; il n'y a jamais ni promenade, ni plaisir, ni repos, et cependant elle ne se plaint pas, et maintenant que trois années se sont écoulées depuis la mort de son mari, elle recommence à sourire en regardant ses enfants, et sent qu'elle peut encore éprouver quelque bonheur sur la terre.

Sa famille se compose de trois filles et d'un fils. Son fils est le plus jeune ; sa fille aînée approche de sa dixième année, et déjà elle veut travailler aussi, elle se félicite de pouvoir bientôt venir en aide à sa mère. Chez les enfants du pauvre, on se fait une joie, un bonheur de pouvoir par son travail soulager, aider ses parents, c'est une gloire, c'est un honneur après lequel on aspire ; comme dans les classes riches de la société les jeunes gens aspirent après le moment où ils pourront aller seuls dans le monde, et les jeunes personnes après celui où elles seront mariées.

Chez la veuve de l'ouvrier, les enfants ne pensent qu'à aimer leur mère, et ils voudraient déjà être en état de lui prouver leur amour. Entrez chez cette femme si laborieuse, et contemplez le tableau qui est devant vos yeux. Elle est encore jeune et belle cette femme qui passe sa vie à travailler sans cesse; mais elle ne s'occupe plus de cela; elle a oublié sa jeunesse, elle ne sait plus qu'elle peut encore plaire. Cependant quelques hommes ont essayé de le lui faire entendre; elle ne les a pas écoutés, ou bien elle leur a montré ses enfants en leur disant : Voilà maintenant tout ce que je dois aimer.

Quelques ouvriers ont offert d'épouser, sans être effrayés par la vue de la nombreuse famille, mais la veuve a répondu à leurs propositions :

« Eh! si avec vous j'avais d'autres enfants, ceux-ci ne pourraient-ils pas me reprocher la part de tendresse que je donnerais aux vôtres? »

C'est une telle femme qui habite une bien modeste chambre dans le faubourg Saint-Antoine; elle travaille sans cesse, mais elle chante quelquefois pour amuser ses enfants. La fille aînée à qui elle a appris à lire, enseigne maintenant la lecture à sa sœur âgée de sept ans; une autre qui n'en a que cinq écoute déjà la leçon pour tâcher de retenir quelque chose, et le petit garçon, qui n'a que trois ans à peine, se roule dans la chambre en disant qu'il voudrait être grand et travailler pour acheter de beaux joujoux à sa maman.

Ne croyez pas que ce séjour annonce la misère : non, tout est rangé, tout est propre; les enfants sont habillés chaudement; il n'y a pas un trou, pas un accroc à leurs effets, qui sont entretenus, raccommodés avec soin. Le dimanche, la veuve se lève plus tôt, afin de blanchir elle-même toutes les petites robes, tous les vêtements de sa jeune famille, et lorsque par hasard elle sort un moment pour promener ses enfants, chacun admire leur tenue, leur propreté, et la pauvre mère est heureuse et fière de pouvoir les faire sortir sans que leur vue inspire la pitié.

UNE FAMILLE DANS LE PEUPLE. 391

Quand vient l'heure des repas, la veuve donne à chacun de ses enfants sa portion de pain; ils ont assez, mais ils n'ont que juste le nécessaire, et pourtant quelquefois un plus pauvre encore vient frapper à la porte de la mère de famille et réclamer des secours que les riches n'accordent pas toujours; mais la veuve ne les repousse jamais, et s'approchant de ses enfants, elle leur dit:

— Mes enfants, voilà quelqu'un qui a encore moins que nous, car nous avons assez pour vivre, et il n'a pas lui de quoi avoir du pain. Retranchons un peu à chacun de nous; cela ne nous privera qu'un peu, et cela sera beaucoup pour lui.

A ce discours, les enfants présentent à leur mère la part de pain qu'elle vient de leur donner; sur chacune de ces parts la veuve en ôte un peu, en ayant soin d'en prendre beaucoup sur la sienne, et elle remet tout cela à celui qui est venu implorer sa charité.

Loin de se plaindre de voir leur portion diminuée, les enfants de la veuve sourient à leur mère :

— Tu aurais pu m'en prendre davantage, dit l'aînée.

— Moi, je n'ai pas faim aujourd'hui, dit une autre, et il n'est pas jusqu'au petit garçon qui ne s'écrie :

— Il fallait donner tout mon pain... je ne suis pas gourmand, moi! D'ailleurs j'en mangerai beaucoup quand je serai grand.

Alors la digne veuve se trouve encore bien heureuse en embrassant ses enfants.

LES TABLES D'HOTE.

Dans une grande ville la table d'hôte est une fiction, c'est tout simplement une autre espèce de restaurant à tant par tête, où par exemple vous n'avez pas le droit, pour votre argent, de demander les mets que vous aimez : il faut vous contenter de ceux que l'on vous sert, lors même qu'ils sont fort peu variés, et rarement de votre goût. Mais enfin, puisqu'on est convenu d'appeler tables d'hôte ces maisons où l'on ne dîne pas à la carte, et où tout le monde se place à la même table, faisons connaissance avec celles de Paris.

Il y en a beaucoup, à différents prix et tenues sur différents tons. Vous en trouvez depuis un franc par tête jusqu'à dix francs. Il est rare d'en voir s'établir à un prix au dessous ou au dessus. La plus grande quantité de tables d'hôte est dans les prix modérés de trois à cinq francs. Dans l'une le café est à part, dans l'autre il sera compris, mais le plus ordinairement le café et la liqueur se paient à part.

La table d'hôte dans une grande ville est le rendez-vous des étrangers qui aiment à dîner avec les mêmes personnes, afin de faire vite des connaissances; des célibataires qui n'ont ni famille, ni ménage, quelquefois même ni amis, et qui en se retrouvant souvent avec les mêmes visages, finissent par se persuader qu'ils tiennent à quelqu'un; des industriels de contrebande, c'est-à-dire de ces gens qui n'ont aucune profession, aucune industrie, et qui cherchent partout des dupes pour vivre à leurs dépens. Dans une table d'hôte, ils tâcheront toujours de se placer près des étrangers; ils seront pour eux pleins d'égards, de prévenances, de petits soins, tout en ne négligeant pas de lancer de temps à autre quelques mots sur leur fortune, leur crédit et leurs belles connaissances. Il y a toujours des gens qui se laissent prendre à ces pièges-là.

Si les floueurs sont très communs aux tables d'hôte, les blagueurs n'y sont point rares non plus. Ces derniers y vont dans le but de s'amuser, de faire poser les uns, de mystifier les autres, et avec le désir de se moquer de tout le monde.

Vous trouverez encore là des jeunes gens novices dans le monde, auxquels on a dit que dans une table d'hôte on prenait l'habitude de la société et des bonnes manières, en faisant connaissance avec des personnes qui ne demandent qu'à vous former.

Puis, de ces mauvais sujets qui n'ont plus le sou, et qui, après avoir vécu en princes pendant quelques mois, vont dîner à une table d'hôte modeste dans laquelle on leur fait crédit sur leur bonne mine, et où ils font habituellement un pouf.

Quelquefois des hommes de lettres vont là pour observer; quelques gens de finance s'y rendent par curiosité; des négociants y vont dans l'espérance de dîner bourgeoisement et à bon compte, des gourmands afin de savoir si l'on y est bien traité, et une foule d'autres personnes par désœuvrement, ou pour savoir ce que c'est.

Mais dans les tables d'hôte où l'on reçoit des femmes (et c'est maintenant le plus grand nombre), cette partie de la société est la plus curieuse, et mérite surtout l'attention de l'observateur.

Pour qu'une femme, à Paris, aille dîner à une table d'hôte, il faut qu'elle n'ait point de ménage, de famille autour d'elle; il faut qu'elle ait dépouillé toute la timidité de son sexe et qu'elle ne craigne pas de se trouver chaque jour à table près d'un homme qui peut lui être inconnu, car dans une table d'hôte, si c'était toujours les mêmes habitués, on finirait par n'être qu'avec des gens de connaissance. Mais à Paris il n'en est point ainsi. Un habitué, ou même une personne qui aura été une fois par hasard à une table d'hôte et qui s'y sera trouvée bien, s'y rendra une autre fois avec un ami, deux amis, trois amis même. Chacun peut en faire autant; la personne qui tient la table est toujours contente quand on lui amène de nouveaux visages; elle dit :

« Quand il y a pour neuf, il y a pour dix... et ainsi de suite... »
Raisonnement fort triste pour les habitués qui ont bon appétit.
Revenons à ces dames qui fréquentent les tables d'hôte. Il est rare qu'elles soient jeunes et jolies. Pourquoi? parce que celles qui

ont ces deux avantages trouvent assez de dîners dans les cabinets particuliers, sans avoir besoin de venir à une table d'hôte. Ainsi donc, si ces dames que vous voyez sont jeunes, elles ne sont pas jolies; si elles sont jolies, elles ne sont plus jeunes. Cependant il y a des exceptions : par exemple, on rencontre souvent de fort belles femmes dans les tables d'hôte où l'on joue gros jeu.

Les dames qui vont dîner là ont beaucoup voyagé, beaucoup couru le monde; elles parlent quelques mots de cinq à six langues qu'elles jettent à tous moments dans la conversation. Ces dames-là ont eu bien des aventures!... c'est très romanesque! c'est à ne pas le croire ; si vous les écoutez, vous n'aurez pas le temps de dîner.

En voilà d'autres dont la tournure est équivoque et les manières tant soit peu décolletées; mais elles font passer cela en se donnant un air étranger et un accent... de quel pays est leur accent? vous seriez bien embarrassé pour le deviner et ces dames pour vous le dire. N'importe, ces dames sont des comtesses étrangères, c'est convenu; il faut donc leur pardonner de parler le français comme des cuisinières et de montrer si souvent une complète ignorance de nos usages.

Voilà ensuite de vieilles femmes qui veulent faire les jeunes : elles sont fardées, elles sont peintes, elles sont teintes, elles sentent le musc, l'ambre, les essences; elles ont une mise qui n'est plus de leur âge et les rend encore plus ridicules; enfin elles regardent les hommes dans le blanc des yeux, en poussant de gros soupirs, et comme on n'y répond guère, ce sont elles qui les premières se décident à faire la déclaration de leur amour au malheureux mortel qui les a charmées.

Joignez à cela quelques figurantes de nos grands théâtres, des marquises ruinées, quelques lorettes dépaysées, des femmes entretenues qui ne le sont plus, des filles séduites qui voudraient l'être, et vous aurez une idée des dames qui se montrent dans une infinité de tables d'hôte.

Il existe cependant à Paris quelques établissements de ce genre où la société est bien composée; pour y être admis il faut réellement être présenté par quelqu'un de connu, et qui fait connaître la personne qu'il amène. Les dames y sont rares; le plus souvent elles ne sont point admises.

Mais le dîner n'est pas toujours ce qui amène du monde à une table d'hôte; le dîner est le prétexte, le jeu est le vrai motif : le jeu, cette passion que vous retrouvez chez tous les peuples, dans toutes les classes, qui se déguise sous mille formes, et rentre par une fenêtre quand on vient de la chasser par une porte. A Paris, depuis que l'on a supprimé la loterie et fait fermer les maisons de jeu, bien des gens ont cherché des moyens pour attirer chez eux ces joueurs qui ne savent plus que devenir et que faire de leur argent, désolés de ce qu'on leur ait ôté la facilité de se ruiner en une journée ou en une nuit. Beaucoup de maisons de jeu clandestines se sont formées malgré les défenses de la police; mais en dépit de toutes les précautions que prennent ceux qui tiennent ces jeux occultes, il est bien rare que l'on ne parvienne pas à les découvrir. Ceux qui vont dans ces endroits prohibés s'exposent donc à des scènes fort désagréables, qui quelquefois peuvent les conduire en police correctionnelle. Il y a des joueurs qui affrontent tout; il en est d'autres que la passion n'entraîne pas jusqu'à braver les lois : pour ceux-là, il fallait des réunions, des sociétés qui n'eussent point l'apparence des maisons de jeu. Les tables d'hôte offraient cet avantage. Ce n'est point un endroit public, puisqu'il faut être présenté. Après le dîner on est tout naturellement réunis, et une petite partie se forme sans que cela puisse tirer à conséquence. D'ailleurs on ne joue point de jeux de hasard.

La bouillote, l'écarté, l'impériale sont les jeux usités dans les tables d'hôte. Quelquefois on s'y permet aussi le vingt-et-un, le macao, et cela ressemble beaucoup aux jeux de hasard. Mais la personne qui tient l'établissement vous dira : On joue si petit jeu, que c'est seulement pour s'amuser ; et il faudrait avoir l'humeur bien tracassière pour voir un danger dans ce qui n'est qu'un léger passe-temps.

O vous qui vous laissez entraîner à faire une partie dans les tables d'hôte, ne vous fiez pas à ces douces paroles. On commence une partie en jouant dix sous ; quelques minutes après on joue un napoléon, et celui qui a perdu la légère somme qu'il voulait bien risquer est le premier à vouloir augmenter les enjeux.

Les tables d'hôte où l'on ne joue pas doivent inspirer plus de confiance ; peut-être le dîner n'y est-il pas aussi fin, aussi délicat que dans les autres, c'est possible, c'est probable même, parce que dans celles où le jeu vient ensuite, on fait plus de frais pour attirer du monde, quelquefois même on perd sur le dîner que l'on donne, car on est bien certain de se rattraper après. Dans les premières, vous devez avoir plus de confiance dans la société qui vous entoure ; vous y trouverez encore des blagueurs, des gourmands, de vieilles femmes coquettes, mais vous verrez beaucoup moins de chevaliers d'industrie, de floueurs, de ces dames qui avec le plus agaçant sourire ont un bonheur inconcevable pour retourner le roi à l'écarté.

Il y a des pourvoyeurs et des pourvoyeuses de tables d'hôte ; ces gens-là dînent gratis ; il y en a même qui ont une remise sur chaque convive qu'ils procurent. Dans les tables d'hôte où l'on joue gros jeu, ce sont ordinairement les femmes galantes qui trouvent moyen de faire venir du monde ; elles donnent leur rendez-vous à l'endroit où elles dînent, et ne manquent pas de dire à la personne dont elles ont fait la conquête :

— Si vous avez quelques amis à nous amener, ne vous gênez pas, au contraire cela fera grand plaisir. D'ailleurs, ils trouveront une société choisie et des femmes charmantes qui ne sont pas bégueules.

En effet, les dames qui vont dans ces endroits-là n'ont pas l'habitude de faire les bégueules avec les hommes qui jouent gros jeu.

Un jeune homme qui ne connaît point Paris, rencontre au spectacle une dame fort élégante, qui se donne des manières presque distinguées. Le jeune homme s'y laisse prendre; d'ailleurs quand on est amoureux, on se laisse abuser facilement. Il demande un rendez-vous; on l'engage à venir le lendemain dans une maison charmante, où se réunit la meilleure société de Paris, pour dîner, moyennant cinq francs par tête.

Le jeune homme accepte avec empressement. Le lendemain il est exact, et arrivé à l'endroit qu'on lui a indiqué. Il demande madame de Flicflac... ou un nom dans ce genre-là; ces dames ne se gênent pas pour se donner du *de*. La beauté de la veille vient au devant de ce monsieur, qu'elle présente à la société.

Le jeune homme se trouve au milieu d'une quinzaine de personnes qui presque toutes se donnent des titres, des grades, de la noblesse : l'un est soi-disant comte, l'autre baron, celui-ci est un ancien chevalier, celui-là un ci-devant général; il y a fort peu de roturiers, et encore ceux qui le sont parlent à chaque instant de leurs maisons, de leurs rentes, de leurs millions. Les dames sont élégantes, quoique leurs parures soient un peu fanées; elles regardent le jeune homme d'un façon très provoquante, et celui-ci est enchanté de se trouver dans une si belle société.

On se met à table; le jeune homme est à côté de sa conquête : il peut lui presser, lui pincer le genou, elle ne s'en formalise pas, au contraire; de l'autre côté il a pour voisin un monsieur qui se dit ancien marin, qui ne parle que de duels qu'il a eus, de gens qu'il a tués, qui parie mettre à quarante pas une balle dans le trou d'une aiguille, et avec une épée vous blesser à l'endroit que vous choisirez; qui fait ensuite une foule de petites choses agréables en société; par exemple, à peine est-on au second service, qu'il parie une bouteille de champagne boire un verre plein jusqu'au bord, qu'il place au milieu de son assiette, et cela sans toucher le verre et sans répandre une goutte de vin.

Madame de Flicflac pousse le genou du jeune homme, en lui disant tout bas :

— Pariez..... je suis sûre qu'il ne pourra pas faire ce qu'il dit.

Le jeune homme parie. Le monsieur exécute parfaitement ce qu'il a parié de faire; la bouteille de champagne est gagnée.

Un moment après le même monsieur s'écrie :

— Voilà qui est bien plus fort. Je vais placer deux verres de champagne pleins l'un sur l'autre, et je viderai celui de dessous, sans rien répandre de celui de dessus.

Madame de Flicflac pousse encore son voisin, en lui disant:

— Pariez donc; cette fois il est impossible qu'il fasse cela.

Le jeune homme parie : le monsieur réussit encore parfaitement dans ce second tour. La bouteille de champagne est encore gagnée, et ce monsieur si adroit propose un troisième tour. Bref au dessert le jeune homme a perdu cinq bouteilles de champagne en sus de son écot, ce qui met son dîner à trente-cinq francs au lieu de cinq; mais la société est d'une gaîté charmante, on le trouve extrêmement aimable, il a vu faire des tours d'adresse surprenants, et madame de Flicflac se laisse pincer tout ce qu'il veut.

Après le dîner on passe au salon, et quelques personnes commencent une petite partie de bouillotte. On propose au jeune homme de faire une cave; il préférerait causer avec madame de Flicflac, mais celle-ci lui dit :

— Jouez donc, je me placerai près de vous. J'ai dans l'idée que je vous porterai bonheur. Nous serons de moitié.

Le jeune homme n'ose pas refuser. Il se met au jeu, et madame de Flicflac se place près de lui de manière à bien voir ses cartes, chose à laquelle elle paraît tenir beaucoup, toujours dans l'intention de lui porter bonheur.

Mais le soi-disant marin, qui tout en jouant regarde très souvent madame de Flicflac, gagne à la bouillotte avec la même facilité qu'il a exécuté à table des tours d'adresse. Le jeune homme, que la perte commence à échauffer, met au jeu tout l'argent, tout l'or qu'il a sur lui : il perd encore. Et madame de Flicflac, qui voulait être de moitié dans son jeu, disparaît sous le prétexte d'aller chercher sa bourse, et ne juge pas convenable de revenir.

Le jeune homme, qui a perdu tout ce qu'il avait, quitte le jeu d'assez mauvaise humeur et en maudissant la veine constante du marin; celui-ci roule aussitôt des yeux furibonds, et lui dit que s'il a l'intention de l'insulter, il est tout prêt à descendre avec lui pour le tuer au coin de la rue.

Le jeune homme remercie; il ne juge pas nécessaire de se donner encore ce plaisir-là. Il s'éloigne en trouvant que la connaissance de madame de Flicflac lui a coûté un peu cher.

Cependant ce ne sont pas toujours les jeunes gens qui sont

floués dans les tables d'hôte : voici une anecdote historique. La scène se passe dans un de ces établissements situés au centre de Paris, et où l'on dîne pour trois francs, sans le café.

Parmi les habitués de cette table d'hôte sont deux dames qui ont le mauvais côté de la cinquantaine, quoiqu'elles ne se donnent pas plus de trente-six ans. Elles ont eu bien des aventures, bien des malheurs; cependant il leur est resté une aisance honnête, et si elles fréquentent les tables d'hôte, c'est parce qu'elles aiment la société, et que leur cœur sensible espère y rencontrer un cœur auquel il pourra s'attacher.

Ces deux âmes si tendres ont remarqué un jeune homme qui vient assez souvent à la réunion; le jeune homme est joli garçon : il a l'air un peu mauvais sujet, et n'en paraît que plus séduisant; il n'a jamais le sou, mais son cœur n'en doit être que plus vulnérable. Chacune de ces dames se met en frais pour lui plaire : l'une lui apporte des pistaches au chocolat, l'autre des pralines grillées; celle-ci lui donne une jolie bourse en filet, celle-là un lorgnon élégant; et tout cela est accompagné de regards brûlants, de gros soupirs, de serrements de main, quelquefois même de coups de pieds sous la table. Le jeune homme, qui a l'humeur très bouffonne, se laisse regarder, serrer les mains, presser les pieds, et accepte les petits présents de ces dames; mais bien loin de répondre à leur flamme, il fait en secret la cour à une jeune étrangère assez gentille qui vient aussi quelquefois à la table d'hôte.

Les deux beautés surannées ne se sont pas aperçues du penchant que leur vainqueur éprouve pour la jeune étrangère, mais elles se sont fort bien aperçues qu'elles étaient rivales et couraient toutes deux le même lièvre, ou, si vous aimez mieux, le même amour. Déjà des mots piquants ont été échangés : c'est à qui de ces dames supplantera l'autre; et pour captiver le séduisant mauvais sujet, elles redoublent près de lui de petits soins, de petits cadeaux, de galanteries. Mais le jeune homme reçoit tout cela avec la même amabilité; il se moque également de ses deux conquêtes, qui le trouvent de plus en plus adorable, parce que si l'amour est aveugle quand il est jeune, il doit avoir perdu les cinq sens quand il est vieux.

L'homme adoré avait manifesté une fois le plaisir qu'il aurait à se promener en calèche au bois de Boulogne, puis à se rendre aux Bouffes dans une loge à lui.

Quelques jours après, les deux vieilles arrivent au dîner de la table d'hôte, et l'une aborde le jeune homme en lui disant :

— Voici une loge des Bouffes pour ce soir.

Et l'autre dame s'empresse de lui dire :

— A sept heures, une calèche sera en bas pour aller au bois de Boulogne.

Celui auquel on offre cela reçoit fort bien ces deux parties de plaisir; il accepte le coupon de loge qu'il met dans sa poche, en disant :

— La calèche sera aussi la bien venue.

Mais cela ne fait pas le compte des deux rivales. Elles se lancent des regards foudroyants; elles voudraient se manger les yeux, et pendant tout le temps du dîner, elles cherchent un moyen d'en finir, parce qu'elles sentent bien que cet état de rivalité ne peut pas durer et qu'il faut y mettre un terme.

Pendant qu'on prend le café, les deux vieilles, poursuivies par la même pensée, passent dans le salon de jeu. Là, se trouvant en tête à tête, elles éclatent.

— Madame!... il faut pourtant que cela finisse!...

— Oui, madame! c'est ce que je me suis dit pendant tout le courant du dîner.

— Vous faites la cour à M. O... d'une manière bien visible!

— Il me semble, madame, que vous ne vous cachez pas non plus pour l'assommer de vos galanteries...

— C'est bien plutôt vous qui l'assommez!... Vous lui faites chaque jour un cadeau!...

— Vous avez toujours les poches pleines pour lui; vous le bourrez de bonbons comme un perroquet!...

— Et vous de pâtisseries comme un caniche! Encore aujourd'hui vous lui apportez une loge des Bouffes!...

— Et vous qui espérez le promener en calèche!...

— Vous devez bien voir qu'il est charmant avec moi.

— Quand il me parle, ne voyez-vous pas comme il est aimable!

— Et avec moi donc!... il est d'une gaîté! il ne peut pas me regarder sans rire.

— Il me dit des choses fort galantes; dernièrement il m'a comparée à la *Matrone d'Éphèse!*

— Moi, il m'a positivement assuré que j'avais la chute de reins de la Vénus pudique.

— Et comment a-t-il pu vous dire cela, madame?... Est-ce que votre... chute lui est connue?... Pauvre garçon! je crois qu'il aimerait mieux voir celle du Niagara!...

— Ah! madame! ménagez vos expressions, je vous en prie... vous dites des choses d'une inconvenance!...

— Pas si inconvenantes que vos manières et vos mines lorsque vous êtes près de M. O...

— Qu'est-ce que vous entendez par mes mines, madame?

— C'est assez ridicule, pour qu'on le remarque, vous lui faites continuellement des yeux blancs!...

— Vous voudriez pouvoir lui en faire de blancs, vous!... mais cela vous serait difficile! les vôtres sont toujours rouges comme ceux d'un lapin!

— Tout cela n'empêche pas, madame, que je ne sois aimée de M. O...

— Vous?... par exemple!... C'est moi qu'il aime, madame.

— Oh! non! c'est moi qu'il préfère.

— Vous devriez renoncer à sa conquête, madame.

— C'est bien plutôt vous qui devriez renoncer à lui.

Ici, les deux rivales s'arrêtent un moment; elles ont besoin de reprendre haleine, de réfléchir. Toutes les deux se craignent, toutes les deux comprennent qu'elles se nuisent. Tout à coup l'une d'elles paraît frappée d'une inspiration subite, et allant vers l'autre d'un air moins féroce, lui dit :

— Tenez!... l'amour nous a subjuguées toutes deux... et nous avons chacune autant d'avantages pour réussir... Je ne pense pas que l'une de nous veuille faire un sacrifice à sa rivale?...

— Oh! ce ne serait pas moi, d'abord.

— Ni moi. Mais au lieu de nous quereller, ce qui ne sert à rien qu'à nous bouffir les yeux, je vais vous proposer un moyen d'en finir.

— Quel est-il?

— Jouons M. O.... à l'écarté; celle qui perdra la partie renoncera à son amour et ne cherchera plus à nuire à sa rivale... Cela vous va-t-il?

— Ma foi, oui, j'accepte!... Jouons notre jeune homme, cela vaut mieux que de nous disputer; c'est plus digne de nous. Mais pas de tricherie!

— Oh! jamais je ne triche quand il s'agit d'amour.

— Allons, voilà une table et des cartes, terminons tout de suite; car si je suis favorisée du sort, j'emmène mon gain aux Bouffes.

— Et moi au bois de Boulogne. Tenez, ma chère, convenons que celle qui gagnera jouira du spectacle et de la voiture.

— Je le veux bien; c'est notre va-tout!

Ces dames se placent à une table d'écarté : elles sont profondément émues et elles tremblent en donnant les cartes, car jamais elles n'ont joué si gros jeu.

— Le roi! dit l'une.

Et l'autre s'écrie :

— Ah ! Dieu ! que vous me faites mal. — J'ai le point.

— Ah ! mon cœur se brise.

— J'en demande !

— Jamais ! Je renais à l'espérance.

— Du pique...

— Fi donc. Je coupe... atout et la vole !

— O cher ami !... A vous à faire... me faudrait-il te perdre !

— Trois à trois.

— Il a de si beaux yeux !...

— Je joue... Et des dents...

— Je n'ai pas de ça.

— Et des cheveux !

— Je n'ai rien de tout ça.

— Il est bâti en Apollon !

— Je suis volée.

— J'ai gagné ! A moi M. O.... la calèche et le spectacle.

La vieille que la chance a favorisée quitte vivement la table, où sa rivale reste accablée, anéantie ; elle se précipite dans le salon voisin, où elle a laissé le jeune homme qu'elle vient de gagner à l'écarté ; elle le cherche des yeux ; il n'y est plus. Elle présume qu'il est en bas et l'attend dans la calèche ; elle descend à la hâte. La calèche n'est point à la porte ; elle s'informe au concierge.

— Est-ce qu'une calèche n'est pas venue à sept heures ?

— Si, madame.

— Est-ce que M. O.... n'est pas descendu ?

— Si, madame, M. O... est descendu en effet...

— Eh bien, pourquoi ne m'a-t-il pas attendue ?... Mais il a dû vous dire où je devais le rejoindre.

— Permettez, madame, d'abord M. O... n'est pas descendu seul...

— Il n'était pas seul ?... Quoi, il avait emmené de ses amis ?... comme c'est imprudent...

— Mais, non, madame, ce n'était pas des hommes... Il n'avait avec lui que la jeune dame étrangère...

— Qu'est-ce que vous dites! concierge?...

— Je dis ce que j'ai vu, madame : ils sont montés tous deux dans la calèche, et M. O.... a dit : « Vous ferez bien des remerciements à ces dames de notre part. Nous allons nous promener au bois de Boulogne, et nous profiterons ensuite de la loge des Bouffes. »

La vieille reste pétrifiée, et lorsqu'elle se décide à remonter trouver sa rivale, elle lui dit d'une voix lamentable :

— Ma chère amie, voilà la première fois peut-être que cela arrive à deux personnes qui jouent ensemble! Nous avons perdu toutes deux.

TABLE

DES MATIÈRES CONTENUES DANS CE VOLUME.

QUELQUES MOTS AVANT D'ENTRER EN MATIÈRE.—Mercier, Saint-Foix, Dulaure —D'un travers habituel aux auteurs. 1

LE BUREAU DES NOURRICES. — La Meneuse.—M. Troufaguet.—L'Anglais.—Le ci-devant jeune homme.—Le Monsieur qui tâte.— La Grenadière.—Réflexions morales 7

BAINS A DOMICILE.— Servez chaud!—Physiologie du porteur.— Patatras!—Ça se recolle. — Le chat persécuté.— Dissertation sur la longévité des chats. — Les petits bons hommes de *Dantan*. — L'appartement nautique.—C'est trop chaud; c'est trop froid.— Madame s'endort. — Aventure de M. Trifouillard et de mademoiselle Anastasie.—Belle vengeance d'une grisette. 17

BOUQUETIÈRE EN BOUTIQUE.— La célèbre *mademoiselle Prévot*. — La Bouquetière ambulante considérée dans son langage et dans son plumage.— Le bouquet de l'ouvrier.—Le *Selam* parisien.—Psychologie du bouquet.—La mère de l'actrice. —L'entrepreneur de succès.—Belle harangue de la mère de l'actrice.—Fichtre! —L'entrepreneur est un polisson.—Qui de trente paie vingt-quatre. — Le bouquet sincère 35

CHANTIER DE BOIS A BRULER. — Considérations sur les bûches de Paris.—L'île Louvier.—Le cordeur et les tortillards.—Grandeur et décadence des *jurés-piqueurs*. 41

LES RÉVERBÈRES. — L'histoire de l'éclairage se perd dans la nuit des temps.— La chandelle paraît.—M. de la Reynie invente les lanternes.—Le sire de Château-blanc chasse les chandelles et se couvre de gloire. — Histoire morale et iconographique de l'allumeur.—Invasion du gaz, défaite de l'huile... *sic transit!* 45

LES TROTTOIRS.—Inconvénient des améliorations.—La mêlée des parapluies. 49

LA GALETTE. — De la bêtise qu'on a de chercher fortune au Congo.—Histoire intéressante de M. *Coupe-Toujours*. — Monologue de l'auteur. 53

CABRIOLETS-MYLORDS.—L'union ne fait pas toujours la force.—Réquisitoire contre les cochers de cabriolet.— Le cabriolet-mylord prédit par Horace. 57

LES FAUX-TOUPETS. — Pommade du lion, de l'ours et du chameau. — Les dames se laissent prendre aux cheveux.—Dialogue instructif.—La comtesse italienne. — Scène pathétique. — Singulière péripétie. 61

UNE SOIRÉE DANS LA PETITE PROPRIÉTÉ.—Du singe dans l'état social.—M. Ducroquet recherche pourquoi sa fille bâille.—Grande détermination de M. Ducroquet. —La grosse brioche de M. Ducroquet.—Mademoiselle Ophélia se coiffe toute seule.

—L'heure arrive, mais c'est à qui n'arrivera pas.— Le chien qu'on n'a pas invité. — Apparition fantastique de la brioche. — La dame qui chante. — Vive querelle entre le vieux garçon et la dame mince 65

LES BORNES DÉCENTES............ 79

LES FLOUEURS. — La terre de M. de Cracovinsky.— Vous êtes floué de vingt francs. — Le monsieur mystérieux. — Vous êtes floué de douze francs. — Le tailleur obligeant. — Vous êtes floué de cent francs.— Le Champagne mousseux. — Vous êtes floué de deux cents francs.— L'auteur passe aux grandes flouerics. — La carrière de porcelaine du Japon, la mine de diamant, le terrain aux truffes; flouerie générale. — Les floueuses........ 81

LA PETITE POSTE AUX LETTRES. — Les étrennes du facteur. — Le facteur et la vieille dame............ 95

L'HOMME DE LETTRES MARRON. — Il a fait un dixième de vaudeville. — Il se pose en Mécène. — Il éreintera le petit monsieur. — Il oublie un vers de Boileau. — Le cher maître! — Manière de changer un titre.— Tours de force étonnants.— La pièce est refusée à l'unanimité. — Revue piquante........ 97

NOTRE-DAME DE LORETTE........... 111

LA RUE SAINT-DENIS.—Au bon vieux temps.—Charles VI roué de coups.—Entrée d'Isabeau de Bavière.—De Louis XI.—D'Anne de Bretagne.—Les pots de chambre de ces dames. — Le commerce et l'amour. — Pénible situation d'un vieillard. — Phonsine et Guguste. — Le monsieur qui paie........ 115

UN BATEAU DE BLANCHISSEUSES............ 125

ESTAMINETS-DIVANS. — Petit croquis à la manière de Téniers. — Les pipes numérotées. — Palingénésie du fumeur. — Le sultan du divan. — Comme on dîne partout. — Les rats attrappent les lions........ 129

LES GRENIERS. — Méditation prosaïque où l'auteur réfute Béranger..... 137

LE VENT............ 141

LA SORTIE DU SPECTACLE. — Un monsieur qui se contente de peu.— Discours du petit homme sur les bonnets de coton. — *L'époux de madame*, imbroglio par un temps d'orage............ 145

LES MARCHANDS DE VIN. — Autrefois et aujourd'hui. — *A l'Hasard de la fourchette. A quinze sous l'heure!*........... 155

LES MARCHANDS DE CONTREMARQUES.—Le Monsieur assiégé.—Monsieur *lave-t-il?* — Spéculations sur la hausse. — Marchés *fin spectacle*. — Tribulations du *galeux*. — Horrible aventure du monsieur de province et de madame son épouse. 161

LES GARNIS.—Ils ne sont pas garnis du tout.—Apostrophe de l'auteur aux hommes sensibles........ 169

LES MENDIANTS............ 173

LES BOUGES ET LES SOURICIÈRES. — Le *rendez-vous des quatre billards.* — Trois physionomies; le *Môme*, Coquardet et le grand l'Éflanqué.—Colloque expressif. — Histoire de deux *boulineurs.* — Revue des souricières. — Le bouge de la rue aux Fers. — Le portrait du bourreau........ 177

LES CHEMINS DE FER............ 187

LE DAGUERRÉOTYPE. — L'homme de la banlieue et son épouse.— Réflexions judicieuses de l'épouse. — M. Mouillé. — La dame laide. — Réapparition de l'homme de la banlieue. — Différentes poses de la dame laide. — La dame laide se trouve affreuse. — Pourquoi le daguerréotype est un méchant peintre. 195

Les modes 205

Le jardin des plantes. — Les *Animaux malades de la peste*. — Savante paraphrase du jeune Guguste. — Légère description. — Les bipèdes qui volent et les bipèdes volés. — Étonnante question de Guguste. — Le Palais des singes. — Fin de la description 209

Les dames au marché 217

Le dimanche. — C'est le jour où personne ne se repose. — Le suprême bon ton. — L'employé dans ses pantoufles. — Pensée profonde de Jean-Jacques. — Escarmouche conjugale. — De la puissance attractive. — Les Tuileries. — Le trio en toilette. 225

Les marchands de cheveux. — Félicités du coiffeur. — Les figures de cire. — Les boudoirs de ces messieurs. — Quinze cheveux en papillotes. — Juste orgueil. — L'homme indispensable. 233

Magasins de nouveautés. — Bazar immense. — Le commis en habit noir. — Magasins à étalage. — La femme qui regarde une robe. — Galerie de portraits. — Le mari de mauvaise humeur. 241

La barbe et les moustaches. — Promenade à travers les siècles. — Philosophie somptuaire. — Prédiction. 250

Les débits de consolation. — Paul Niquet. — Le vif. — Le riquiqui. — Le sacré chien. — Le rôtissant. — Capitaine par rang d'ancienneté. — Le verre de tournée. — Le kirsch de la forêt Noire. — Le dur. — Le fil en quatre. — Celle de la vieille. — Grande bagarre. — La rampe baisse. 257

Le canon du palais-royal. — Le soleil rate. — Le provincial écrit à son épouse. — Réponse de l'épouse. — Éducation chironnienne. — Le soleil avance. . . . 269

Les blagueurs. — Revue zoologique du genre blagueur. — Le blagueur à tous les degrés de l'échelle sociale. — Dialogues modèles. 273

Les romains. — Distinction purement historique. — Argot à l'usage du corps. — Dénombrement des cohortes. — Le claqueur en chef. 283

Les champs-élysées. — La pièce curieuse. — Le bateleur. — Le paillasse. — L'amateur de boules. — Les parties de paume. — Le jeu de barres. — Les marionnettes. 289

Le canal. — Cythère et Paphos. — École de natation pour les caniches. — Les ponts tournants. 297

La lecture du journal. — Coup d'œil sur les annonces. — Singulières gaillardises de quelques unes. — Lecture des journaux à perpétuité, peine afflictive et infamante. 305

Le jardin du luxembourg. — Croquis de mœurs. 315

Monsieur est occupé. — Trois ou quatre types fort connus. — L'art de se faire mousser. 321

Une pluie d'orage 329

Le bitume 333

Les artistes. — Il y a artistes et artistes. — Prétentions des tondeurs de chiens. — La victime des cabales. — Le portrait à dix francs. — Le maître ès-arts. — Libertés des arts libéraux. — Un intérieur d'atelier. 357

Les grisettes au spectacle. — *In varietate voluptas.* — La grisette est essentiellement romanesque. — Entre deux bancs comme entre deux mesures d'avoine. — Georgina se fait une affaire. — Le petit cousin de Georgina. — Goût de la grisette pour le genre acteur. — Grave discussion. 345

La loge d'actrice. — Mademoiselle Zizi et le bec de gaze. — Opinion de mademoiselle Zizi sur elle-même. — Mademoiselle Tonton a un rat dans le gosier. — Tribulations de M. Bichet. — M. Kousikoff. — Interrogatoire. — Mademoiselle Rot, l'habilleuse. — Manière de s'aggrandir les yeux. — La perfide Astasie. — Colloque du régisseur et du titi. — Entrée en scène. — Duo à double fin. — Pensée de mademoiselle Astasie. 355

Le bal de l'opéra. — *Un mariage* au rabais. — Contresens du titi *bon ton.* — Première escarmouche. — Ascension pénible. — Retraite non moins pénible. — Commencement des grandes aventures. — Apparition de Musard. — L'auteur s'échauffe. — Il chante les louanges du *cancan.* — Fin des aventures. — L'auteur va se coucher. 375

Une famille dans le peuple. — Comparaison utile. — Morale et plaisir. — La veuve selon l'Évangile. — Humble et forte. — Le prétendant congédié. — Un intérieur. — Multiplication des pains. — La visite du pauvre. — Félicités cachées 385

Les tables d'hote. — Les tables d'hôte à femmes. — Curieuse arithmétique. — Les joueurs. — Pourvoyeurs et pourvoyeuses. — Madame *de Flicflac.* — La cour plénière. — Les paris. — Madame *de Flicflac* se laisse pincer à discrétion. — Le pigeon après boire. — Aventure de deux âmes tendres ; suite à la fable de *l'Ane et les deux voleurs.* 395

FIN DU PREMIER VOLUME.

PARIS — IMPRIMERIE DE MAULDE ET RENOU, RUE BAILLEUL, 9-11.

www.ingramcontent.com/pod-product-compliance
Lightning Source LLC
Chambersburg PA
CBHW052131230426
43671CB00009B/1198